OUR INSIGHTS ON
INTERNAL AUDIT

# 内部审计工作法

谭丽丽 罗志国 等编著

机械工业出版社
China Machine Press

## 图书在版编目（CIP）数据

内部审计工作法 / 谭丽丽等编著 . —北京：机械工业出版社，2017.1（2024.11 重印）

ISBN 978-7-111-55845-3

I. 内… II. 谭… III. 内部审计 IV. F239.45

中国版本图书馆 CIP 数据核字（2016）第 322652 号

本书作者是 8 家知名企业的审计部长，他们首次联手分享一手工作经验，不仅毫无保留地介绍了开展内部审计工作必须具备的理念、视野和工作技能，还详细介绍了营造内部审计环境、编制审计计划、舞弊审计、大数据运用、审计报告的撰写和审计沟通以及团队建设等重要事项，为企业创造价值提供丰富的途径和方法。

本书畅谈审计思维和方法，内含 43 套审计方案，100 多项实用技能，并提供有大量真实内审案例（已经隐去相关企业的商业秘密），是从事企业管理、财务、法务、纪委、监察、监事等工作人员的必读书。

# 内部审计工作法

出版发行：机械工业出版社（北京市西城区百万庄大街 22 号　邮政编码：100037）
责任编辑：宋　燕　　　　　　　　　　　　责任校对：董纪丽
印　　刷：三河市宏达印刷有限公司　　　版　　次：2024 年 11 月第 1 版第 16 次印刷
开　　本：170mm×242mm　1/16　　　　印　　张：23.25
书　　号：ISBN 978-7-111-55845-3　　　定　　价：68.00 元

客服电话：(010) 88361066　68326294

版权所有・侵权必究
封底无防伪标均为盗版

## 读后感言

老五兄：天子心作于细。这年轻的宇航者们的心意是样似的。他们充分认识到内部零件的作用对整体健康发展至关重要，所以愿意做出热爱内部零件工作的一尺理由，并且甘愿把做内部工作作为他们的人生事业。此心此志，真是难能可贵！他们勇于开拓，潜心实践，勤于思考，认真总结，立志至学；他们从大局出发，每一项具体工作都认真细致，一丝不苟，保证了"颗颗有痕，件件留印"的行动规矩。别去他们点赞！望他们再接再厉，百尺竿头，更进一步！不愧是我们内部零件工作为实现伟大的中国梦作出更大贡献！

——与全体内部零件工作者共勉 老五军
2016.3.26.

## 读后感言
| MY WORDS |

老子云："天下大事必作于细。"这本书的实践者们正是这样做的。他们充分认识到内部审计工作对企业健康发展至关重要，响亮提出热爱内部审计的十大理由，并且始终把内部审计作为他们的头等大事。孜孜不倦，实在难能可贵！

他们勇于开拓，潜心实践，勤于思考，认真总结，互帮互学。他们不尚空谈，一切从实际出发，每一项具体工作都认真细致，一丝不苟，体现了"抓铁有痕，踏石留印"的钉子精神。我为他们点赞！望再接再厉，百尺竿头，更进一步！愿我国内部审计工作为实现伟大的中国梦作出更大贡献！

一位老审计工作者
李金华
2016年3月26日

# 本书编委会

## 编委会主任
秦荣生　北京国家会计学院院长，中国审计学会副会长

## 编委会副主任
孙明和　中国机械工业审计学会秘书长
陈　华　亚洲内部审计师协会联合会原主席
刘震环　中集集团纪委书记
江　南　海澜集团副总裁
严圣军　中国天楹股份有限公司董事长
袁金华　三一集团董事

## 编委会委员
谭丽丽　罗志国　刘道君　周美蓉　康　理　甄爱兰
郭春明　曹　聪　金　鑫　郑洪涛　吕兴东　赵京玲

## 本书编著人员
谭丽丽　罗志国　刘道君　周美蓉
康　理　甄爱兰　郭春明　曹　聪

# 前 言
| PREFACE |

## 来自内部审计实战一线的真实故事

这是一个来自内部审计实战一线的真实故事，是我们八个企业审计负责人在长达三年的时间里写给自己团队的书。

我们写书的初衷，源于我们对内部审计这份职业的爱，对这份职业的忧……

我们都是带队伍的人。什么是领导？领导就是带着自己的团队，从现在待着的地方到我们没有去过的地方。这个地方能给企业创造价值，也能让审计人员快乐而有尊严地工作，这是一种信念。

作为负责人，你也不知道能不能一定实现，因为道路很坎坷，但是不论遇到什么，我们的信念都不可动摇，因为我们没有选择。内部审计拿不出有作为的业绩，不能为企业创造价值，我们在企业就会成为一个"两不靠"的部门：领导不会满意，审计对象更不会满意。最终难逃被边缘化、被淘汰的命运。

我们需要交流，"在家里，看到的永远是家；走出去，看到的才是世界"，于是，在三年前的一个秋天，我们相约来到了北京，我们有心把来自我们之中的好想法、好做法变成八个审计团队的共同资源。就在我们零距离地交流各自的经验与教训，交流我们审计生涯的感悟时，奇迹发生了……

一个个鲜活而生动的成功审计案例，迅速在我们各自的团队被复制、被融合，像滚雪球般转化为各自企业的价值；一个个棘手的问题和麻烦，在一群抱团的审计部长面前，似乎也不再那么可畏和束手无策，这应了一段名言："你有一个苹果，我也有一个苹果，彼此交换，我们仍然是各有一个苹果，但是你有一种思想，我也有一种思想，彼此交换，我们就有了两种思想……"

我们生怕这种美好的感觉稍纵即逝，于是，我们成立了课题组。这是一种无边界的组织效应，我们建立了微信群，群名为"快乐审计"，意喻：我们在审计，并快乐着。

互联网时代若离若聚的时空间隔，丝毫不妨碍我们之间思想火花的碰撞，我们鼓励审计人员拿起笔来，记录我们每天进步的一点点。有了心动就行动，再好的构思如果不去实践，它永远都是一张无法兑现的支票。这种学以致用的动力，鞭策着我们去收获外界无尽的"他山之石"，我们也与外界交流我们的感悟和方案，于是，我们的故事走进了课堂，走进了互联网，走进了电视剧……

"人怕出名猪怕壮"，当许多企业的审计同行，怀揣工作中的棘手难题，带着团队辗转各地取经无门，出现在我们面前时，带给我们的是一份莫名的感动和不安。感动同仁对我们的信任，他们不愿意听大道理，却相信能为他们解决问题的，一定是遇到过同样问题的人；不安的是，我们并没有成功，我们只有"半桶水"。

在权衡事业和小圈子得失的天平上，我们选择了推开对外交流的窗口。理由很简单，我们是一群普通的审计人员，是火热的内部审计事业让我们精彩。内部审计有为才有位，一个行业的振兴，靠的是这个行业的每一个人对事业的热爱、追求、探索和实践。

我们决定把多年来在实践中形成的经验教训和方法技巧，以及对"他山之石"的感悟，分门别类地进行总结和提炼，汇集在这本书中。书名虽定为《内部审计工作法》，不如说是我们团队的"土法"，在下面的每一个章节，我们都有心用我们的经验与教训去激活同仁的思想火花，提供一些解决问题的方法，我们的初衷是抛砖引玉。

## 本书各章主要内容

第 1 章 "观念创新"写下了我们热爱内部审计的十个理由、决策层对内部审计价值的十大发现，这些理念不是心灵"鸡汤"，却像是一场恋爱。我们爱企业，企业也爱我们，只有置身于内部审计这方热土，方能领略其真谛。因此，我们在本书的开篇之作的感悟便是：内部审计成在理念，败在理念。

第 2 章 "审计环境"介绍了营造审计环境的十项举措，它像一把为我们撑起的遮风挡雨的伞。但是，好环境不会从天而降，就像打牌时不可奢望总能拿到一手好牌一样，关键是把手中的牌打出精彩。好环境靠的是内部审计不断带给企业"我们是一座富矿"的能见度，企业则把内部审计当作一只潜力股，把营造审计环境视为对未来的战略投资。

第 3 章 "审计计划"提供了三套由浅入深的风险问卷模板。审计计划好比我们烹饪大餐的菜谱，模板就是一道道大餐的食材。在企业，会查问题和不会查问题、会系统地查问题和就事论事查问题的审计人员价值大不一样，我们在这里提供了做大餐"人无我有，人有我优，人优我特"的实操方案，它包括内部审计实现四级登高目标的线路图、避免监管"内耗"的审计资源配置、审计人员考核以及审计中长期规划的编制方案。

第 4 章 "借势借力借东风"解决的是审计部门如何在缺人、缺信息、缺专业技术的情况下，却能"空手套白狼"般完成审计任务的秘籍。我们提供的跨界思维、挖掘外部资源为我所用的系列路径，是我们"借技术方案""借人""借虚拟团队""借互联网"，顺势而为"借东风"的事半功倍的审计实践。

第 5 章 "制度审计"和盘托出了审计人员面对日益复杂的管理，在千头万绪的丛林中找不到"北"的时候，怎样把制度流程理清楚、管起来、持续优化的切点。我们欣喜地看到该章中管理制度的管理办法、制度的三同步、审视制度文化以及我们审计部门高效化管理的系列制度创新方案，已经雪中送炭般地在兄弟企业开花结果。

第 6 章"望闻问切"把企业看成一个有血有肉有经脉的人，内部审计"望、闻、问、切"获取审计线索的技能，是仁心仁术医道的历练。本章"人的行为观察，访谈的十个技巧，切中要害的六个视角，对症下药的六个不放过"等多套"处方"背后，是我们敢于用针灸在自己身上试针，践行"我下针，你安心"的职业素质所为。

第 7 章"反舞弊"感召内部审计为天下无贼而战。《2012 年全球职务舞弊与滥用职权报告》，是我们快速获得世界级反舞弊知识及手段必不可少的资源。我们在本章中运用的"舞弊黑三角""职务犯罪的 DNA""法证会计""行为审计""查弊 CT"等系列举措，就像一个经验老到的猎手，猫在灌木丛中，守株待兔、静候猎物的自投罗网。

第 8 章"大数据与梳理企业的命脉之流"展示了"互联网+"时代 IT 审计的新思维。我们提供了一部别样的管理手册框架模板，它是一个身临其境看企业的实战沙盘和底层真实信息的数据库。梳理企业命脉之流的八大视角诠释了我们挖掘数据新价值的独特想法，我们用万物之间的平衡与关联，倒逼出深藏在"冰山一角"的巨额效益和不增值作业。企业生产经营、资金循环、会计核算鸟瞰图让我们拥有了一张一览无余看管理的"作战地图"，它将解决我们审计进点时的"盲人摸象"和"乱枪打鸟"。这部被戏称为"挖金宝典"和"圣书"的管理手册，让更多的人"一书在手，成竹在胸"。

第 9 章"审计报告"是一部再现一线审计场景的画卷，谁能把这画卷原汁原味地呈现给报告的阅读者，谁便悟出了写好审计报告的诀窍。我们为那些审计工作做得棒，提笔写作就"抓狂"的审计人员，提供了一个轻松搞定审计报告的捷径。"客户体验的金字塔""三段式导读""让我们来练笔的实操方案""关键词的妙用""报告质量的分水岭""如何避免的十个错误"，让审计报告的写作成为一段精神旅程，审计人员把案例提炼成扣人心弦的审计故事，这让他们的文笔在极短的时间里妙笔生花。

第 10 章"审计沟通"告诉我们，你若会沟通，你便拥有了比太阳底下任何商品都更有价值的能力,你能挖掘外界无尽的资源为己所用。我们开展了审计情景的模拟演练,帮助审计人员学会表达和讲演,这在他们走向外界,面对审计对象或听众时,表现出自信与从容的正能量。"沟通的黄金、白金法则""有效沟通的七个诀窍""实现沟通的四大功能""全方位审计沟通渠道"让审计人员茅塞顿开:哦,沟通不是攻克一座山,而是播下一颗种子啊……

第11章"审计营销"带给我们"审计处处皆营销"的视角,"与众不同"是我们独特的卖点。审计营销的本质,是给客户一个"需求的理由","送金送银,不如送健康"便是最好的亮点。本章围绕审计营销设计的微信公众号、内部审计白皮书、审计简报等自媒体的运作方案、"6P"营销策略和营销的十个最佳实践,让我们的营销变成了"俏购",我们的品牌是十大派送:送观念、送财富、送市场、送制度、送方案、送风控、送人才、送平台、送成果、送健康!

第12章"审计培训"弘扬的是一种爱。内部审计推开了内外培训的窗口,吸引了外界闪亮的目光。没有人会拒绝我们"预防胜于治疗,审计寓于服务"的故事,这是人们对医生的信赖和对健康的渴望。珍惜企业给了我们做良医的"临床",我们将"企业经济良医"的行医之道,融化在做"灵魂工程师"的培训舞台上。本章独具特色的360°全方位审计培训、审计培训线路图、寓教于乐的速成培训专利,让内部审计在这方舞台上大显身手。

第13章"年终总结"拉开了内部审计"丰收锣鼓"的序幕,它像一张张盛情的邀请函飞向所有的审计同仁:"请到我们这里来,朋友来了有好酒"!本章内部审计年终总结的十条关键铁律、评选十件内部审计年度大事、十大年度人物、十个精彩审计段子、一封封抵万金的"家书"以及一系列好戏连台的节目,洋溢着我们收获的充实和喜庆,聚集着激情和士气,这一切都是为了一个目标,愿我们的明年更美好!

第14章"审计团队建设"是我们"掏心窝子"的切身体会。做好审计部门负责人的八大秘诀没有空洞的说教与作秀,这是我们身后一支支在企业、在行业、在国内有影响力的学习型团队走过的路。它告诉我们的周围,企业多么需要培养一支高忠诚度、高亲和力、高职业素质的内部审计铁军，尽管这条路上铺满荆棘与坎坷，而有志于重塑自我的内部审计，更愿在这风雨历程中拥抱凤凰涅槃的快乐！

第 15 章"快乐审计团队的实操案例"介绍了我们快乐审计团队共同面对的问题和解决方案：来自海澜集团的"魅力审计联席会"，介绍了令外界无比羡慕的审计环境如何营造的过程；来自三一重工的审计共建，找到了一条审计双方相得益彰、长期持续分享内部审计成果的好路子；来自兖矿集团的案例"震撼企业上下的职工代表民主评价机制"探索出破解企业发展难题的良方妙计；来自万华化学的"商业秘密防泄漏审计"，极大地加强了对公司核心技术的监控能力和对涉密事件的响应水平；来自东风集团的案例"企业集团管控的审计协同"，破解了在复杂股权结构及多方博弈中，构建内部审计有机整体的问题。

## 感恩的心，感谢有您

当我们合上这部书稿的时候，不禁百感交集……

我们看到《内部审计工作法》不仅是审计人员的读物，在编写过程中就受到企业管理、财务、法务、纪委、监察、监事工作者的关注与喜爱，我们之间采用的管理思路、实务技术和工具方法竟然如此不谋而合，真可谓"天下大道，殊途同归"。

我们衷心感谢李金华这位我们心目中的审计偶像，全国政协原副主席、国家审计署审计长。是他对我们的亲切关怀和鼓励，给了我们写作的契机和动力，他以一位老审计工作者的身份亲自为本书写序，这份感动始终激励我们努力工作，一大批成果在这里完成了从实践到理论的飞跃。

感谢中国内审协会、中国机械工业审计学会、北京国家会计学院对本书编写工作的支持和指导。

感谢我们的企业为我们搭建了内部审计的宽阔舞台，让我们有了精彩的内部审计生涯。

感谢2016年3月在武汉参加《内部审计工作法》高层研讨会并参与此书最终定稿的朋友们。

不忘初心，我们的初衷是"铺路"，即使我们在这条路上跌倒了，那也是为后面的人所跌，它是一块绊脚石的警告。我们希望更多的人加入我们探索的行列。

工作法没有最好，只有适合自己企业的不同运用。由于我们来自基层，缺少编写经验，虽已竭尽全力，仍难免有疏漏不妥之处，希望广大读者批评指正。

谭丽丽

2016年12月16日

# 目录
| CONTENTS |

读后感言（李金华）
本书编委会
前言　来自内部审计实战一线的真实故事

## 第 1 章　观念创新 / 1

### 1.1　我们热爱内部审计的十个理由 / 2

1.1.1　内部审计是当今最激动人心、最有活力和最具挑战性的职业之一 / 2

1.1.2　内部审计是资本市场上的"企业良心" / 5

1.1.3　内部审计是企业的经济良医 / 7

1.1.4　内部审计是培养精英的学校 / 8

1.1.5　内部审计是业务部门的伙伴和支持者 / 10

1.1.6　内部审计是企业的利润中心 / 11

1.1.7　内部审计是大数据时代的宠儿 / 12

1.1.8　内部审计是董事会极具价值的资源 / 14

1.1.9　内部审计是职务舞弊的克星 / 15

1.1.10　内部审计是企业文化的使者 / 17

### 1.2　内部审计的十个创新理念 / 20

1.2.1　使命观：一流的企业，需要一流的内部审计 / 21

1.2.2　价值观：内部审计是资源、是品牌、是生产力 / 21

1.2.3 自律观：内部审计是企业的第二种声音 / 21

   1.2.4 能力观：内部审计有为才有位 / 21

   1.2.5 职业观：防范胜于查处，审计寓于服务 / 21

   1.2.6 责任观：遇到问题找方法，而不是刻意只去查后果 / 22

   1.2.7 执法观：身怀利器，重而慎之 / 22

   1.2.8 协调观：不求所有，但求所用 / 22

   1.2.9 质量观：细节决定成败 / 22

   1.2.10 发展观：与时俱进 / 22

1.3 决策层对内部审计的十大价值发现 / 23

   1.3.1 真实信息的价值 / 23

   1.3.2 公司治理的价值 / 24

   1.3.3 信用价值 / 24

   1.3.4 风险与内部控制价值 / 25

   1.3.5 协同效应价值 / 25

   1.3.6 资源与获利价值 / 26

   1.3.7 技术创新价值 / 26

   1.3.8 企业文化价值 / 27

   1.3.9 人才培养价值 / 27

   1.3.10 战略价值 / 28

# 第2章 审计环境 / 29

2.1 高看审计的"一把手工程" / 30

2.2 独立审计的机构框架 / 34

2.3 直达高层的信息通道 / 37

2.4 人才齐备的审计阵容 / 40

2.5 国际接轨的审计职能 / 41

2.6 维护权威的审计决定 / 45

2.7 爱岗敬业的工作环境 / 45

2.8 催人进取的激励政策 / 48

2.9 内外交流的学术环境 / 49

2.10 管理得人心的企业文化 / 50

## 第 3 章　审计计划 / 52

### 3.1 审计计划紧盯三"点"：领导关注的重点，管理出现的难点，员工热议的焦点 / 53

- 3.1.1 紧盯领导关注的重点 / 53
- 3.1.2 关注管理出现的难点 / 54
- 3.1.3 重视员工热议的焦点 / 55

### 3.2 寻找风险的"审计问卷调查" / 55

- 3.2.1 我们在问卷调查中收获了"宗旨"和"民意" / 55
- 3.2.2 风险调查的成果：风险地图受热捧 / 61
- 3.2.3 风险调查催生新的审计技术：问卷查弊法 / 70

### 3.3 用内部审计的自我评估方法来选择审计项目 / 72

- 3.3.1 内部审计目标的三条线 / 72
- 3.3.2 内部审计资源投入的层面决定内部审计的层次 / 73
- 3.3.3 编制一份审计清单，类似于中医的综合施治 / 74
- 3.3.4 资产负债表的维度与关联，成就审计依据的数据库 / 74
- 3.3.5 审计计划一盘棋，不与同行生"内耗" / 75

### 3.4 审计资源合理配置的秘籍 / 76

- 3.4.1 审计人员能力有系数 / 76
- 3.4.2 信息技术带来审计计划的前所未有高效率 / 76

### 3.5 编制内部审计规划 / 77

- 3.5.1 年度、月度计划大家有，三年、五年规划你行吗 / 77
- 3.5.2 三年规划怎么编？我们有范本 / 78

### 3.6 审计计划实施前的准备 / 80

- 3.6.1 沟通：为高管层量身编制小册子 / 80
- 3.6.2 下达审计计划通知书 / 81

### 3.7 内部审计登高谋略四级跃 / 82

- 3.7.1 面对执行层面的重复监管，我们创建示范项目，资源共享 / 83
- 3.7.2 当各部门步入示范性项目领域时，我们实施链式穿行审计 / 84
- 3.7.3 当各部门进入链式项目领域时，我们做顶层系统审计 / 84
- 3.7.4 当各部门进入顶层系统项目领域时，我们做文化，做咨询 / 85

## 第 4 章　借势借力借东风 / 87

### 4.1　金墉出任世界银行行长的启示 / 88
### 4.2　借技术，借方案 / 89
　　4.2.1　主编《建设项目内部审计指南》的启发 / 89
　　4.2.2　联合会诊 / 93
### 4.3　借人 / 95
　　4.3.1　特邀审计师制度 / 96
　　4.3.2　借虚拟项目团队 / 97
　　4.3.3　借事务所的专业人员 / 98
### 4.4　借势法 / 98
　　4.4.1　震撼企业上下的职工代表民主评价机制 / 98
　　4.4.2　风险调查显威力 / 99
　　4.4.3　借势咨询机构 / 100
　　4.4.4　借力互联网 / 100

## 第 5 章　制度审计 / 105

### 5.1　审视地看待制度 / 106
### 5.2　管理制度的管理办法 / 107
　　5.2.1　制度的准入制 / 107
　　5.2.2　制度的层次性 / 108
　　5.2.3　制度的覆盖性及接口部位 / 108
　　5.2.4　让制度解决实际问题 / 108
　　5.2.5　定期做制度评估 / 109
　　5.2.6　制度的"三同步" / 109
　　5.2.7　制度审计"一点通" / 109
### 5.3　审计部门日常管理的四个制度 / 111
　　5.3.1　工作日纪实 / 111
　　5.3.2　去向牌制度 / 112
　　5.3.3　任务交办单 / 113

        5.3.4　运用好"会议导航单" / 114
    5.4　现场审计汇报制度 / 115
    5.5　构建完善的内部审计管理制度体系 / 118
        5.5.1　充分借鉴国内外内部审计制度体系 / 119
        5.5.2　参考标杆企业内部审计制度体系的实务做法 / 120

# 第 6 章　望闻问切 / 123

   6.1　望的方法 / 124
        6.1.1　眼观四处：多视角观察获取审计证据 / 124
        6.1.2　火眼金睛：洞悉被审计对象的非语言秘密 / 126
    6.2　闻的方法 / 130
        6.2.1　耳听八方：广泛了解和听取各方反映 / 130
        6.2.2　听其声色：找出对审计有价值的线索 / 132
    6.3　问的方法 / 135
        6.3.1　内审靠问：做一个成功的访谈者 / 135
        6.3.2　追根问底：有疑点要打破砂锅问到底 / 141
        6.3.3　询问有方：五个审计询问的具体方法 / 144
    6.4　切的方法 / 145
        6.4.1　切中要害：内部审计的六个不放过 / 146
        6.4.2　找到病因：查找问题原因的六个审计视角 / 147

# 第 7 章　反舞弊 / 150

    7.1　国际反舞弊组织在行动 / 151
        7.1.1　我们一直在实践中探索舞弊的规律及对策 / 151
        7.1.2　《2012年全球职务舞弊与滥用职权报告》带给我们的启示 / 152
    7.2　舞弊为什么会发生 / 154
        7.2.1　诠释舞弊黑三角 / 154
        7.2.2　"用人不疑，疑人不用"是个伪命题 / 155
    7.3　提升舞弊败露率的秘籍 / 157
        7.3.1　舞弊和犯罪是一种"经济活动" / 157

7.3.2 反舞弊热线：为舞弊亮出 360° 照妖镜 / 158

7.3.3 识别舞弊线索的"真假美猴王" / 159

7.3.4 让舞弊可识别、可举报的利器：查弊 CT / 161

7.4 舞弊审计如何琢磨人 / 163

7.4.1 行为比较法 / 163

7.4.2 用舞弊分子的思维来考虑问题 / 163

7.5 点亮源头反舞弊的一盏灯 / 164

7.5.1 精准揭示舞弊的神秘面纱 / 164

7.5.2 舞弊防范表 / 165

7.5.3 法证会计 / 167

# 第 8 章 大数据与梳理企业的命脉之流 / 168

8.1 大数据与 IT 审计 / 169

8.1.1 实现变革的两种准备 / 169

8.1.2 我们构建的实战沙盘与 IT 审计的"两个转变" / 170

8.2 梳理企业命脉之流的方法及思路 / 171

8.2.1 追求科学美的视角 / 171

8.2.2 系统思维的视角 / 171

8.2.3 万物平衡的视角 / 172

8.2.4 波段、节奏的视角 / 173

8.2.5 关联的视角 / 174

8.2.6 IT 审计流程的视角 / 174

8.2.7 审计数据多维分析的视角 / 175

8.2.8 审计线索特征发现的视角 / 177

8.3 信息技术运用的视角 / 178

8.3.1 云计算技术 / 178

8.3.2 物联网技术 / 178

8.3.3 社交网络技术 / 179

8.3.4 人工智能技术 / 179

8.3.5 虚拟现实与可视化技术 / 179

8.3.6 多媒体技术 / 179
8.3.7 移动通信技术 / 180
8.3.8 网络安全技术 / 180

8.4 让我们也来编制一本"挖金"的管理手册 / 180
8.4.1 《管理手册》目录模板 / 181
8.4.2 身临其境、全真体验的"一盘三图" / 184

# 第9章 审计报告 / 188

9.1 写出一份有价值的审计报告 / 189
9.1.1 审计报告首先要有客户体验第一的思维 / 190
9.1.2 利用三段式报告，杜绝空洞化描述 / 191
9.1.3 评价审计报告质量的分水岭 / 192
9.1.4 审计报告就是一个提炼了的故事 / 193
9.1.5 审计报告赢在关键词 / 197
9.1.6 审计报告三原则 / 197

9.2 撰写审计报告应当避免的十个错误 / 199
9.2.1 过多提及"根据领导要求进行审计" / 200
9.2.2 过度描述执行的审计程序 / 200
9.2.3 过多使用"但是"之类的措辞 / 201
9.2.4 使用带有主观色彩或鉴定式的语言 / 201
9.2.5 将量化的问题全部使用定性的陈述方式 / 202
9.2.6 使用似是而非的提法 / 202
9.2.7 报告充斥着"审计无法验证"这类措辞 / 203
9.2.8 撰写的审计发现没有价值 / 203
9.2.9 专业味太浓让人很难读懂 / 203
9.2.10 审计报告内容主次不分明 / 204

9.3 关于审计报告的40个最佳实践 / 204

# 第10章 审计沟通 / 209

10.1 审计沟通：重中之重 / 210
10.1.1 实现审计沟通的四大功能 / 211

10.1.2 做沟通表达中的"第四种人" / 212

10.1.3 团队的恐慌：来自不会沟通 / 214

### 10.2 审计先要学会和自己沟通 / 215

10.2.1 审计沟通的分类与排序 / 216

10.2.2 与自己、与团队、与环境的沟通 / 217

10.2.3 与自己沟通的法宝 / 218

### 10.3 有效审计沟通的七个诀窍 / 219

10.3.1 沟通不准备，到时一定背 / 220

10.3.2 掌握沟通的黄金法则和白金法则 / 223

10.3.3 审计沟通要有目的性 / 226

10.3.4 用心、用眼带着情感去倾听 / 226

10.3.5 通过写信使神奇的机会降临 / 227

10.3.6 共同参与审计，有助于审计沟通 / 229

10.3.7 恰当选择沟通场所和形式 / 229

### 10.4 良好审计沟通的十个问题测试 / 230

10.4.1 沟通测试 / 230

10.4.2 测试评分 / 231

### 10.5 提高审计沟通能力的两种简单有效的方法 / 231

10.5.1 练习演讲 / 231

10.5.2 情景模拟练习 / 232

## 第 11 章  审计营销 / 234

### 11.1 成功的内部审计应当是营销大师 / 235

11.1.1 不能做封闭的实干家 / 235

11.1.2 消除对内部审计的曲解 / 236

11.1.3 不要害怕宣传自己的成绩 / 237

### 11.2 内部审计实施的 6P 营销策略 / 238

11.2.1 审计营销对于内部审计生死攸关 / 238

11.2.2 来自审计一线的 6P 实战新解 / 238

11.2.3 要像研发产品一样，实施 6P 建设 / 241

## 11.3 内部审计营销的十个最佳实践 / 242

- 11.3.1 以需定产，提供适销对路的审计产品 / 242
- 11.3.2 编制并定期发布内部审计简报 / 242
- 11.3.3 在公司内网建立内部审计网页 / 246
- 11.3.4 抓住宣传内部审计的时机 / 246
- 11.3.5 编制审计工作手册 / 248
- 11.3.6 参加重要经营会议 / 249
- 11.3.7 构建内部审计自媒体 / 249
- 11.3.8 审计满意度调查问卷 / 249
- 11.3.9 塑造和培养良好的职业形象 / 250
- 11.3.10 积极参加公司活动 / 250

# 第 12 章 审计培训 / 251

## 12.1 独具特色的 360° 全方位审计培训 / 252

- 12.1.1 培训成败来自客户体验 / 252
- 12.1.2 培训的雪球效应 / 253
- 12.1.3 培训的宝藏挖掘 / 253

## 12.2 独当一面地构建以审计部门为中心的培训体系 / 254

- 12.2.1 责任重于泰山的审计内训 / 254
- 12.2.2 审计培训与能见度提升 / 256
- 12.2.3 审计培训的线路图 / 257
- 12.2.4 公司内部业界大咖来助阵 / 258
- 12.2.5 外部取经效果最大 / 259

## 12.3 情有独钟的新常态下，别样的培训，别样的作为 / 260

- 12.3.1 对上培训：引发启示，将内部审计作为极具价值的资源 / 260
- 12.3.2 平级培训：换位思考，共筑企业的风险防线 / 262
- 12.3.3 向下培训：问计基层，方案在一线制定 / 263
- 12.3.4 对外培训：塑造形象，创造价值才是最大的作为 / 264

## 12.4 独一无二：寓教于乐的速成培训法 / 265

- 12.4.1 萌翻外界的游戏:《会计科目扑克牌》/ 265
- 12.4.2 让故事照亮未来 / 268

## 第13章　年终总结 / 269

### 13.1　内部审计年终总结的十条关键铁律 / 270

13.1.1　时效性：年终总结要"抢先"做 / 270
13.1.2　合力性：年终总结要上下互动"齐上阵" / 271
13.1.3　精练性：年终总结要"简短" / 271
13.1.4　层次性：年终总结要"关联大事" / 272
13.1.5　客观性：年终总结要找出差距 / 273
13.1.6　可信性：年终总结要用数字说话 / 273
13.1.7　引导性：年终总结要写出思想 / 274
13.1.8　远见性：年终总结要提出攀高目标 / 274
13.1.9　美观性：总结报告排版布局要"漂亮" / 275
13.1.10　系列性：年终总结要"好戏连台" / 275

### 13.2　年终总结好戏连台的系列大餐 / 276

13.2.1　评选十件内部审计年度大事 / 276
13.2.2　评选十个内部审计精彩段子 / 278
13.2.3　评选十大年度人物及颁奖词 / 280
13.2.4　为内审人员播下希望的种子：我们的"家书" / 283

### 13.3　来自企业的年终总结 / 286

13.3.1　以内部审计的"十个第一次"写总结 / 286
13.3.2　以标新立异的小标题凸显总结报告 / 287

## 第14章　审计团队建设 / 293

14.1　打造高素质的审计团队是我们的唯一选择 / 294
14.2　树立学习型审计团队的愿景 / 295
14.3　开启员工心灵之窗的领导者角色 / 297
14.4　自我超越的素质达标 / 299
14.5　以人为本的"凝聚工程" / 300
14.6　上下互动的团队学习 / 302
14.7　学以致用的创奖平台 / 305
14.8　打造竞争优势的知识管理 / 307

## 第 15 章　快乐审计团队的实操案例　/ 309

### 15.1　营造审计环境的"魅力审计联席会"　/ 310
15.1.1　魅力审计联席会的运作　/ 311
15.1.2　有为才有位，勇当企业变革排头兵　/ 312
15.1.3　结束语　/ 314

### 15.2　创新审计技术与方法的"审计共建"　/ 315
15.2.1　开辟审计共建访谈，使风险控制的理念深入人心　/ 316
15.2.2　开展审计公示，营造"管理得人心"风控文化　/ 318
15.2.3　开展内部控制知识培训　/ 318
15.2.4　整合三一Z部监管体系　/ 319
15.2.5　开展审计创新试点　/ 319
15.2.6　创造增值价值　/ 319
15.2.7　在Z部产业链的上下游构筑风险防线　/ 319
15.2.8　Z部对审计人员进行"业审融合"培训　/ 320
15.2.9　提升审计共建执行力　/ 320
15.2.10　促进审计成果转化为生产力　/ 320

### 15.3　挖掘审计资源的借势借力　/ 321
15.3.1　职工代表民主评价制度形成的背景　/ 321
15.3.2　职工代表民主评价制度运作模式　/ 322
15.3.3　推行职工代表民主评价制度取得的效果　/ 323

### 15.4　企业核心竞争力的守护者：商业秘密防泄漏审计　/ 324
15.4.1　商业秘密泄露的方式　/ 325
15.4.2　商业秘密泄露风险管控体系　/ 326
15.4.3　商业秘密泄露风险管控重点　/ 327

### 15.5　企业集团管控的审计协同　/ 330
15.5.1　开展WORKSHOP专题研讨，明确改进提升方策　/ 332
15.5.2　加强工作协同，持续提升审计价值　/ 334

## 赞誉　/ 338
## 致谢　/ 346
## 参考文献　/ 347

第1章

# 观念创新

21世纪的内部审计，已经发生了实质性的变化。它被定义为一种独立、客观的确认和咨询活动，旨在增加价值和改善组织的运营。它通过应用系统、规范的方法，评价并改善风险管理、控制和治理程序的效果，帮助组织实现其目标。

内部审计，成在理念，败在理念，观念更新永远是推动我们事业前进的主观动力。

我们热爱内部审计。这是一片希望的田野，我们在这里耕耘和收获，我们更希望将来自实践一线的切身感受与同行分享……

## 1.1 我们热爱内部审计的十个理由

### 1.1.1 内部审计是当今最激动人心、最有活力和最具挑战性的职业之一

#### 1.1.1.1 我们相约在北京，共同的理想把我们凝聚在一起

2013年11月，我们八个企业的审计同仁相约来到了北京，参加北京国家会计学院举办的高层内部审计论坛。

这是一次充电之行、责任之行、荣誉之行。我们有三个愿望：

第一个愿望是零距离地交流来自我们之间鲜活的审计案例。"在家里看到的永远是家；走出去，看到的才是世界。"感谢北京国家会计学院在为我们提供量身定制课程的同时，给了我们一个充电交流的平台。

第二个愿望是提炼来自我们实战一线的经验及教训，为即将在2014年全面实施的内部审计准则拿出接地气、可实操、快速响应的审计方案。

第三个愿望是要去见一位我们心目中的审计偶像——中国经济风云人物、掀起中国审计风暴的审计署原审计长、全国政协原副主席李金华。

**热爱内部审计的十个理由**

1. 内部审计是当今最激动人心、最具挑战性和活力的职业之一
2. 内部审计是资本市场上的"企业良心"
3. 内部审计是企业的经济良医
4. 内部审计是培养精英的大学
5. 内部审计是业务部门的伙伴和支持者
6. 内部审计是企业的利润中心
7. 内部审计是大数据时代的宠儿
8. 内部审计是董事会极具价值的资源
9. 内部审计是职务舞弊的克星
10. 内部审计是企业文化的使者

### 1.1.1.2　亲切地会见，巨大的鼓舞

当有了这样一些想法以后，按捺不住激动心情的我们，决定给李金华主席写一封信，谭丽丽担任了我们的执笔：

亲爱的李主席：

我是武钢原审计部长、全国五一劳动奖章获得者谭丽丽。请允许我们这样称呼您，因为您是我们心中的审计偶像，我们爱戴您！

我和几位在国内有影响力的企业审计部长，相约利用到北京开会的时间专程来看您，我们来自武钢集团、昆钢集团、东风汽车集团、兖矿集团、海信集团、三一重工、海澜集团、泸州老窖，其中有您非常关注的行业领军民营企业。我们在一年前就有约定，不干出一流的审计业绩我们不来见您！

企业每天都在发生变化，我们在变化中改变自己。这次想见您，就是想把来自企业一线最真实的声音、最新的审计成果带给您。我们知道您很忙，常人

想见您几乎是梦,但我们咋就总好像您就在我们身边呢?这答案就是在我们的潜意识里,您看得见我们在工作,您最了解企业、了解基层,我们能感受到您的正能量!我们想下周五的下午来见您,我们还想把您请到我们的企业去看看。我们希望梦想成真!

武钢谭丽丽,昆钢卫峰,东风汽车集团康理
兖矿集团甄爱兰,海信集团罗志国、三一重工陆涛
海澜集团江南、周美蓉,泸州老窖曹聪

我们很快收到了这梦想成真的回复。李金华主席如约在他的办公室接见了我们,非常高兴地听我们讲述一个个扣人心弦的审计故事……我们全然没有在一位国家领导人面前的拘谨,那感觉分明是来看望一位可诉衷肠的朋友。

时间飞快地过去了,我们不忍多打扰,李主席意犹未尽地对我们说:"你们的案例很生动啊,没有水分,一定要把它提炼出来进行交流,让内部审计为企业的发展发挥更大的作用!谢谢你们的工作,来!我们一起合个影"。在李主席的办公室,我们留下了难忘的合影。

幸福的时刻总是这么短暂,以至很长一段时间,我们都沉浸在幸福的回忆之中。

### 1.1.1.3 不负重托,我们在耕耘

不负李主席的重托,我们就是一个团队,一个课题组。这是一种无边界的组织效应,一种新型的"借脑"运作。我们建立了微信群,群名"快乐审计",意喻:我们在审计,并快乐着。

互联网时代若离若聚的时空间隔,丝毫不妨碍我们之间思想火花的碰撞。有了心动就行动,否则,再好的构思如果不去实践,那么,它永远都是一张无法兑现的支票。

我们在耕耘,也在收获。我们把一大批来自内部审计实战一线的成果推向

国内外。

武钢内部审计案例入选由时任总书记胡锦涛写序的对全国 200 万处级领导干部培训的教材《中外企业经典案例》。

兖矿内部审计在阳光采购中主导的职工代表民主评价制度，正在山东全省推广。

海澜集团内部审计成为集团发展与变革前沿的主力军。其成果"大数据成就内部审计大作为"与兖矿案例并驾齐驱入选中国内部审计百佳案例。

海信内部审计敢为人先，创建的内部审计微信公众号聚集了业内的智慧与力量，与时俱进地实践与创新着内部审计前沿技术与方法，使其成为企业健康发展中保驾护航的一把"利剑"。

三一重工决策层像研发产品一样，将内部审计打造成具有市场竞争优势的产品，引发外界对这支非公经济审计团队的高度关注。

东风汽车集团、万华化学内部审计的全覆盖，无愧于"一流的企业，需要一流的内部审计"之众望与重托。

来自国际反舞弊组织的《全球职务舞弊与职权滥用报告》，是当前我们快速获得世界级反舞弊知识及手段的必不可少的资源。

我们是一群普通的审计人员，是火热的内部审计事业让我们精彩。内部审计有为才有位，我们深深地感到：一个行业的振兴，靠的是这个行业每一个人对事业的热爱、追求、探索和实践。

如果让我们对自己的职业生涯再做一次选择，我们还会选择我们情有独钟的内部审计。

## 1.1.2　内部审计是资本市场上的"企业良心"

### 1.1.2.1　优秀的内部审计是企业诚信的名片

对上市公司而言，其资产运行质量受到了国家、社会、企业及公众投资者空前的关注。而各方关注的焦点，不再仅仅局限于我们会计信息所体现的企业当前的资金实力和盈利能力，却直指企业的诚信及未来的预期。在公司治理中，各方都希望在企业的内部能够产生一种权力的制衡力量，实现资本风险最低，管理绩效最大，经济效益最好，社会形象最佳。

内部审计显然是一种有益的尝试。它在风险管理、内部控制及治理程序方面的全新职业定位与实践，提升了企业的社会价值、信用价值、资产价值、人本价值，最终提升企业可持续发展的核心竞争力。企业需要自己的内部审计在这一变革中重塑自我，承担使命。

在资本市场上，如果企业一旦发生管理不善、违法法规等欺诈行为，就会引起广泛的关注、造成不良的社会影响，从而导致企业价值大大降低、企业再筹资成本上升、企业各种社会关系恶化等严重后果。

知名的国际跨国公司，在外部审计技术和手段都十分先进的情况下，仍出现那么多的财务丑闻和欺诈行为，这使得人们不得不把关注的焦点从企业的外部环境转向企业内部控制机制上。因此，人们把我们内部审计当作"企业良心"，当作维护企业道德文化的最后一道防线。

如果一个企业的内部审计也不值得信赖了，那么，这个企业就没有希望了。世通的财务丑闻是由内部审计辛西娅披露的。我们深信：内部审计人员对职业道德规范的坚守，本身就是企业诚信的名片。

### 1.1.2.2 "忠诚""担当""干净"，我们心中的明镜，外界秤杆的准星

"忠诚""担当""干净"的品格，不会因为企业的所有制和文化的不同产生差异。

审计人员在任职期间的履职履责，常常被外界视为公司的"经济警察""看门狗"，是黑脸形象，但是，每个人心中都有一杆秤，即使是我们的审计对象。

我们有一位审计部长，在准备退休前夕，那些不惜代价、不厌其烦挖她的民营企业家，竟然都是她昔日在审计部长岗位上查出过问题、追缴回损失、堵塞过财路的审计对象。面对找上门来挖人的企业家，这位部长不得其解："审

计对象如此惦记我为哪般呢？整我吗？可我没有私敌啊，这是为什么呢？"

后来，那些企业家的答案几乎不约而同。他们告诉这位部长："我们首先看中的，并不是你的专业技术，而是你对企业的忠诚、担当，对诱惑的淡薄。我们看到你们审计一旦进入程序，就像在战场上，一切都是不确定。我们看到你的团队从不推卸责任，你们敢六亲不认，一查到底。我们作为一个被审计对象，你追回损失，堵塞漏洞，我们都认了。但是我们不希望你把问题写进审计报告，因为它涉及很多关系。所以，许多方面都做过你们的工作，好像没有什么效果。你们能经受住诱惑，值得信任。我们是自己的企业，就需要你们这样的人。至于你堵塞的财路，也不完全是我们所为，有一部分是你企业的内鬼所为啊。"

所以，直到今天，民企挖她，国企留她，只因她做过企业的审计部长。企业的有识之士，一定不会忽视内部审计这一极具价值的资源。

## 1.1.3 内部审计是企业的经济良医

### 1.1.3.1 老总喜欢什么样的内部审计

企业需要能够提供解决方案的内部审计，而不是内部审计自己的运作如何规范。

企业老总是我们的关键利益相关者，他对我们的工作是否优秀具有最终的决定权。老总到底喜欢什么样的内部审计呢？这将决定内部审计发展的方向。许多审计人员谈到这个问题时，答案往往五花八门。

多年前，中国内部审计协会会长郑力同志带着媒体，专程来到湖北省推广武钢内部审计经验的交流会上，她要向武钢的刘本仁总经理讨教一个问题："您喜欢什么样的内部审计？"

刘总告诉她："一个优秀的审计部门，首先能站在我的角度看问题，用审计的专长去揭示问题的真相，用专家的能力提出解决方案，用文秘的水平提交言简意赅的审计报告，用跟踪到底的执行力和协调力去落实整改措施。这就是我喜欢的内部审计。"

"顶层视野、系统思维、专业技能、跨界优势、文秘水平、协调能力"。当我们具备了这些能力时，我们就有了老总的视野，就有了心想事成的舞台啊。

#### 1.1.3.2 "送金送银，不如送健康"，我们愿做企业的经济良医

做企业的经济良医，是我们内部审计的极好定位。在我们的眼里，企业就是一个有血有肉的人。

产供销系统就像人的消化系统，它使企业能够获得收入和利润；财务资金系统如同人的循环系统，它使现金流的管理成为企业的生死管理；信息系统则是人的神经系统，信息的不对称是企业管理最大的风险。

对企业的健康状况来说，"痛则不通，通则不痛"，找痛点解决痛点，是医生的职责所在。当企业肌体出现"疼痛"的时候，首先会考虑落在什么样的医生手中。当企业把我们当医生的时候，就会把所有的隐私告诉我们，就像把衣服脱了，让我们来做检查，把所有的痛苦告诉我们，把身体的健康交给我们。这对于我们，是一份何等神圣的职责！

在这里，我们会感到内部审计是一门爱的职业。病人来看病，但却不愿意让你把病情到处张扬，因为这是病人的隐私。这又需要我们去感同身受病人的苦衷，具备有分寸的"度"。

我们内部审计人员不可能成为企业生产经营管理方面的专家，但有一种芝麻开门的秘诀，运用这一秘诀，我们可以打开通常只有技术专家才能打开的大门，这一秘诀就是内部控制，我们可以去找标杆。

### 1.1.4 内部审计是培养精英的学校

#### 1.1.4.1 内部审计最大的职业优势，是获取经验的"近水楼台"

有人问我们：在选择第一份工作时，首先考虑的是什么？

哈佛商学院终身教授迈克尔·波特做了最好的回答，他说："所有我认识的成功的人士，真正的成功人士，在他们选择第一份工作的时候，并不是考虑

是不是能挣最高的工资。他们考虑的是，我能从什么地方获得最好的经验？这是一个心态。钱是以后再说的，高工资也是以后再说的。当他们能独树一帜以后，当他们掌握了一些独特的专业知识以后，我相信那些原则对个人的职业生涯也是有用的。"

在获得经验方面，内部审计显然比其他部门更有优势。一个有说服力的证据就是在审计报告发出之后，对一个项目有系统认识的，除了被审计项目的负责人，几乎就是我们的审计组长。

内部审计比其他组织的任何人处在更好的位置去执行特殊任务。我们没有什么地方不可以去，没有什么资料不可以查，没有什么问题不可以问，没有什么学问不可以学，没有什么措施不可以试。在正常的本职活动中穿插于各种职能部门，包括生产与技术环节之间。广泛的控制系统培训，使我们对一个组织及其不同的组织部分有了整体观念，时间的要求也更具灵活性，以至能够激励任何一个管理者花费一段时间在这个部门工作。

#### 1.1.4.2　实践是最好的学校，学以致用是最好的老师

读书是学习，使用也是学习。知识宠爱有心人，不断地学习和创新，使我们在工作中实现了一个又一个跨越。

我们内部审计不断倡导、开发、应用、推广来自实践的最新成果，逐步形成了一整套全面创新的实务技术理论及方法体系，造就了一支又一支高素质的学习型群体，创新思路变成职业发展壮大之路。

在我们之中的优秀审计部门，人人成为学习之人，人人有成果，个个立功受奖。几年来，我们在实践中总结的"项目审计百条法则""经营审计百则案例""建设项目内部审计操作指南""多维分析表"等近百种审计的工具和技术在国内得到推广运用，围绕管理难点攻关的50余项课题获得大面积丰收。理论研讨蔚然成风，四部专著，150篇论文在国际、国内刊物上发表，成功地将来自实务界的理论推向国内外。凝聚集体智慧结晶的40万字专著《固定资产

投资控制与内部审计》被中国内部审计协会授予"特别贡献奖"。《建设项目审计操作指南》成为国家内审协会向全国颁布的第一部行业指南。优秀的审计部门在行业中展示出强大的素质实力及阵容。

我们相信：未来，内部审计这一职业将因其多样化、趣味性、回报性和挑战性成为明智人士的首要选择。

### 1.1.5 内部审计是业务部门的伙伴和支持者

#### 1.1.5.1 做部门的伙伴——我们改变了自己，也改变了企业的未来

我们的内部审计正呈现着两种趋势：一种趋势是非审计化，即我们内部审计做的工作，越来越不像审计了，"业审融合"引领我们把审计的触角延伸到对企业所有资产和管理功能的全覆盖。另一种趋势是泛审计化，企业所有部门做的工作，越来越像审计了，这是大审计的概念。

我们访谈过许多企业的高管和老总。在他们的言谈中，无不直白地坦言：如果审计部门拿不出"亮剑"式高端审计报告，老总不会在意你，审计对象与生俱来就有对你"不舒服"的感觉，那么你在企业就是领导和被审计单位都不在乎的"两不靠"部门。可以看到，那些长期囿于财务和临时性任务而没有作为的内部审计部门会被边缘化。

我们要做业务部门的亲密伙伴和坚定支持者，做企业最好的问题解决方案商。从这个时刻起，我们改变的不仅仅是自己，而是企业的未来。

于是，我们开始以参与合作式的方式实施审计，开展审计共建，把富有建设性的审计建议向管理当局推送。我们在部门间搭起了管理双赢、互动的桥梁。

#### 1.1.5.2 审计团队九字队训——"责任心，全局观，方向感"

做业务部门的伙伴和支持者，需要树立新的视角和新的看法。我们审计团队的九字队训——"责任心，全局观，方向感"，在业务部门之间达成了共识。

什么是责任心？责任心是一条底线，是对我们内部审计本职工作付出的最

起码的职业谨慎，责任心的更高境界是把内部审计视为一种使命和重托。

有了责任心、全局观、方向感，才能有系统的眼光，才能把我们各个方面的工作看成是你中有我、我中有你的工作，把管理接口部位看作自己工作的一部分，主动承担责任，化解风险。

内部审计的九字队训带动了部门在履职履责中"多半步"，主动管住接口部位的风险；在联合作战的整体工作中"快半拍"，不当短板；在分析问题落实责任时"让半分"，"只为成功想办法，不为失败找理由"。

## 1.1.6 内部审计是企业的利润中心

### 1.1.6.1 一个无人发现的利润黑洞

优秀的企业会把内部审计作为一种创造价值的知识产业，将审计成果迅速转化为企业的生产力，并带动其他管理同步提升，而不是把内部审计看作只产生耗费的成本中心。

《全球职务舞弊与职权滥用报告》中有这样一组数据：调查参与者预估，具有代表性的组织，由于舞弊而导致的损失占其每年总收入的5%。

我们的审计人员刚刚看到这组数据时不禁面面相觑，这怎么可能呢？如果是这样，我们企业的收入是1000亿元，那么，舞弊损失岂不是50亿元？这和我们查明的舞弊损失相比，差异实在太大了啊！

也许你会感到危言耸听，人们还是更愿意相信这些案件并不普遍，是奇闻逸事，但这是用事实和大数据支撑的结论。

它至少告诉我们两个问题：

（1）内部审计及企业的反舞弊团队任重道远。总收入的5%和我们已经查明的舞弊损失之间的差异，本应是显示在我们的财务报表上的企业利润，这不翼而飞的利润正是我们大有作为的潜力。

（2）我们能够查出来并写在审计报告上的舞弊金额，可能只是冰山一角。许多数据像"竹篮打水一场空"一样，被过滤掉了。职务舞弊本身就有舞弊者刻意构造的隐蔽性，很多舞弊案件是永远不会被检查出来的。倘若不是这组数据引发的思考，我们还将不断受其愚弄而不自知。

#### 1.1.6.2　哪里有资源，哪里就有诱惑，哪里就有内部审计的眼睛

人们很难做到刻意去发现舞弊的线索。

我们曾在一个总厂的二级公司做内控审计，那里的一些干部和员工抱怨我们的反舞弊教育对他们是"多此一举"。他们说，权力都集中在总厂啊，总厂实行财务、采购、工程发包的高度集中管理，我们这一级根本没有腐败的条件，我们想吃、拿、卡、要都没有机会啊。

于是我们在那里开设了一次"内部控制与反舞弊"讲坛，我们问大家一个问题：大家都说基层没有腐败的条件，那为什么我们的供货商把工作做到了车间班组，做到了工人的身上？他们常常抱怨工人手中的工具枪怎么还没有用坏，物料怎么还没有用完？于是通过供应商的"做工作"，后来就有了能得到个人好处的"低性价比"物料被推荐，"高性价比"的物料在基层被封杀，它直接误导了管理部门对供应商的选择，这是为什么呢？

还有，我们极易忽视的生产线上的加工产品残值，本应该计为企业的收入，处理这些残值时反而计入了费用，暗中窃喜的舞弊者就会更加肆无忌的去"制造"残值。

我们的干部员工终于明白"哪里有资源，哪里就有诱惑，就有利益的追逐，就有投机、就有权钱交易"的道理。

"控制对内部审计而言，既是一种机会也是一种责任。"我们开始用大数据的思路去梳理企业的命脉之流（物流、资金流、信息流），倒逼出管理盲区一笔笔回归企业的利润，其巨大的数额不断带给我们惊喜。

### 1.1.7　内部审计是大数据时代的宠儿

大数据伴随着云计算、移动互联网的发展，已经开始改变着我们内部审计的工作和理解世界的方式。

我们置身于这眼花缭乱的数据世界，有了一些实实在在的知识和思考，唤起了我们安静思索相关问题的心境……

我们隐约发现：大数据并不是完全的新生事物，我们内部审计与生俱来与大数据就有着不解之缘。下面请看我们如何诠释大数据的三大特征。

### 1.1.7.1 大数据不是因果关系，而是相关关系

我们审计人员在看账的时候，看着不对劲，我们就去查询另一个相对应的账本。我们在收集审计证据的时候，善于应用发散思维，敏锐捕捉蛛丝马迹，以期穷尽线索细节，这便是大数据的关联特征。

有了互联网，现在我们的纪委接到举报后，第一件事不是去找财务查账，而是去信息中心找关联数据，把被举报人的业务痕迹和关联关系梳理一遍，舞弊端倪就会出现。

### 1.1.7.2 大数据不是随机样本，而是全体数据

当我们所有的数据都可以在线上跑的时候，我们不会去做抽样，这种抽样是表面的、肤浅的，有时比无中生有还离谱。

没有网络的时代，我们收集整理审计信息的时间可能远远超过发现审计问题所耗用的时间。有了网络，用抽样数据的时间超过用全体数据的时间，我们为何舍近求远呢？

现实是我们早就开始在网上收集更多的信息，以验证我们原有信息的完整性。我们对比标杆，利用我们的社交圈获取更多的线索。有了全体的数据，加上我们审计的系统思考，我们的审计证据更有说服力，审计更加精准。

### 1.1.7.3 大数据不是精确性，而是让数据发出声音

大数据不是精确性，而是混杂性。

物料的收、发、存，这是一件多么简单的事情，传统审计关注的是数量、质

量和价格，我们的大数据审计却让其注入了时间和空间的维度，让数据发声了。

比如，从加油站运往企业的油料，我们增加了时间和空间的维度，发现了一个长达多年的运油车，没有在指定的时间将油料运到指定的地点，途耗也非常反常。数据告诉我们，这是调包的征兆，随后我们在这个常人忽视的环节追回了损失。

再如，工程中的周转材料——混凝土模板，针对承包商报价的两套模板，我们给模板注入了使用时间的维度，我们考证一套模板是否可以周转使用？我们观察这两套模板的使用时间，分析数据告诉我们：模板使用的时间没有重叠，模板报价被重复计价了。

### 1.1.8　内部审计是董事会极具价值的资源

在组织治理与变革的前沿，内部审计如何帮助董事会挖掘审计资源呢？

#### 1.1.8.1　从企业老总的"心病"说起

许多企业的老总，都有一块"心病"，他们见到我们审计专家问的第一句话往往是：你有什么方法查出我们的高管舞弊？由此可见，老总们首先把"了却心头之患"的"企业经济卫士"这一职责，寄托在了内部审计身上。

我们理解老总此时的心情。企业在快速发展中，老总必然会对企业资源的安全性、效益性表现出越来越大的疑虑和不放心，因为控制制度从制定到落地之间，存在大量"真空地带"和"弹性区间"。

于是，国企和民企的老总都做着同样的一件事，无休止地设立各种财务委派、监事会委派、督办机构，重复的监管机构对同一个监管对象实施重复检查，而检查报告却大相径庭。

这是老总最沮丧的现实。高管舞弊对董事会成员是一种无法治愈的创伤，这种痛苦来自他们发现受到重视的下属背叛了他们的信任。

我们告诉老总，高管舞弊不是法律问题，它是一个商业难题，您可以辞退他、甚至抓起来，但是，高管的离去，带走的不仅仅是您的渠道，您的圈子，还有随时可以引爆的"痛点"。

解决这一难题需要建立有效的公司治理机制，内部审计是这一机制的基石，我们有识别、防范、查处舞弊的"照妖镜"，它只是内部审计的一个业务版块（详见本书第7章）。

### 1.1.8.2 内部审计总是在经济较困难的时候备受关注

管理中的最大风险是信息不对称，谁能当董事会的"千里眼""顺风耳"？应该是内部审计部门。因为说真话是内部审计的立足之本，是我们的职业动机使然。

内部审计在了解组织存在的问题、可能的改进措施、面临的利益格局分析、挖掘成功经验等方面具有一定优势，加之内部审计对组织的依赖和忠诚，理应扮演起组织变革代理人的角色，参与到整个企业的重大变革和流程中来。

### 1.1.8.3 我们是企业变革前沿的主力军

在中国服装的龙头企业海澜集团，内部审计全程参与企业的供应链管理、制造管理、库存管理、人力资源管理，及时跟进每一个管理体系的梳理与重建。近年来，审计部搭建的产品质量标准体系、历史价格信息库、合格供应商库、比价信息系统等，进一步将内部审计对集团业务变革的深度思考和精准诠释，落地在全面优化集团供应链的各个实操环节，为企业推开一扇彰显内部审计持续创造增值价值的窗口。

这一创举得益于海澜集团决策层不断挖掘内部审计这一极具价值的资源，使内部审计成为集团发展与变革前沿的主力军。

## 1.1.9 内部审计是职务舞弊的克星

企业在追求效益最大化的时候，切莫忽视经济领域的欺诈和管理的缺陷正在蚕食着企业的利润。

### 1.1.9.1 舞弊者职位与舞弊类型、频率、金额之间的规律

舞弊审计，是一种发现性的冒险活动。而舞弊给受害企业带来的损失根本无法得到恢复。因此，我们一直在努力寻找舞弊发生的征兆及规律，我们需要去揭示舞弊的类型、频率与舞弊损失之间是否存在一些关联性。

来自国际反舞弊组织的报告和我们对舞弊案例分析的结论几乎不谋而合。

这份报告揭示了舞弊的三种类型：第一类是资产侵吞，主要是受害公司的雇员所为，发案数量占 87%，舞弊损失中值为 12 万美元。第二类是财务欺诈，主要来自高管的利益输送，发案数量虽然仅占 8%，但是造成了最大的损失，每起超过 100 万美元，是雇员舞弊的 10 倍以上。第三类是腐败犯罪，主要来自中层的经理人员，犯罪频率居中，损失中值也居中（25 万美元）。

这组数据以广泛性和无可争辩性的事实揭示财务欺诈大都来自高层。真可谓"高管舞弊猛如火，贼偷三次偷不穷，一把大火烧精光"。

### 1.1.9.2 培训 + 热线，让舞弊行径可识别，可举报，可查处，可防范

打击舞弊的最强势利器就是让贪腐分子的犯罪成本最大化，最后达到减少犯罪率的目标。有数据表明：犯罪后被捕的概率比监禁期限有更大的阻遏犯罪作用。

如果我们能提高舞弊的败露率，就能对潜在舞弊行为表现出强大的预防效果。一个卓有成效的做法是进行广泛的培训及设立热线，让舞弊的行径可识别，可举报，可查处，可防范。

尽管我们无法穷尽形形色色的舞弊伎俩，但无论在哪里发生，他们的许多趋势和特征仍然是相似的。

我们审计部发表了一篇文章"职务犯罪的 DNA"，这让许多人坐立不安，也让许多人悬崖勒马，我们好像在告诉所有人，谁是"病人"，我们更想告诉病人，你摊上大事了，赶紧去吃药，否则就无可救药！

我们通过绘制风险地图，识别企业的特有风险，绘制舞弊清单及反舞弊防

范表，开展诚信调查，对企业舞弊风险进行连续评估。这一切都是告诉舞弊者，我们怎么查你？

这些识别舞弊的方法，不会因为互联网的发展而褪色。

### 1.1.9.3　互联网给舞弊审计插上翅膀

在网络社会，世间万物的数据化和无处不在的第三只眼，让个人隐私成为一个伪命题。移动通信充当着移动间谍，它在你毫不知情的情况下暴露你的行踪。高速的互联网、计算机、平板电脑和智能手机已经使舞弊变得比任何时候都容易很多。有专家认为"不是舞弊的行为改变了，而是技术的发展使舞弊变得更容易了"，但是我们审计"魔高一尺道高一丈"的借势借力的本事也提升了，我们凭借专业优势获取信息的成本也大大降低了，如果我们看不到这一点，那就像鱼儿不知道自己身上是湿的一样可惜。

我们身处企业内部，具有"内行审内行，审的最在行"的优势，我们设立的各种模型成为测试职务犯罪的DNA，对管理层逾越内控的风险执行专门的实质性测试，其效应如同一部防弊查弊的CT，有效打击了电子化条件下的职务犯罪，内部审计成为职务舞弊的"克星"。

## 1.1.10　内部审计是企业文化的使者

### 1.1.10.1　成功的内部审计是一种营销

成功的内部审计一定会把自己的审计理念和成果，像产品一样营销于外界。因为我们的内部审计文化是一种务实文化、创意文化、激情文化、诚信文化，它正吸引着公众的目光。

国际内部审计师协会（The Institute of Internal Auditors，IIA）的网站上有两幅大图片，一幅关于美国，是数名摇滚歌星在演出，台下观众欢呼雀跃。这是什么意思呢？这寓示内部审计师如同摇滚明星，受到越来越多的关注。

另一幅关于中国，是曾在中央电视台播放过的连续剧《在路上》的宣传片。

据了解，目前世界上有一些介绍宣传内部审计职业的纪录片，也有一些反映内部审计人员生活的电影，但像中国摄制20多集连续剧的却是绝无仅有。挪威内部审计协会主席曾建议，将《在路上》译成英文在世界范围内宣传。这给我们一种鼓舞性启示：中国内部审计在经济组织乃至社会生活中不断上升的地位，已经引起了国外同行的高度关注。

大家也许不知道，这部《在路上》电视剧的原名是《审计部长》，在编写剧本的时候，剧组第一站采访的就是武钢，无怪网上纷纷揭秘，原型来自武钢。

### 1.1.10.2　内部审计是播撒企业文化的种子

审计文化是一种"企业精神"，它不是写在墙上的口号，而是审计人员心目中产生的一种潜在说服力，从而把组织意志变为个人的自觉行动。

当今时代，无论你以何种方式谋生，都是在销售。"企业凭什么值得我们去始终跟随？"中国天楹审计部集体执笔的宣传稿"我们爱企业的十个理由"，迅速在企业内外受到热捧，它化为我们知恩图报、无欲则刚的职业忠诚和迅速提高素质，适应企业发展的整体实力。

【案例】

### 我们爱企业的十个理由

1. 这里有一个传奇的创业故事。从一个名不见经传的垃圾发电厂到当今中国最具活力的上市公司——中国天楹。肩负"环保新能源，绿色新生活"的使命，天楹人正脚踏实地实现着产业报国的"中国梦"。

2. 这里有一个运筹天楹玄机的严圣军和他的精英团队。这里是一块辐射着"我赢非赢、共赢为赢"超强正能量的吸铁石。大批有识之士愿意将人生中最宝贵的"盛年"倾心交付天楹。

3. 这里聚集着各路精英，尊重人们之间的平等权利，链接着和谐友好的人际关系。置身其中你会感悟：和比你优秀的人在一起，一定会让你变得更优秀。

4. 这里的人沐浴着世界上最智慧的哲学之光。现代管理国际论坛、高端讲座与职业培训此起彼伏，天楹采取行政措施推进最大福利——帮助员工成功。

5. 这里是一方自主创新的研发基地，开创了城市生活垃圾统筹处理无害化、资源化、减量化的先河，天楹之光的 LED 产品技术，成为拥有示范发言权的国家标准起草者。

6. 这里是一张高能见度的品牌名片。中国天楹的精品项目、示范工程不断创造着"中国品牌"的奇迹，在市场经济就是注意力经济的今天，天楹是无形资产的富豪。

7. 这里有我们热爱的环保事业。从发展国内市场到登上国际舞台，我们将持之以恒为改善人类生存环境谱写新的励志故事。

8. 这里有一支朝气＋活力的年轻审计团队。有为才有位的使命感，化为我们审计人员激情创新的动力和为企业创造价值的资源。

9. 这里有一个尊重知识、礼贤人才的好环境。"高看一眼、厚待一筹"的人文关怀及后勤保障，使置身天时地利的天楹，更赢得了不拘一格揽人才的软实力。

10. 这里有天楹人的未来。走进大千世界，每一个天楹人的脸上都洋溢着自豪与从容，成为外界羡慕的人。只要努力，就能过上富足而有尊严的生活，我们天楹人的未来不是梦。

我们爱天楹，何止十个理由？因为爱是不需要理由的。虽然天楹也有发展中的短板，但这正是我们存在的价值。我们没有豪言壮语，我们为天楹的今天而自豪，明天，要让天楹为有我们而放心！

内部审计是播撒企业文化的种子，在企业内部，我们在电视新闻栏目开辟了《部长访谈》节目，在企业报刊中开辟《内部审计》专栏，使内部审计的理念深入人心。在互联网上，我们开辟内部审计微信公众号，营销我们的思想；我们把来自实战的成果推向外界……

### 1.1.10.3　用内部审计思想去开拓市场，赢得市场

内部审计更是企业的一张名片，是弘扬企业文化的使者，在为企业赢得美誉度的同时，也为企业赢得市场。

十年前，武钢审计部受邀对西藏专员以上领导进行项目审计的培训，恰逢武钢苦于钢材无法进入西藏市场，所以审计部首次把自己企业的产品带到了西藏，在拉萨河大桥上，桥梁钢展示着"武钢造"的品牌。

三一重工的审计部关注到自己企业的煤机一直进入不了山东兖矿，便和兖矿审计结对子，在兖矿开设了内部控制大讲坛，于是，在带去管理思想的同时，也带去了三一重工的煤机。

在西安交通大学的课堂上，三一重工审计专家正在为陕西某煤业集团培训。得知该煤业集团拖欠三一重工机械款，而三一重工亦欠 A 钢铁集团钢材款、A 钢欠该煤企煤款。三方之间形成的三角债已经影响到各自企业资金的流动性。审计部当即协调，发起三家资金票据"背书"，解决了互相拖欠的"三角债"，带动了煤、钢、机市场和资金结算的互动。

一封来自三一国际（三一重工下属事业部）热情洋溢的感谢信展示了审计文化的力量：

感谢集团审计部对三一国际的大力支持！你们在兖矿既传授了知识又宣传了三一，还为我们销售了煤机，你们"用管理换市场"，让我们看到现代审计融入企业生产经营，帮助企业成功的审计魅力……

审计做到这个份上，你想不开心都做不到。

## 1.2　内部审计的十个创新理念

企业上下对内部审计的认识，是随着企业的发展及审计工作的深入不断加深的。我们在自身职业观念、机制、方法、管理、人才建设等诸方面的改进和

创新，不但提升了自身价值，也给企业带来新的收获和启示，企业围绕审计理念创新，逐步树立起十大观念，实现了十项转变。

### 1.2.1 使命观：一流的企业，需要一流的内部审计

树立"一流的企业，需要一流的内部审计"的使命观，实现了我们内部审计的起点从传统的审交易，向目前的审控制、审风险、审绩效、审动机的现代高起点审计领域转变。

### 1.2.2 价值观：内部审计是资源、是品牌、是生产力

树立"内部审计是资源、是品牌、是生产力，谁拥有一支有实力的内部审计队伍，在企业的战略意义上，谁也就同时拥有了一笔注重内控、诚信经营、致力于公司治理的品牌资产"的价值观，实现了内部审计的作用从最初的消极防弊，到积极兴利，再到目前的价值增值的转变。

### 1.2.3 自律观：内部审计是企业的第二种声音

树立"内部审计是企业的第二种声音，审计监督是对管理者更高层次上的爱护"的自律观，实现了内部审计在公司治理中的审计需求从基层忌讳审计、强迫接受审计到主动接受审计、对审计需求日益增长的转变。

### 1.2.4 能力观：内部审计有为才有位

树立"有为才有位"的能力观，实现了内部审计的技能从敢于审计到善于审计的转变，在互联网时代，从拥有专有的技术方法向交互式知识分享的转变。

### 1.2.5 职业观：防范胜于查处，审计寓于服务

树立"防范胜于查处，审计寓于服务"的职业观，实现了内部审计的方式

从事后审计向事前审计的转变、局部审计向系统审计的转变，从强调独立到注重参与的转变。

### 1.2.6　责任观：遇到问题找方法，而不是刻意只去查后果

树立"遇到问题找方法，而不是刻意只去查后果"的责任观，实现了内部审计的理念从注重监督到注重服务的转变，从发现问题到解决问题的转变，从识别风险到防范风险的转变。

### 1.2.7　执法观：身怀利器，重而慎之

树立"身怀利器，重而慎之"的执法观，实现了内部审计的手段从注重处罚向注重激励的转变。

### 1.2.8　协调观：不求所有，但求所用

树立"不求所有，但求所用"的协调观，实现了内部审计的资源从孤军作战向联手管理的转变。

### 1.2.9　质量观：细节决定成败

树立"细节决定成败"的质量观，实现内部审计的绩效从满足于任务完成向追求精细化质量要求的转变。

### 1.2.10　发展观：与时俱进

树立"与时俱进"的发展观，实现了内部审计的战略从学习国内标杆经验向率先实践国际前沿技术的转变。

正是由于理念创新，使企业内部审计的地位和作用发生了根本变化，审计资源得到了科学的开发和利用，审计效果的增值性日益明显。这十大增值审计的核心价值观不仅在企业内部得到广泛认同和贯彻执行，而且也得到了各级政

府审计部门和全国同行的广泛认同和赞誉，产生了很大的影响力，从而极大地提升了企业的社会价值。

## 1.3 决策层对内部审计的十大价值发现

决策层对内部审计的十大价值发现如图 1-1 所示。

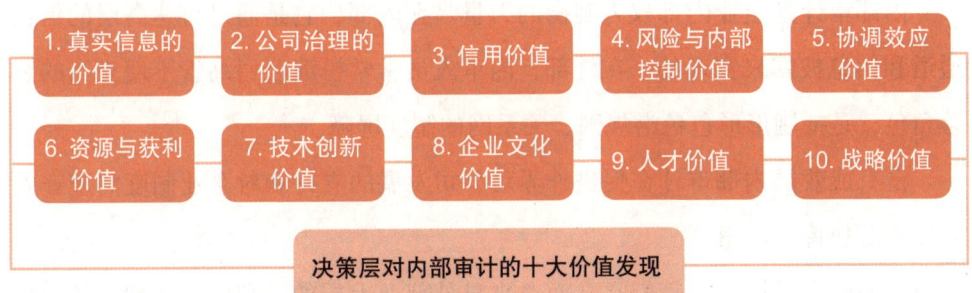

图 1-1 决策层对内部审计的十大价值发现

富有成效的内部审计，对企业到底意味着什么呢？如果我们内部审计还刚刚起步，就宣传我们多么有价值，那只能在外界落下"自作多情"的话柄。内部审计在决策层眼中的价值，是靠"有为才有位"的眼见为实赢得的。决策层对内部审计的价值也是逐步认识的。

内部审计有成效，不断给企业带来新的收获和启示，企业就会满意，又会赋予更大的作用和权力，内部审计则"给点阳光就灿烂"，实现了价值的互长。

任何理念都来自需求。首先，决策层需要真实的声音。

### 1.3.1 真实信息的价值

领导首先需要的是讲真话的部门。

内部审计以得天独厚的职业优势积累了知识信息及经验，加之对组织的依赖、忠诚和守密，注定了"报告真相"是内部审计的职业动机使然，是内部审计的立足之本。

内部审计是值得信赖的真实声音，这在企业上下已经形成共识。当决策层和管理部门需要真实的信息时，首先想到的资源就是近期的审计报告。当企业对绩效考核和干部任免进行最后的确认时，往往会听取内部审计"一票否决权"的真实声音，他们深信内部审计的质量承诺。

### 1.3.2　公司治理的价值

内部审计是企业内部权力制衡的力量。在内部，它是通过直达高层的信息通道和信息披露来实现的。在外部，内审人员常常扮演公司高管不便充当的黑脸角色，是抵制形形色色潜规则、关系网的制度屏障。

富有成效的内部审计在促进外界对公司发展的支持和对企业制度的遵守方面发挥着独特的作用。

我们的决策层及高管们常常面对来自外部及上层的"利益输送型"的"打招呼"，决策层会告诉他们："哦，这个项目是我们内部审计正在准备'上墙'披露的内容哦……"，从而避免了一次次利益输送的风险。

内部审计的独立性地位是通过制度来保障的，它不会因为领导的变更或领导注意力的改变而改变。我们的审计涉及所有部门、所有领域、所有过程。企业赋予审计部全面审计和同级审计的权力，同时优先配置国内审计和境外审计的资源，以保证内部审计的履职履责。

### 1.3.3　信用价值

内部审计值得信赖，就会给企业带来安全感及外部共享的资源。

一个受到企业外部和上级部门信任内部审计，在接受外部审计和监管时，首先赢得的是诚信的加分，从而减少对企业实质性测试的数量，减少企业接受监管的成本。同时，还会提高外部监督的效率，相得益彰。

信任内部审计，内部审计的声音就有分量，对外部监管的沟通就有可信度。信任内部审计，内部审计取证需要外部的帮助时，其审计的链条就能向外链接。

随着企业的发展，其承担的社会责任也会不断提高。内部审计通过对环境保护、产品质量、公益捐赠、安全生产领域的审计，带给外界一种新视野：内部审计是一个可为公司和社会贡献价值、高度可靠、受人尊敬的团队。

### 1.3.4　风险与内部控制价值

在决策层的眼中，风险管理与内部控制是融为一体的。

企业内部审计最应关注的就是内部控制。这既是内部审计的执业秘诀，也是内部审计的看家本领。

内部审计在进入一个陌生的领域时，决策层不必担心如何去攻下这个领域的技术障碍，只需关注其控制系统是否正常。就像一个医生在开处方时，不必了解病人那些与治疗无关的故事，只需掌握其身体中各项指标是否正常的道理一样。

一个好医生是综合施治，治未病。这种责任和机会鞭策内部审计去"追随风险"。不论风险会把审计带到哪儿，审计人员都会对这些风险排序，绘制出企业的风险地图。这时，无论决策者还是职能部门，都非常乐意接受这种没有造成既定事实的忠告和共鸣，从而实现了内部审计的方式从事后向事前的转变、局部审计向系统审计的转变，从强调独立到注重参与的转变。

### 1.3.5　协同效应价值

决策层厌恶公司"内耗"。

内部审计如果真正从"公司里的警察"转变成业务部门的伙伴，这对任何一家公司来讲都是一个重要的事件，一个重大的胜利。内部审计改变的不仅仅是自己，而是改变了公司的未来。

决策层希望内部审计学会感同身受，设身处地了解业务部门面临的问题，提出务实的解决方案，以得到对方的信任。这样，业务部门就会把内部审计看作保健医生，把自己的健康交给审计。新型的"医患关系"一定是建立在患者对医生的信赖和对生命健康渴望的基础上。

系统的效率应是协同效应，而不是内耗。内部审计在企业开展的审计共建及多位一体的监管机制，体现了审计与各环节的联动。这种机制就有可能通过协商达成长远的同时满足董事会和管理层目标的共识。

### 1.3.6 资源与获利价值

决策层评价一个部门，最终是看其对公司的贡献度。

具有战略视野的决策层从创建审计部门之初就不断挖掘内部审计这一极具价值的资源，将内部审计体系建设作为董事会重要工作，像研发创新产品一样研究风控技术，像培养营销人才那样培养内部审计人才。

"投桃报李"的内部审计当然不负重托。"一把手有多高的要求，我们内部审计就能呈现什么样的水平。"内部审计紧密跟踪组织的发展变化，积极参与企业战略、并购、流程再造等一系列重大变革，充当变革的促导者。其次，内部审计不但给企业创造譬如审计建议、风险降低、转化审计成果为生产力等类似的"软实力"，更在咨询领域的纳税筹划、对外培训、增收节支等领域为企业创造现金流，真正成为企业的利润中心。

请记住，但凡内部审计创造的利润，一定是持久的制度性创利。

### 1.3.7 技术创新价值

内部审计的技术价值，体现在兼容并存各领域前沿成果，跨界带来颠覆性创新思维。

"培养精湛医术，践行良医之道"，决策层发现内部审计在学习审计最前沿技术手段的同时，总能在其他跨界领域找到自己"隔行不隔理"的真谛。

审计能从中医的"望闻问切"中为企业号脉，发现复杂管理系统的内在联系和动态运作的规律，从X光机、CT扫描技术中，建立企业反舞弊的"CT

利器，甚至从棋术博弈中的"复盘"中，为快速发展的企业设计"自我评估、自我纠偏、管理补课"的系统复盘举措。大数据时代，内部审计更能抓住机遇，发现万物之间关联的维度，通过信息分析建立各类数据挖掘分析模型。

企业欣喜地看到内部审计在新常态下，不断亮出自己的"撒手锏"。一大批管理理念和审计成果"内外开花"，成为内外审计通用的最佳实践模板，它为决策层带来的更是"办法总比问题多"的震撼和惊喜。

### 1.3.8 企业文化价值

企业在产品日益同质化及企业素质高度趋同的时候，更高层次的竞争将上升为企业文化的竞争。

一个知恩图报、无欲则刚、全身心投入事业的内部审计部门，本身就是一种文化，一张企业的名片。这名片上承载着爱企业的忠诚，承载着企业值得爱的理由，承载着企业的诚信、规范、软实力。

睿智的决策层把营造良好的审计环境作为一种战略投资，大力倡导"求真务实、开拓创新"之风，褒奖敢抓敢管，勇于创新的管理部门。

随着内部审计的对外交流，优秀审计部门的所到之处，人们看到的不仅是企业拥有一支有实力的审计队伍，更加赞叹的是企业上下支持审计，管理得人心的企业文化，是决策层注重自律和对利益相关者负责的境界，这正是一个健康向上的企业兴旺发达的根基。

### 1.3.9 人才培养价值

树立"有为才有位"的能力观，实现了内部审计的技能从敢于审计到善于审计的转变。在互联网时代，从拥有专有的技术方法向交互式知识分享的转变，把内部审计打造成一支创新型及反应快速的学习型组织，成为企业人才输送的培训基地，是决策层的战略谋划。

内部审计全覆盖的审计领域，使其地位和作用发生了根本变化，审计资源得到了科学的开发和利用。审计人员在实践中的知识积累与再生、"有了心动就行动"的挑战性工作方式，理所当然地使内审部门成为企业培养高级管理人才的摇篮。

于是企业更加注重在快速发展过程中，同步优先配置审计资源，体现在审计人员的学科多样性，阅历丰富性。大多审计人员都持有人才市场极其稀缺的职业资质和实战绝活。

在这良性的互动中，审计部门精英人物层出不穷。一大批干部成长起来，一大批专家树立起来，形成了门类齐全的审计实力阵容，实现了企业价值和审计人才价值的同步提升。

### 1.3.10 战略价值

决策层希望从更多的层面认识内部审计，审计营销成为内部审计发展战略的重要内容，这一战略对内部审计而言可谓生死攸关。

不会营销的审计人员，只能成为坐在办公室里的秘密，无人问津。相反，我们中间那些默默无闻的审计人员，一旦走出办公室向他们的周围讲述审计故事的时候，就会立刻受到关注。随着他们走进更多的群体，企业会发现，他们的影响力正在悄然地发生变化，审计环境也随之改善。

内部审计的动静越大，决策层越欣慰。内部审计部门创办的刊物，打开了对外交流的窗口，他们一手收获外界的"他山之石"为己所用，另一手对外搭起知识分享的平台，聚集了外界无数的目光和点赞，弘扬了企业的文化和美誉。

审计用管理思想换市场，在为组织增加价值的同时，也开拓了自己的业务，并享受其中的快乐。我们将审计成果转换为生产力，提升企业社会价值、信用价值、资产价值、人本价值，最终提升企业可持续发展竞争力的战略价值。

我们相信这些价值，它不是来自书本，也不是来自盲目的实践，只有置身于我们这方热土，投身于内部审计这一火热的事业才能领略其真谛。

第 2 章

# 审 计 环 境

审计环境是我们内部审计赖以生存的家园，是影响我们完成自身职能的一切外部条件的集合。

一个好的审计环境，犹如一把为我们遮风挡雨的伞。有了这把伞，才有企业正常的内部控制活动。

我们对环境的感受，来自企业主要领导对内部审计的看法和支持的力度，来自被审计单位对审计的理解认同和配合程度。实质是关系到我们报告的质量，审计工作的效率，以及审计人员能否快乐、坦荡地工作和生活的条件。

我们都渴望有一个好环境，但良好的审计环境不会与生俱来。营造环境是一个内因与外因互动的过程。这就好比我们在打扑克牌的时候，不能奢望都起到了一手好牌，关键是如何把手中的牌打出精彩。

内部审计富有成效，企业就会满意，就会赋予审计部门更大的舞台和权力，就会不断地去改善审计的环境。内部审计不作为，即使有一个好的环境也不会持久。提炼我们营造环境的做法，具体体现在以下十个方面。

## 2.1 高看审计的"一把手工程"

有远见的企业家，往往把营造良好的审计环境视为企业的战略投资。

一把手对内部审计工作的重视，绝不是仅停留在一般的口头号召上，而是始终地体现在对内部审计的整体认识上，对内部审计的意识到位、精力到位、指导到位、激励到位。

我们来看看具体实例。

A集团股份有限公司董事长表示："我就是A集团的审计长。集团内部审计无禁区。在 A 集团里没有不被审计的单位，也没有不被审计的领导。内部审计没有什么地方不能去，没有什么资料不能看，没有什么问题不能查"。

B 有限公司董事长把内部审计制度建设列入企业的"顶层设计"，对内部审计部门出具的审计报告不仅及时签批，而且部分项目亲自督办。

C 集团一把手亲自组织每季度一次的内部审计联席会，将审计的理念、创新举措深入人心，让增值审计的成果成为企业极具价值的资源。

审计部长："领导，您让我做审计部长，看中了我的什么呢？"

老总："你业务能力很强啊。"

审计部长："领导，肯定不会是这样的吧，业务能力强的人很多啊。"

老总："你六亲不认，敢于担当，敢说真话，敢去查问题……"

审计部长："好，我是六亲不认。可我只是一个光会琢磨事，不会琢磨人的简单人啊，有人说做这一行肯定会踩地雷的，我有时候脑袋瓜儿不够用，万一真的踩上了，我该怎么办？"

老总："你谁都可以查，包括我在内。"

看见没有？人家这才叫对内部审计的认识到位。

没有认识上的到位，就没有行动上的到位。

领导为什么会越来越重视审计呢？一个企业发展越来越快的时候，它的管理跨度会越来越大，无论是国企还是民企，领导一把手对他手中掌握资源的安全性会越来越不放心，需要有人去帮助看管这些资源，去告诉他真实的声音。因为一个制度从制定到落地之间存在着大量的弹性区间和管理的真空地带。

民营企业也越来越重视审计了。内部审计制度发源于经济发达国家，资本家不可能去干那些不算投入产出比的事情。民营企业，尤其是发展到一定规模的大型民营企业，不仅不排斥审计，反而主动建立起严格规范的内部审计制度。内部审计不仅不会受到来自对被审计单位的抗拒，反而受到被审计对象的欢迎和积极的配合；不仅没有浅尝辄止见好就收，反而在不断探索的基础上逐步建立起内部审计的长效机制，这些在企业内部悄然进行的动作，正在引起更多的关注。

**【案例1】**

只要一个审计正职

大亚湾核电站（广东核电合营公司）是广东核电公司集团与香港中电集团共同出资的企业，其中广东核电公司占75%的股权，香港中电占25%的股权。一般在组建一个企业的时候，各方首先都要争董事长的职位。你要董事长，我就要总经理；你要总经理，财务总监就是我的；你要财务总监，我就要人事总监。但是香港中电集团既不要董事长也不要总经理，几乎不要所有的部门正职。港方说，我只要一个审计部长的正职。而后，在合营合同中规定：总审计师由港方董事提名，由董事会委托。大亚湾核电站从此组建了一支优秀的内部审计团队，通过引进海外内部审计工作方法经验，三年来，广东核电合营公司业绩保持在年增长率17%的水平，稳步提高，大部分经济技术指标已达到世界同行前1～4的名次。这些成绩的取得，与内审部门的工作是分不开的。

万达每年要审计一两百次，涉及公司上千家，业务领域全覆盖。董事长是如何抓审计的呢？

**【案例2】**

万达董事长唯一管的部门是审计部

万达董事长王健林曾在一次演讲中特别指出：万达建立了一支强大的审计队伍，我个人在集团不分管具体业务，唯一管的部门就是审计部，审计部相当于万达集团的纪委。这支团队忠诚、严谨、能力强，在集团内部树立了权威，具有很强的威慑力。

万达的企业在审计前，审计人员会拿着王健林的审计指令，然后把这张纸往总经理的桌子上一放,上面写着"审计指令"四个大字,下面写着××公司委派××到你公司进行例行审计,请接待配合。落款:王健林。

我们再来看一个领导人对内部审计认识相当到位的例子。

每个审计人员都希望遇到支持审计的领导,有些领导大会小会都会说支持审计,但是他是真支持还是假支持呢?我们也在一直琢磨老总,您到底是口头上重视,还是真实的认识到位呢?找机会我们也会试探一下。

在一次工作会上,我们中的一位审计部长问老总:"您能否给个机会和大家来一个互动呢?"老总说,"可以啊。"在互动的时候,审计部长问了老总三个问题。

第一个问题:"您看目前各个部门都要减员30%,可审计部却以几倍的人数增加,原来20多人,现在增加到80多人,您为什么这样做?"

老总说:"加大审计力度,是对国有资产负责任啊。"

这句话说得多么到位。

那我问您第二个问题:"您让我们内部审计从严从重地查处问题,可是您也是双重身份啊,您在国家这个层面是一个代理人。外边也在不断地查我们,您怎么对待外面的监察呢?"

老总说:"外部监察查问题对我们来讲是好事,我们应该支持。人家帮我们查问题是帮我们整改的,我只要没有个人的问题在里面,我当然欢迎他来检查。他们是在给我们企业治病啊。"

好的,我的第三个问题是:"人人都喜欢听好消息,而我们的内部审计是企业的第二种声音,第二种声音往往是坏消息,您怎样看待第二种声音?您到底更喜欢听哪一种声音呢?"

老总说:"你这个问题问得非常深刻,给我一分钟的时间再回答你,行吗?"于是老总拿着笔在纸上写完之后说,"好,我现在来回答你。"

"说老实话,人人都喜欢听好消息,不仅仅是我,我们的企业在哪里得奖了，我们的哪项指标创纪录了，听了之后我心里感到很愉悦。但是仔细想一下，这些好消息我听不到它又会怎样？好消息是客观存在的，它不影响大局，而内部审计的第二种声音却不同，它往往是坏消息，我听到和听不到它也是客观存在的。这个坏消息不是关系到别人，而是直接关系到我们自己。它是以既成事实为代价，以资产流失为代价，以我们干部员工的倒下为代价。如果这第二种声音我们长期听不到，我们的企业就只有一种声音，那就是报喜不报忧，甚至是以过充优，那这个企业是一种多么恶劣的企业文化？所以，我更愿意听你们的声音。

"听到之后我马上采取措施，避免企业资产的流失，避免干部在错误的道路上越走越远。你看，在我所有的工作安排当中，只要有你来汇报，第一个安排的就是你。比如今天这个会，好几个副总来找我，我却到了你们审计部的会场，你说我更重视哪一种声音？"

老总接着说："说老实话，好消息只是让人心情愉悦而已，咱们也不是小孩子，哄一哄就高兴了。所以，你的第二种声音是非常重要的。任何一个项目出现第二种声音，它意味着安全。"

他的这种想法在国际上叫作预警时的吹哨。

这就是一个到位的内部审计领导意识！

我们还看到，当内部审计与审计对象发生矛盾受到委屈时，第一个站出来旗帜鲜明支持我们的，是一把手；当内部审计"踩雷"利益集团"潜规则"，第一个挡在我们前面的，还是一把手。如果我们企业的一把手都是如此支持我们的内部审计，我们想审计人员一定会心悦诚服地在这个岗位上为公司把关，无怨无悔地去面对把关带来的摩擦、误解甚至是感情的伤害。

## 2.2 独立审计的机构框架

人们都说审计的独立性是很重要的，你如果不能独立，就不能客观公正地表达自己的意见。

以前我们总是纳闷，为啥来面试的小伙伴们，必问的一个问题是："请问，贵公司审计部归哪个领导管呢？"后来得知，人家这是在打探审计部到底咋样，要是得知将来入职的公司内部审计独立性不强的话，人家就挥挥衣袖，跟我们拜拜了。

您看独立性多重要，没有那梧桐树，引不来金凤凰。

内部审计的独立性、权威性与隶属层次息息相关。科学的组织机构设置是内部审计发挥作用的根本保障。

我们来看看 W 集团的内部审计机构设置。

【案例】

## W 集团的内部审计机构设置

W 集团公司层面设立审计委员会，委员会由集团公司领导和主要职能部门负责人组成。审计委员会作为内部审计的最高管理机构，负责对审计工作进行指导和检查。在公司领导战线分工中，审计部属集团公司总经理直接领导。集团公司审计部下设三处一室五会，即经营审计处、工程审计处、投资审计处（海外审计处）和监事会管理办公室，同时向集团公司所属子、分公司派驻五个监事会进行驻点监督。在子公司层面上，下属子公司设立了独立的审计机构，业务上接受集团公司审计部的指导。W 集团设立审计总监，职级为集团公司总经理助理，W 集团内部审计的权威性得到了进一步加强。目前，W 集团建立了集团公司和二级单位的两级审计组织架构（如图 2-1 所示），专、兼职审计人员达到 200 余人。

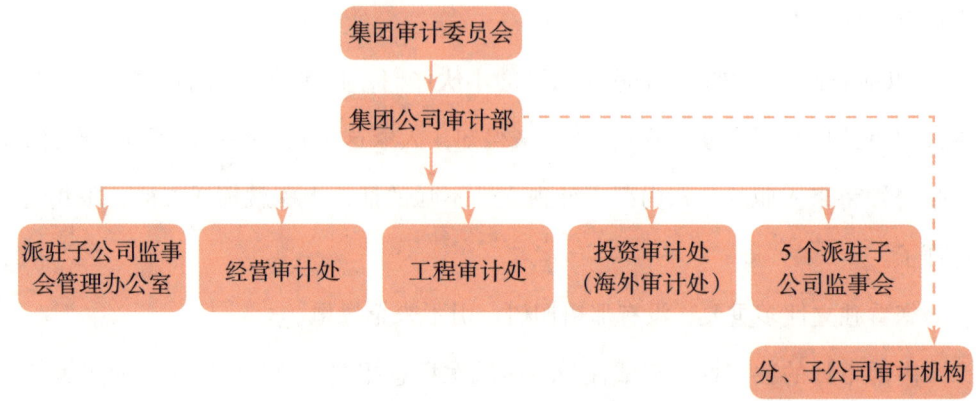

图 2-1　W 集团内部审计组织架构图

整合企业监管资源,"八位一体"发挥合力。

除了审计机构的设置,我们还要关注企业内部监管机构分散运作的问题,它表现为监管部门之间的孤军作战。其原因:一是监管信息不对称;二是出于绩效动因的业绩竞赛所产生的信息封锁。于是,企业的控制链条上出现了错位与脱节,甚至是内耗。监管部门之间的关系真可谓是"互相补台,好戏连台;互相拆台,共同下台"。

在企业,监管体系之间脱钩的现象需要一根纽带来贯穿;监管的薄弱环节需要形成合力来支持;监管机构职能交叉,文件打架现象需要有部门来协调;监管机构形成的共识和举措需要有机构来督办落实。

怎样才能将伸出的"五个指头"变成一个握紧的"拳头"打出去,怎样才能让这打出的拳头更有力量呢?

我们设计的"八位一体"风险控制组织模式给企业带来新的启示。

这是一种动态的轴承式运作模型,如图 2-2 所示。

该模型由三个控制层及若干控制环节组成,由各层产生作用力并向外层推进,产生控制作用,最后实现整个风险控制过程的大循环。

该模型的核心是:

(1) 风险防线的一级控制中心是董事会和最高管理层。行使集团风险管控的决策和组织工作,营造良好的控制环境和控制文化。

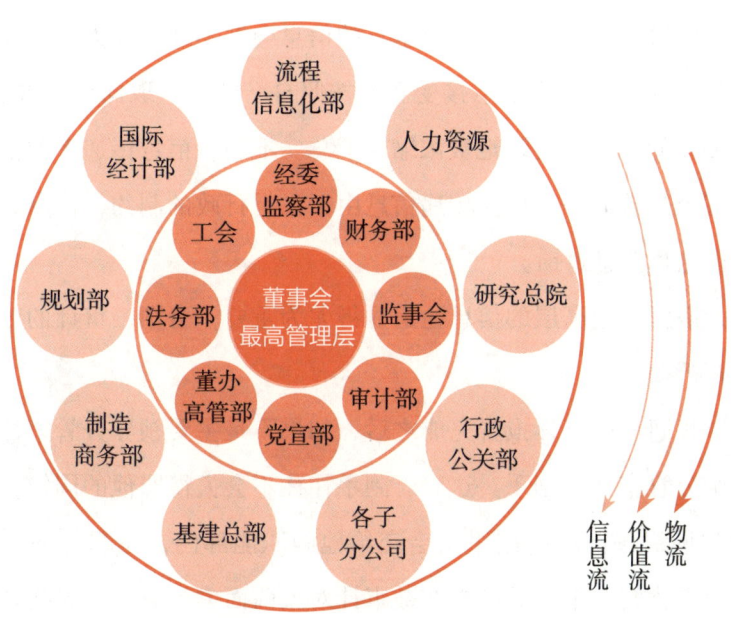

图 2-2 动态的轴录式运作模型

（2）第二层是集团风险控制的监管部门。这些部门的责任是：负责承接集团风险防线建设的责任和程序，负责诚信文化理念的宣传，内部控制技术的培训，推进流程信息化基础管理，实施制度建设及内部控制，加强监督与考核，引导集团各职能部门、子分公司自觉遵守和落实企业风险管理的各项规范。

（3）第三层是相关部门及各子分公司。

这一管理模式的显著特点是使集团风险控制的接口部位有机连接起来，成为内部承接履行管理职能、外部协调部门职能的纽带，实现风险控制职责全方位的覆盖，在大循环中，建立责任考核、信息反馈体系，实现过程的有效控制。

"八位一体"监管体系是企业一把手工程，由一把手担任主任。以联席会议的形式拉动这一工作，并形成例会制度。

## 2.3 直达高层的信息通道

我们担心领导听不到审计的声音，我们也担心领导听到审计的声音会打折。

信息的传递是有规律的。从上至下的信息会被不断地放大，领导的一句话可能变成好几句话，因为信息接受者会按照自己的利益取向修改或放大信息。从下往上传递的信息会逐渐地被浓缩、汇总。不利于信息传递者的信息可能会被截留，甚至是被曲解。横向传递信息由于没有行政的制约，信息失真表现为提供虚假信息和信息封锁。

所以，搭建直达高层的信息通道显得尤为重要，否则，审计的独立性和客观性会大打折扣。

比如，我们一份审计报告完成之后，如果不是主要领导分管审计，审计报告必然交给分管审计的副手。这时，副手往往不会去得罪他的同级，他会把报告交给这位同级，同级的副手又会交给他的职能部门，而职能部门呢，出于本位利益会去化解这个矛盾，挡在被审计对象前面去编故事，寻找各种客观理由，最后会把这个报告再返回到审计对象手中。这时候你的审计报告又回到了原点，你审计的效率性、独立性和权威性可能会没有了。

我们必须保障通达高层的信息通道畅通无阻。我们建立了多项措施：

（1）我们在企业建立了审计委员会例会制度。每年定期召开2～3次审计委员会，审计部长在审计委员会上做独立审计报告，汇报审计发现和审计结论。公司领导从不干扰审计活动，并且大力支持审计建议的落实，对下一步工作提出明确指导意见。

（2）经过总经理授权的审计报告无须经过总经理批准便可直接发出，并快速落实审计决定。公司用制度来保证审计报告的整改意见落实。

每一份报告在直接送达总经理的同时，也抄送有关战线领导。每一个战线领导都将其作为规范和约束本战线管理行为的依据，大会小会敲警钟。

（3）审计部长每月会向总经理当面汇报工作。如果审计负责人长期见不到主要领导，你的工作和团队会毫无价值。因为审计报告不会自己说话，领导阅读审计报告可能体会不到现场审计的感受，可能断断续续被其他工作打断。直通高管的信息沟通一旦被阻断之后，审计报告的效果就会大受影响。

因此，我们审计部门与最高决策层之间畅通的审计信息通道，使各级管理者足以相信审计发现和审计意见将成为影响部门形象及利益的无形代价。

（4）审计要情。我们利用审计要情与高层领导沟通，适时将审计发现的重要问题直接传递给企业一把手审阅，争取得到领导的支持与指示，为进一步开展后续审计工作创造有利条件。

现将审计要情的格式与内容，分享如下，您不妨一试。

---

【机密】

## 审计要情专报

第 1 期

集团审计部　二零一五年二月十五日

目　录

- 关于集团某部门违规发放奖励的审计结果
- 关于 2014 年某公司经营绩效的审计结果
- ……

**关于集团法务提奖的审计结果**

员工匿名举报"某部门违规发放奖励"，审计后发现：
一、……
二、……
审计对 2013-2014 年发放的全部奖励复核结果如下：
一：
二：
领导批示：_____
_____

**关于 2014 年某公司经营绩效的审计结果**

　　某公司 2014 年经审计核定的利润额为 * 万元，其中审计调增 * 万元，审计调减 * 万元，合计调整利润 * 万元，调整事项如下：
一、……
二、……
三、……
领导批示：_____

---

（5）获得和维持"会议桌旁的席位"。内部审计必须在会议桌上获得一个席位，在组织中获得发言权。我们企业赋予我们同级审计的权力，提出了"要害部门年年审、重要部门重点审、一般部门抽查审、领导变动必须审"的工作要求。这意味着在管理层讨论新的战略等问题时，内部审计必然可以受邀参加

这样的会议。只有参加这样的会议，我们的发言才有分量，也才能真正了解企业的战略和管理层是如何思考问题的。

## 2.4　人才齐备的审计阵容

一把手对审计人力资源的配置，体现企业对审计价值挖掘的渴望。睿智的决策层在企业快速发展过程中，就开始同步优先配置内部审计资源，这使企业赢得了管理创效的丰厚回报。

我们之中的 S 集团对审计人员结构配备体现在审计人员的学科多样性。近年来，S 集团培养及配备了一批通晓财务、IT 技术、经济、商务、管理、法律、工程、技术等各类专业人才。目前，拥有国家财政部内控准则咨询专家、教授级研究员、教授级高级会计师、教授级高级工程师、高级审计师的复合型人才 1 人，英国特许公认会计师 1 人，中国注册会计师 9 人，国际注册内部审计师 12 人，注册税务师 4 人，一级建造师 1 人，注册造价工程师 2 人，国际信息系统审计师 1 人，高级采购工程师 2 人，高级人力资源管理师 1 人。1/3 以上的审计人员具有硕士研究生以上学历。由此形成了门类较齐全的审计实力阵容，并成为向公司重要管理岗位输送人才的基地。

在审计人才配备上，民营企业以其机制的优势在全球范围挖掘人才。

（1）一大批走出去的企业，直接在国外挖掘本土化的审计人才。

（2）"严打舞弊是最好的预防"，民营企业从反贪局、从公安经侦大队挖掘职业化的精兵良将，充实到企业审计队伍之中。

（3）盯住卓越央企、国企即将退休的优秀审计负责人。民企看中的是他们敢于担当、忠诚、干净的品行，以及毕生积累的职业经验。这些审计负责人虽然从国企领导岗位卸任，却是民企"年富力强正当时"的黄金执业时段。民企甚至等不到这些审计负责人正常退休就展开了强大的"挖人"攻势，以期让这些人才优势无时间缝隙地在自己的企业生根、开花、结果。

（4）企业更加注重审计负责人的挑选和培养，因为他们能够带给团队信念和激情。"火车跑得快，全靠车头带"，我们如果随机抽选一个普通的审计人员来谈战略，无疑是一件很空洞的事。审计人员看的是他们的"头儿"——审计团队负责人能带给他们什么？审计负责人是团队的灵魂和核心，决定团队的战略方向和战略实施力度，塑造团队基本的工作氛围，影响着审计人员的工作积极性、主动性和创造性。

企业配备的审计负责人需要这种凝聚力和感染力。没有追随者的领导者不是好的领导者。一个好的审计负责人，一定会不断给员工创造发展的机会。

在 W 集团，审计部是全国表彰的学习型群体，拥有高级职称资格的人数占总人数的近 50%，审计部 80% 的审计人员是本地区工程招标评委库的专家成员。还有一批从公司重要岗位上卸任，上任监事会主席的老领导。他们的政策水平及高度责任心、丰富的管理经验及恪守党性原则的品格，营造了审计部正能量的工作氛围。他们对年轻人的传、帮、带，以及审计人员对组织内部的知识资源共享，奠定了审计价值观和能力提升的基础。

## 2.5 国际接轨的审计职能

在中国经济国际化的环境中，我们内部审计人员的执业资格（Certified Internal Auditor，CIA）已经走向国际化。具备国际化视野的内部审计，是站在"他山之石"的起跑线上观察世界、审视世界、学习世界的知识型团队。

我们一直致力于中外审计职能的探讨与实践，不断移植来自国际先进的控制理念及实务技术，用以完善我们的审计职能。

在我们的 S 集团，从 2008 年起，就按国际标杆设计内部审计体系和审计职能。以下是近年来我们对传统审计职能的运作不断进行评估，不断优化职能的过程（见表 2-1）。

表 2-1　S 集团内部审计职能按国际化运作、创新实践之比较

| 序号 | 比较内容 | S 集团传统的内部审计运作 | S 集团审计职能按国际化运作的进程 |
| --- | --- | --- | --- |
| 1 | 内部审计的定位 | 以财务收支审计为主要内容的一种经济监督活动 | 以风险管理、控制、治理程序为主要内容的一种独立客观的确认和咨询活动 |
| 2 | 内部审计的目标 | 促进有效地控制成本和费用 | 立足源头，识别与防范风险，从揭示问题到提供解决方案，提高组织的运作效率，为组织创造效益 |
| 3 | 内部审计在控制过程中的角色 | 是一种固定的控制活动 | 不是控制活动的简单重复，而是对所有控制的再控制 |
| 4 | 内部审计在组织中的层次 | 隶属的层次不高，因而不进行同级审计 | 是现代法人治理结构中重要制衡机制。隶属集团的董事长及审计委员会直管。广泛开展同级审计 |
| 5 | 职业价值 | 是一种普通的职业途径。与会计职业比较紧密 | 是当今最具生机和活力的挑战性职业之一。做企业的经济良医是金牌职业，专业领域呈现跨界性 |
| 6 | 职业发展战略 | 注重以"人、法、技"建设为特征的内部建设 | 关注外部环境及内部整合，在变化中预测职业挑战与风险。不断调整定位、分配资源，流程再造，推进信息化建设。致力于人员培养、与外部专家的战略性合作，学习行业最好的实践，构筑应对变化的实务技术基础 |
| 7 | 对审计资源的利用 | 有些隶属集团的事业部未设置内部审计，审计资源未有效挖掘 | 对内审资源的开发与利用作为创新的主要内容。决策层和部门对高质量的审计服务需求日益增长 |
| 8 | 对职业道德的看法 | 独立、正直及专业胜任能力 | 诚信、客观性、保密性、专业胜任能力 |
| 9 | 审计的职能范围 | 以资金流为主线、固定的单位及相对固定的审计内容 | 涉及集团机制运行的一切领域。包括管理控制、经营控制、资产安全控制和会计控制、信息系统控制。职业经验的获得和知识更新方面优于外部审计 |
| 10 | 审计工具及技术的运用 | 本专业常规的审计方法的运用 | 推行业务流程再造及精细化管理，不断移植来自国际的控制理念及实务技术；与其他专业的管理手段措施日益兼容并存。不少控制难点的突破，往往是多专业管理技术的共同借鉴和弥补的结晶 |
| 11 | 审计信息建设 | 局限于独立的财务系统信息应用 | 单独的财务信息系统已经不复存在。内部审计作为一支特别的稽核力量，在特别授权下对企业整个系统进行全覆盖的 IT 审计 |

(续)

| 序号 | 比较内容 | S集团传统的内部审计运作 | S集团审计职能按国际化运作的进程 |
|---|---|---|---|
| 12 | 审计的工作方式 | 独立地按专业规范履行审计程序 | 注重以"合作参与式"的工作方式,在审计的各环节与专业管理部门密切协调,实现协同效应 |
| 13 | 与被审单位的关系 | 监督与被监督的关系,忽视协调 | 强调良好、协调的工作环境及人际关系 |
| 14 | 被审对象对审计的接受程度 | 比较被动地接受审计,认为审计部门的任务就是查错"找碴"的 | 将审计视为一种资源。将审计人员角色看作风险预测师、控制评估师,将审计工作看作"经济良医",管理"顾问" |
| 15 | 与被审单位的沟通方式 | 以正式的书面意见交换为主 | 沟通被视为管理的浓缩。沟通不拘形式,会晤、座谈、书面交流、书信交流 |
| 16 | 综合性问题的沟通效果 | 审计常常在部门相互推卸责任的冲突中,被动地斡旋于部门之间进行协调 | 审计共建、联手管理使双方目标一致。以内审为主持人的"联合会诊",聚集了力量和智慧,发挥部门各自敲响警钟,主动负责的协同效应 |
| 17 | 审计处理问题的方法 | 遇到问题注重找结果。注重责任界定 | 遇到问题找方法,防范胜于查处,审计寓于服务 |
| 18 | 审计服务 | 具有监督职能的部门间缺乏协调,容易造成过度控制或控制脱节 | 注重考虑降低基层监管成本,论证监管力量之间的资源共享,促进"八位一体"的监管体系建设。及时培训被审计者,减少专业冲突,共同形成合力 |
| 19 | 审计对项目的评价标准 | 合理性、合法性、效益性 | 评价的尺度是综合性的。尤其对效益的评价,价值量不是唯一的,要考虑效益、速度和质量,投入产出,经济效益与社会效益 |
| 20 | 审计时点的切入 | 注重事后审计 | 注重事前的风险审计及事中的跟踪控制审计 |
| 21 | 审计方式选择 | 单一的就地审计 | 以就地审计为主,辅以送达审计,异地"在线"审计。必要时实施联合审计 |
| 22 | 履行审计职能时资源投入的重点 | 被审计事项所处环节的本身 | 不是环节本身,而是一个环节与另一个环节的接口部位 |
| 23 | 审计报告形式 | 认为只有学术的、技术的和正规的写作方式才能显示出权威性 | 实践证明:采用谈话式的写作方式,使文章更具准确性和易懂性。轻松活泼、图文并茂的报告未尝不是一种更深刻、更富哲理的审计意见载体 |
| 24 | 审计报告披露的形式 | 委托方及特定对象。披露范围较窄 | 除向委托方及特定对象披露外,定期与高层会晤,必要时进行审计公示 |

(续)

| 序号 | 比较内容 | S集团传统的内部审计运作 | S集团审计职能按国际化运作的进程 |
|---|---|---|---|
| 25 | 后续审计效应 | 注重落实审计决定 | 注重将审计成果迅速转化为生产力，实现"增值"审计 |
| 26 | 审计激励的方式 | 揭露管理的缺陷及舞弊，具有负激励的经济处罚权 | 一方面披露管理的缺陷及舞弊，拥有经济处理处罚权；另一方面大力褒奖优秀的审计项目 |
| 27 | 审计行使职权的原则 | 严格的规定，原则性强 | 身怀利器，重而慎之。主动解决冲突，整合利益。处置方式有轻重、披露方式有层次。专项报告、公开披露、就地消化等方式交互使用 |

【案例】

### "参与合作式"的新型审计方式

W集团总经理在公司工作报告中提出：内部审计应以不断创新和变革的经营环境为平台，以当代审计前沿的最新成果为标杆，以"参与合作式"的新型工作方式为纽带，积极创新适应高风险环境下的现代审计方法，将"风险管理审计""内部控制审计""绩效审计"贯穿于企业管理各个环节的审计评价中，与各环节的专业管理密切协调，发挥互动式的协同效应，将审计成果转化为生产力，为企业改革发展提供审计保证和咨询服务。

公司要求内部审计对本单位（含占控股地位或者主导地位的单位）的经济活动进行全面审计，包括对财务、企业管理、投资规划、人力资源、技术开发、技术改造、工程造价、采购销售等部门的同级审计及对国际贸易的境外审计。

审计部门参与公司重大决策的可行性研究会议及有关事项的经理办公会。公司将原来单一的对工程概预算的审计，延伸至对投资决策、合同管理、工程物资采购、概预算、决算、后评估及内部管理制度的全方位项目投资审计。

审计总体规划每年都以公司开年的第一号文件下达各单位，保证了审计工作的有序进行。

## 2.6　维护权威的审计决定

维护权威的审计决定，关乎您的审计意见能否顺利地执行下去，您的审计成果能否迅速地转化为生产力。

我们的审计部拥有处罚建议权，处罚的依据来自于我们制定的《公司审计监察监管处理处罚规定》，它满足了公司和各部门在不断变化的环境中执法的依据问题。假如您的审计部没有处罚建议权，那么您的审计就会是空中楼阁。

> 只审计不披露等于白审计！
>
> 只披露不查处等于白披露！
>
> 只查处不整改等于白查处！

有人把审计意见不当一回事怎么办？我们有两个措施。

第一个措施：我们将审计结果和对相关责任人的奖惩纳入公司的绩效考核机制。比如经济责任审计，它决定着领导层职务的变迁，决定领导层绩效年薪的多少。"审与不审一个样，审前审后一个样"在我们这里绝对行不通。

还有更厉害的一招：审计对绩效考核拥有一票否决权。比如，有某个部门被评为优秀部门，但在当年的审计中发现有小金库，那么对不起，您当不了先进，审计不同意，审计的一票否决权谁也不敢小视。

我们的内部审计，一方面有力披露管理的缺陷及舞弊，拥有处罚建议权；另一方面，大力褒奖优秀的被审计项目主体，这是我们内部审计在总经理授权下具备的独特职权。比如，我们提出奖励厂容治理工程50万元奖金的建议，在各级领导审批中是一路绿灯。物质奖励使审计决定产生了亲和力，非物质性奖励亦被基层视为更高层次上的激励。

## 2.7　爱岗敬业的工作环境

您的审计部有独立的办公室吗？还是跟别的部门挤在一起共同办公？

审计部需要独立的办公环境。因为审计部的工作是项目制，且每个审计项目都是不同的，需要很多的沟通和讨论后，才能最终形成审计报告。独立的办公室，审计同事们顺畅的沟通和交流，便于共享信息，更有利于审计发现和审计结论的形成，提高工作效率。尤其对于那些举报、舞弊审计等专项审计，保密性要求很高，如果和其他部门挤在一起集中办公，始终不方便。这也是为什么审计人员到一个被审计单位后，首先要求提供独立的会议室作为办公地点，而不是在某个部门找几个工位来开展工作。我们作者团队中的审计部门都有的独立办公条件。

先讲一个故事。我们到台湾的××集团去访问，看到该集团审计部有三间独立的谈话室，每个谈话室都配有针孔摄像机，对谈话进行全程摄像而且制成光碟。

制成光碟有什么作用呢？一是回放取证，审计人员可以剖析谈话过程，发现有价值的审计证据和异常情况；二是自我保护，我们可能会被审计对象投诉，投诉的"罪名"是不当的取证和不当的询问，这时，这张光碟就是审计人员自我保护的最好见证。

您可能不知道，独立的谈话室对于内部审计的工作环境有多么重要。这个案例给我们的启发很大。我们的审计部开始没有这个条件，5～7个人在一个办公室，这怎么谈话呢？您和被审计对象谈话时，这个环境应当是庄重、神秘、严肃而有威慑力的。很显然，在嘈杂的办公室是起不到这种效果的。

没有单独的谈话室，我们就上门去谈吧。于是，我们的审计报告出具之后，我们就去找对应的部门和人员沟通，去落实整改意见。当我们找到规划部门的时候，他们说"这不是我们的问题，您找设计部"；当我们到了设计部，他们说"这不是我们的问题，您去找综管部"；我们又去找综管部，"哎呀，这是物资部门的事"。

我们就这样在各部门的责任推诿当中，把自己的独立性和权威性彻底地消耗掉。这使我们想到，没有单独的会议室是不行的。

审计需要拥有一个自己独立的会议室。有人说，您可以借用公司的会议室啊！那不行！审计工作特殊，需要随时随地地找各个部门人员谈话，而且我们要和那些位高权重的人谈话。如果谈话地点选在狭小的审计办公室，这本身就是一种不尊重他人的暗示，而租用或者是申请会议室要提前，还有很多程序要履行，我们很多的访谈是临时性的。这使我们意识到，我们需要一个独立的审计会议室。

说一下我们当时申请独立审计会议室的过程吧，很有意思的。

审计部长第一次找老总要会议室，老总说："可以啊，你写一个报告吧。"我们就写了一个报告，但是没有结果。我们第二次又去找，老总说："行，下次我和行政副总说一下啊。"结果很久还是没有音讯。第三次去找老总："老总，我们还是没有会议室啊。"这个时候老总就不乐意了。

老总说："你怎么总是找我要会议室呢，你的前任审计部长人家从来没有提过这事啊，你怎么一当部长就一而再、再而三地要会议室呢，你这到底是为什么？"

这个时候我们告诉老总："领导，俗话说'安家乐业'，我们要会议室，恰恰是我们爱事业的表现啊。您知道吗？我们现在一份审计报告完成后，要去好几个部门沟通，大家都在推责任。您当初希望发挥审计部威慑力的初衷，就这样在相互推脱的过程中消磨掉了，老总，这样达不到您的要求了。"

"哦，是这样的。行，这个事情我要好好考虑一下"，老总答道。

于是，马上就给我们配置了审计会议室。

这个会议室配置之后，您都不知道它发挥的效果有多大啊。

从那以后，我们再也不用拿着审计报告去挨个找相应的部门了。它改变了以往在落实审计意见时，常常带着求人般的心态斡旋于部门之间，面对相互推卸责任的冲突而无所适从的被动局面。

现在，我们的审计报告出来之后，我们通知哪个部门几点钟到这里开会，没有一个部门不来，没有一个人找别人替代，没有一个人早退。因为他不知道你审计部到底找他干什么。审计的权威性进一步得到加强。

各个部门的人员到齐后，我们开始讨论审计报告。我们的宗旨是：只为成功想办法，不为失败找理由。每个部门都主动寻找自己部门的问题，寻找管理接口部位的问题。这无疑是一次专家型的联合会诊，这样的审计报告凝聚着协同管理的力量和智慧，它是无懈可击的。

这是办公条件产生的效率和效应。

独立的会议室还是一个可以容纳全部职工开会的会议室，同时解决了审计部集中学习培训的场地。

## 2.8　催人进取的激励政策

如果把智慧和勤奋比作像金子一样珍贵的话，那么还有一种东西更为珍贵，那就是忠诚。一个有忠诚度的人会一直跟随公司，无论公司是好是坏，他都会不断付出自己的心力。

审计是一个高忠诚度的岗位，我们企业除了在事业留人、培训留人、感情留人、环境留人、企业发展留人、法规留人方面加大投入外，更加重视激励机制留人的问题。

在审计部门，一个好的人事政策、激励机制，是审计人员具备职业胜任能力和正直的品行的保证，也是展示我们决策层加强自律决心和力度的表现。

审计部成为人人羡慕的部门和岗位，我们在这里获得荣誉，获得自豪感。

【案例】

W公司为审计部门设立审计奖励基金，用于奖励效益显著的审计项目和有影响力的审计发现。考虑当时治安综合治理环境比较严峻，审计人员为维护公司利益，深入看不见的战线与形形色色违规违纪甚至是犯罪行为进行的较量日益直接、尖锐和公开化的现状，公司为直接面对舞弊审计的人员办理意外伤害险，并时刻提醒他们查处舞弊案件时注意人身安全。这感动着审计人员义无反顾地面对舞弊与管理缺陷，为国家和企业利益而在所不辞。

我们审计人员私下自编了一个段子："审计奖励设基金，既怕招风又开心；审计人员办保险，防了意外防非典。"

我们中的 L 集团对审计部门实行股权激励，审计部拥有公司某品牌专卖店的全部股权红利，使审计部门与公司的利益紧密相连，同呼吸共命运。

我们中的 H 集团不仅仅是给予审计人员物质的奖励，更重要的是将审计部门打造为培养人才的摇篮，这是更高层次的激励。

## 2.9 内外交流的学术环境

企业给审计部门创造一个内外部交流的学术环境，审计人员走出去学到的是理念和方法，回来之后就能迅速转化为落地的措施，变成企业的经济效益。内外交流的学术环境，拓宽了审计人员的视野，我们的视野有多宽，我们的事业就有多大。

眼界决定了我们的世界。

我们的经验做法是将审计人员定期输送到高端的培训机构和国家会计学院去培训、去学习；到先进企业、标杆单位去参观、去交流；将具有实战经验的专家直接请到公司来，进行手把手的交流辅导，促进审计人员的进步。

我们中的 G 企业，集团要求审计部每个月必须找到一个在国内有实战影响力的高手来进行单兵教练。哪个月找不到，就要接受考核。

正是这种机制，我们不间断地进行当代实务技术的学习，而且还与各个部门的能人进行交流、培训、充电……

我们快乐审计团队就是为了彼此交流学习的目的而走到了一起。

我们碰撞出思想的火花,每年自发性地聚集在一起交流彼此的经验,回去后又带动更多的人投入审计领域的探索,为企业吸取来自实战的审计经验。

这种经验获取是鲜活的、无私的、毫无保留的。它的价值像滚雪球般转化为企业的生产力。快乐审计团队目前正在与中国企业反舞弊联盟链接、与审计领域的专家链接,以营造出更有效的交流学习环境。

## 2.10 管理得人心的企业文化

企业决策层对内部审计的战略目光潜移默化地影响着企业的文化,影响着被审计单位对审计工作的配合和理解,促进了内部审计力量的发展壮大。一大批富有建设性解决方案的审计报告在公司产生影响,在监管力度不断加大的同时,部门满意度也在不断上升。

比如,我们的"审计公示"制度,这是我们探索与被审计对象之间进行互动性管理的一种形式。这种在被审单位的中层以上干部及职工代表中公布审计报告的做法,被基层领导誉为"难得的机会、难得的教育、难得的交流"。它以最简捷的方法收到最大面积的成效。一位被公示企业的一把手亲自撰文抒发对审计公示"如沐春风"的感受。

公司勉励员工忠于职守、勤勉尽责、遵规守纪、积极正义,把组织的战略目标化为员工的自觉行为,大力倡导"求真务实、开拓创新"之风,褒奖敢抓敢管、开拓创新的管理部门。优秀的审计人员成为企业的大明星,优秀的审计部门成为硕果满堂、捷报频传的标杆团队。

审计明星和标杆团队会受到社会的热捧。同行们走进这些企业去"取经",也把明星和标杆请进自己的企业来"送宝"。随着审计的所到之处,人们看到的不仅是我们公司拥有一支有实力的审计队伍和一大批知识型员工,他们更加赞叹的是，公司上下支持审计，管理得人心的企业文化和风气！

如何营造"管理得人心"的企业文化呢？首先是诚信文化的弘扬。我们的企业敢于正视发展中的短板，不回避审计披露的问题。这些非但无损企业的信誉，反而赢得公司上下内外对一个负责任的决策层所体现的坦荡、自律的境界的喝彩。"审计公示"带来的是一道道风险防线的构筑，一笔笔管理效益的增长，一处处支持审计、管理得人心风气的树立！这正是一个健康向上的企业兴旺发达的根基。

我们深深地懂得：公司领导对一个部门的信任，对一个部门的希望意味着什么？它化为我们知恩图报、无欲则刚的职业忠诚，化为我们迅速提高素质，适应企业发展的整体实力。

我们没有豪言壮语，我们要说的是：今天，我们为企业的辉煌而自豪！明天，我们也要让企业为有我们而放心！

# 第 3 章

# 审 计 计 划

没有计划的审计就如同"没有地图的旅行"。

审计计划的首要目的，是如何为企业创造价值，减少企业的风险和损失，而不仅仅是保证内部审计常规工作的条理性。

## 3.1 审计计划紧盯三"点"：领导关注的重点，管理出现的难点，员工热议的焦点

我们制订计划时所遇到的问题远远超过教科书上的假设。因为企业每天都在变化，面临的风险及变数越来越复杂，我们的办法是利用有限的资源，开展高效的审计工作，围绕"领导关注的重点、管理出现的难点、员工热议的焦点"整合审计计划资源（见图3-1）。

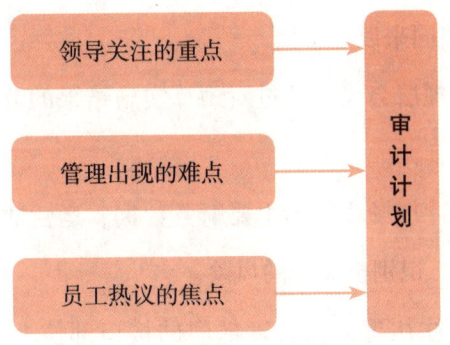

图3-1　审计计划资源的整合

### 3.1.1　紧盯领导关注的重点

1.我们要知道老总在想什么？是什么事情让他夜不能寐？定期的汇报和访

谈非常重要。我们查阅董事会的会议纪要和企业的工作报告，报告中的企业总体计划和目标一定融合了董事会及管理层的观点和见解。

2. 关注企业的战略制定与实施，关注企业承担的绩效考核指标，关注企业面临挑战及对策分析，由此选择我们的审计措施。

3. 审计计划的视角不可脱离企业承担的社会责任，因为当今社会，越来越多的利益关联方如客户、投资者、债权人、社区、供应商、媒体，要求我们企业对众多的、经常存在的、相互冲突的各种责任负责。

4. 我们聚焦于企业的未来，关注企业发生的变革及新的机会，对所处行业的经济走势进行分析，提升审计计划的视野。

5. 参考国际和国内同行大型公司、上下游客户、利益相关方的数据进行风险评估，我们甚至联手上下游的内部审计，在供应链上共享审计资源。

### 3.1.2 关注管理出现的难点

1. 我们计划对某一领域实施审计项目时，会直接访谈该领域的主管。如果他们需要对共性的问题实施改进却苦于控制手段乏力时，我们会建议他们选择一个"试点"，我们共同来以点带面。

2. 审计部参与管理层会议，通过对预算实施结果的分析，对过往审计结果的分析，梳理管理难点。

3. 通过我们在审计现场获得的主要财务数据、运营数据、问题真相，通过查阅企业的考核通报，识别出关键的风险。

4. 管理中的难点往往聚集在管理部门的接口部位。我们帮助各部门认清自己的盲点，并告知出错的原因。一个单独的部门去组织系统的整改是有难度的，我们在制订审计计划时加入系统审计的内容。

5. 互联网上检索标杆经验。访谈外部利益相关者，参考外部审计及咨询机构提供的信息并与其沟通。

### 3.1.3 重视员工热议的焦点

1. 不懂得基层和员工,一切管理都是空谈。关注职工热议的焦点,不但能收获问题,还能收获解决问题的真知灼见。平时深入基层,多听、多看、多问、多想。

2. 设立热线,利用微信、微博、客户端,征集合理化建议,员工愿意在这些平台上分享自己的所见所闻。

3. 参加工会组织的民主管理活动,关注基层的管理创新成果。关注员工的诉求,这些信息多数来自企业高层与基层的对话、员工网上的抱怨。

4. 互联网、社交圈、媒体是获得外部信息和审计线索的资源。

## 3.2 寻找风险的"审计问卷调查"

### 3.2.1 我们在问卷调查中收获了"宗旨"和"民意"

内部审计关注风险问题,标志着传统内审工作性质的转折。

我们为了找准管理的重点和难点,从很多年前就尝试在全公司范围内开展审计风险问卷调查。

最初的调查涉及公司产、供、销、人、财、物等32类168项问题,调查覆盖了公司领导、管理者及职工代表各个层面。近千份问卷的统计分析,将企业的风险直指投资领域、采购领域、建设工程领域以及易被忽视的专项费用、福利费用的使用。在此基础上,我们形成了应对风险的审计总体规划,公司每年均以开年的1号文件下发审计计划,为规范审计行为提供了依据。

初次开展审计问卷的内容应当简单易懂,不宜复杂。尤其要有一段犹如陌生人敲门般的"致调查者的开卷语"。这样才能赢得调查者的信任和配合,把你的调查表填写完毕。

持续进行的问卷调查应循序渐进,向深层次延伸。

【案例1】

叩开心扉的开卷语——致我们的伙伴

尊敬的各位领导及职工代表：

首先感谢您多年来对内部审计工作的理解和支持！

"一流的企业，需要一流的内部审计。"今天的内部审计，已经发生了实质性的变化，它被定义为一种独立、客观的确认与咨询活动。通过对企业的风险管理、内部控制及治理程序的评价，实现企业价值增值及运作效率提升的目的。

一个优秀的内部审计部门，应成为企业的经济良医、部门的战略伙伴，而不仅仅是公司的警察。我们正在向这一目标努力……

在即将到来的20××年，为进一步做好内部审计工作，确定明年审计工作重点，我们在全公司范围内组织了这次问卷调查，征求工作意见、查找管理薄弱环节、识别经营风险、调查职工关注的热点、征集明年审计项目。

此调查表请各单位发至主要领导和人事、财务、物供、设备、工程、经营、销售方面的管理人员、职工代表填写。请被调查者在每题选项的圆圈内打"√"，或按具体要求填写。调查表请在××月××日前返回审计部办公室。

本次问卷的结果将形成内部审计新的风险地图，形成各级领导及部门共享的资源，形成员工对风险可识别、可预警、可防范的机制。我们希望更多的人认识内部审计，支持内部审计，分享内部审计成果，共同构建我们的免疫系统。

我们最后要说的是：

您的思路，也许正是我们苦苦寻觅的真知灼见；

您的点评，将会成为我们工作的依据；

您的支持，将化为我们回报企业关怀的动力！

谢谢您对我们工作的大力支持！

××审计部<br>20××年××月××日

【案例2】

首次开展审计问卷调查的内容

单位：_____   姓名：_____   职务：_____   职称（工种）：_____

1. 您对内部审计工作的性质、内容了解程度如何？

　　○ 很了解　　　　　○ 一般了解　　　　　○ 不了解

2. 您认为，目前审计部职工队伍素质如何？

　　○ 整体水平较高　　○ 整体水平不高　　　○ 正在起步，有待提高

3. 审计人员在基层审计的工作效率如何？

　　○ 高　　　　　　　○ 一般　　　　　　　○ 较低

4. 您在接待审计人员时，是否存在下列情况？

　　○ 遇到审计人员故意刁难　　○ 审计人员将审计证据用于不当用途

　　○ 态度生硬　　　　　　　　○ 吃、拿、卡、要　　　　○ 私下交易

　　○ 违背授权原则，自作主张　　　　　　　　　　　　　○ 纪律涣散

5. 您在接到审计报告，与审计部交换意见时，情况如何？

　　○ 容易沟通而不失原则　　○ 容易沟通而丧失原则　　○ 不容易沟通

6. 审计人员在基层审计的态度如何？

　　○ 好　　　　　　　○ 一般　　　　　　　○ 较差

7. 您觉得目前审计部门的权威性怎样？

　　○ 高　　　　　　　○ 一般　　　　　　　○ 较低

8. 审计部提出的审计整改建议或管理建议是否可行？

　　○ 可行，具有较高的价值　　　　　　　　　○ 没有针对性

　　○ 可行与否无所谓，反正我们都要接受

9. 您希望审计部在企业的定位是哪种角色？

　　○ 企业里的经济警察　　○ 企业里的经济良医

　　○ 部门的战略伙伴　　　○ 以上角色兼而有之

10. 您认为审计部门当前工作的侧重点应该在哪些方面？

　　○ 深入开展内部控制制度评审，促进各单位完善内部控制制度

○ 加强对财务工作的监督，加大查处"假账"的力度

○ 加大对领导干部经营行为的监督力度

○ 为企业防范经营风险服务

○ 管理职能评价

○ 公司治理评价

11. 您觉得对领导者的离任经济责任审计达到了预期的效果吗？

　　○ 效果很好　　　　○ 一般　　　　　　○ 较差

12. 如何看待审计部开展对领导干部的现职审计？

　　○ 将审计的"关口前移"，可以防患于未然

　　○ 现职审计没有必要，一定程度上干扰领导者的正常经营

　　○ 对我来说无所谓

13. 目前审计部开展的任期经济责任审计主要是对全资子公司和分公司的主要负责人，下一步有无必要开展以下范围任期内经济责任审计？

　　○公司机关部处室　　○ 非全资控股子公司　　○ 经营开发实体

　　○ 其他你认为的单位：请填写在括号内（　　　　）

14. 你认为以下哪些业务部门应作为审计的范围？请排序。

　　○ 采购部门　　　　○ 财务部门　　　　○ 销售部门

　　○ 劳动人事部门　　○ 安全部门

　　○ 其他你认为的重点：请填写在括号内（　　　）

15. 你认为公司内部审计应重点关注以下哪些方面？

　　○ 生产经营　　　　○ 基本建设　　　　○ 检修工程

　　○ 对外投资　　　　○ 重大经营决策　　○ 职工福利

　　○ 制定规划　　　　○ 财务　　　　　　○ 采购

　　○ 国家政策变化方面　○ 自然灾害、意外事故

　　○ 销售　　　　　　○其他你认为重要的方面：请填写在括号内（　　　）

16. 职工关心的热点一直是审计部审计的重点内容，你认为下面哪些方面是你关注的热点？

○ 职工岗薪工资　　○ 福利基金使用　　○ 职务与职称通道
○ 社会保险情况　　○ 其他你认为的热点：请填写在括号内（　　　）

17. 你认为销售审计的重点应在下面哪些方面？
　　○ 销售政策　　　○ 销售价格　　　○ 应收账款
　　○ 售后服务　　　○ 销售流程　　　○ 销售结算
　　○ 其他你认为的重点：请填写在括号内（　　　）

18. 在审计部开展的物资采购审计中，你认为下面哪些内容值得审计关注：
　　○ 价格　　　　　○ 数量　　　　　○ 时间
　　○ 质量　　　　　○ 采购员　　　　○ 分供方
　　○ 采购制度　　　○ 结算　　　　　○ 服务
　　○ 其他你认为重要的内容：请填写在括号内（　　　）

19. 如果你认为应该开展预算执行审计，根据公司全面预算管理内容，预算执行审计可以从下列内容开展，请你选出最需要审计的五项内容：
　　○ 采购成本　　　○ 修理费用　　　○ 技术开发费
　　○ 职工培训费　　○ 子弟学校经费　○ 离休医疗费用
　　○ 休养费用　　　○ 退休医疗费用　○ 疗养费用
　　○ 劳保费用　　　○ 接待费用　　　○ 老干部经费
　　○ 警卫消防费　　○ 防暑降温费　　○ 办公房屋大修
　　○ 计划外用工　　○ 民兵训练费　　○ 绿化费
　　○ 劳动保护费　　○ 外事费

20. 您对本单位经营业绩和财务数据真实性的认识？
　　○ 真实可信　　　○ 有一定的可信度
　　○ 没有得到发挥　○ 无法判断

21. 企业的业务内容具体可划分为下列七类循环，你认为审计部在开展内部控制制度审计时，哪些是值得关注的重点环节：
　　○ 销售与收款循环　　○ 购置与付款循环　　○ 生产循环
　　○ 仓储与存货循环　　○ 工薪与人事循环　　○ 融资与投资循环

○ 货币资金循环

22. 您对开展工程项目审计的看法如何？
　　○ 开展工程项目审计不但很有必要，而且要加大力度
　　○ 工程审计不应局限于工程概预算，而应将重点前移
　　○ 有预算等部门把关，不用另行审计

23. 您需要项目审计在哪些方面提供保证服务和咨询服务？
　　○ 内部控制制度　　○ 标杆项目经验的咨询　　○ 不需要

24. 您认为工程项目审计范围的重点是：
　　○ 检修项目　　　　○ 一般技措项目　　　　○ 技改（重措）项目
　　○ 其他项目（请写明　　　　　　　　）

25. 在项目发包方式上，哪些应作为重点审计：
　　○ 招投标　　　　○ 直接发包　　　　○ 总承包
　　○ 其他

26. 您认为工程项目审计重点应放在哪五个环节？
　　○ 设计　　　　　○ 招投标　　　　　　○ 施工
　　○ 结（决）算　　○ 后评估　　　　　　○ 筹资
　　○ 设备采购　　　○ 材料采购　　　　　○ 概预算审查
　　○ 资金支付　　　○ 设计变更、签证管理

27. 您认为对检修工程审计应关注哪些方面？
　　○ 工程的立项及计划额的确定　　　○ 工程发包过程
　　○ 施工现场管理　　　　　　　　　○ 工程量审核
　　○ 预算审批　　　　　　　　　　　○ 工程款支付

28. 检修费用管理哪些方式更好？
　　○ 协议保产　　　○ 单价包干　　　　○ 按预算定额核算
　　○ 按工时定额核算　　○ 其他

29. 在钢/吨检修费用预算问题上，您认为以下因素是否真实？
　　○ 有缺口，不够用　　○ 虽然有缺口，但潜力很大

○ 没有缺口，完全够用　　　　　　　　○ 不知道

30. 揭露工程转包、挂靠最好的方式是什么？

　　○ 工程招标制　　　　　　　　　　　○ 公示制

　　○ 依靠合理定价避免承包商获得超额利润　○ 举报及监管有奖制度

31. 您认为对于工程转包、挂靠，审计应重点关注哪些方面？

　　○ 工程管理部门　　○ 合同管理部门　　○ 产权单位

　　○ 施工单位　　　　○ 以上所有部门

32. 您认为审计和稽查中发现的问题应该采取什么方式进行披露？

　　○ 登报公示　　　　○ 向集团公司领导反映

　　○ 向职工大会报告　○ 按问题性质，有的披露，有的可以不披露

　　○ 与被审计或被监督单位见面通气

33. 对审计部工作的建议和要求（请以文字说明）。

## 3.2.2　风险调查的成果：风险地图受热捧

　　风险问卷调查的效果是显而易见的。初次调查的统计数据为我们制订审计计划提供了"宗旨"和"民意"，让我们油然产生一种"有靠山"的安全感，避免了计划"无的放矢"的大忌。

　　持续的风险调查鞭策审计人员不断提升自己的技能和视野，这些调查内容来自我们多年来对公司重大审计发现的风险揭示，来自我们聘请的国际专业咨询机构的咨询报告，以及来自我们多方的访谈和外部经验的借鉴。

　　我们通过调查，遴选出20个高风险点以及表现征兆，绘制出企业的"风险地图"，这张用事实和数据支持的风险图，是无可争辩和令人信服的。许多企业的老总甚至把这张风险"小图"夹在笔记本的首页，适时对自己的领导行为"敲警钟"。

【案例3】

## 风险地图的"粮仓":全方位风险调查问卷

| 类别 | 具体风险 | 具体风险描述 |
|---|---|---|
| 一、内部控制环境 | 1. 价值观缺失风险 | 企业缺乏积极向上的核心价值观和社会责任感。诚实守信、爱岗敬业、开拓创新、团队协作、风险意识每况愈下,致使企业缺乏凝聚力、竞争力、执行力 |
| | 2. 企业文化风险 | 企业文化评估不到位、不准确、不及时,可能导致经营方向错误,影响发展战略目标的实现 |
| | 3. 高管行为操守风险 | 高级管理者自我约束理念缺失,无视内控,凌驾于内部控制之上,在内部控制制度的遵守方面言行不一,谋取私利 |
| | 4. 内部控制理念缺失风险 | 企业缺乏以人为本的凝聚力,疏于对员工内部控制知识及技能的教育和持续培训,员工对法律责任不知晓或不关心。员工改进企业内控的建议常常遭到拒绝或束之高阁,管理者无知无畏 |
| | 5. 制度文化风险 | 企业文化与制度建设相背离,规则和流程经常失效,企业无章可循、有章不循,现有的制度既不执行,也不废止,导致管理系统的无序和混乱,制度成为挂在墙上的"遮羞布" |
| | 6. 制度设计风险 | 制度顶层设计有缺陷或设计不成体系,缺乏对制度进行指导和制约的"根本大法",如《管理制度的管理办法》,各个部门站在本部门立场上制定制度,往往是权力大、责任小。各个制度无效力规定,新旧制度相互重叠、相互冲突,导致无法执行,《会议纪要》成为制度之外的"绿灯区" |
| | 7. 制度执行力风险 | 严格立法,普遍违法,选择性执法;对违规者一味宽容,频频使用例外原则 |
| | 8. 激励机制风险 | 企业不切实际的业绩目标和薪酬制度,特别是短期业绩成果的压力,导致员工不适当地以牺牲企业长远的业绩为代价。偏离实际的绩效考核目标使管理层采用不利于公司的长期经营的方式或做报表上的掩饰 |
| | 9. 集团管控风险 | 集团用管理单体公司的模式管控重组企业,导致造血功能不强的子公司,成为黏在集团身上的出血点;能够自我生存的子公司,则成为一方诸侯,我行我素 |
| | 10. 委托持股、控股公司、参股公司监管风险 | 对委托持股、控股公司、参股公司缺乏有效的监管,对派出的董事、监事、高管缺乏履职履责考核,导致资产流失 |
| | 11. 信息不对称风险 | 信息失真及信息孤岛产生的信息不对称,让人人都可以推脱责任。管理者习惯了在信息失真的条件下进行职业判断、做决策 |

(续)

| 类别 | 具体风险 | 具体风险描述 |
|---|---|---|
| 一、内部控制环境 | 12. 管理内耗风险 | 部门运作的动机总是出于一个相识的动机，即最大限度地方便自己，使用各自的专业语言，外人很难介入 |
| | 13. 管理者不作为风险 | 一公司中一个部门不知道另一个部门做什么，懒得关心；同事之间我不知道你在做什么，你也不知道我在做什么，也懒得关心 |
| | 14. 不良工作氛围风险 | 履职履责无规矩，请示工作不依制度，而是观看领导的眼色，揣摩领导的喜怒哀乐行事，公司弥漫着阿谀奉承的风气 |
| | 15. 管理变革风险 | 管理变革注重短期效应，运动式的工作方法作为解决问题的主要手段，导致再好的举措也被视为"一阵风"，难以得到广泛响应 |
| | 16. 反舞弊机制缺失风险 | 企业没有设立举报热线电话和电子邮件，热线形同虚设，无视员工或社会各方反映的诉求及热议的焦点。没有设立举报人保护制度，没有采取严密的事前、事中、事后保护措施，未能防止出现打击报复，造成举报人受到人身伤害、名誉损害或各种损失 |
| | 17. 雇员／第三方舞弊风险 | 雇员、客户、供货商、代理商或第三方管理人蓄意策划、执行针对公司的欺诈活动，以致公司蒙受财务与名誉上的损失 |
| | 18. 管理者授权风险 | 企业对于重大的业务和事项，未实行集体决策审批或者联签制度，导致决策失误的风险；盲目授权，使有关人员逃避管理责任，导致授权混乱或"有法不依"的情况出现 |
| | 19. 管理者审批风险 | 对重要的职责或权限划分有较大的随意性，重权力划分、轻责任归属 |
| | 20. 企业战略制定风险 | 企业战略目标没有突出主业，过于激进或者过于保守，可能导致发展脱离实际或发展滞后，甚至经营失败 |
| | 21. 企业战略实施风险 | 企业战略宣传不到位、调整不及时或者因主观原因频繁调整，可能导致战略流于形式、经济效益受损，甚至危及企业的生存和持续发展 |
| | 22. 内部机构设置风险 | 内部机构设计不科学、权责分配不合理，可能导致机构重叠、职能交叉或缺失、推诿扯皮、运行效率低下 |
| | 23. 治理结构风险 | 治理结构形同虚设，缺乏科学决策、良性运行机制和执行力，可能导致企业不能实现发展战略 |

(续)

| 类别 | 具体风险 | 具体风险描述 |
|---|---|---|
| 二、财务 | 24. 核算失真风险 | 脱离环境死盯账本，见物不见人，见人不见变，使得管理层陷入数字游戏陷阱而不顾真实的经营现状 |
| | 25. 资金链断裂风险 | 资金调度不合理，营运不畅，可能导致企业陷入财务困境或资金冗余；资金活动管控不严，可能导致资金被挪用、侵占、抽逃或遭受欺诈 |
| | 26. 资金使用风险 | 未经恰当审批的付款轻易实现；滥用计划外付款或者无限制追加资金计划；大额专项资金的使用与预期用途不符；忽视货币资金收付控制，造成贪污、舞弊，危及货币资金安全完整 |
| | 27. 会计政策风险 | 不恰当的会计政策选择，导致企业会计信息失真 |
| | 28. 利率风险 | 企业因利率水平的不利变动而导致借贷成本增加，成本上升、投资回报降低或资产价值减少 |
| | 29. 汇率风险 | 企业在运用外币进行计价收付的交易中，由于外汇汇率的变动而蒙受损失 |
| | 30. 外汇核销风险 | 因不及时或无法对应客户，导致外汇核销困难或外汇冻结 |
| | 31. 出口退税风险 | 因未报关、船运配载不当、单证错误等原因导致无法退税的风险 |
| | 32. 成本分析缺位风险 | 没有建立分析制度，成本信息失真不利于内部成本分析与控制、影响价格及决策的制定 |
| | 33. 坏账风险 | 客户信用管理不到位，结算方式选择不当，账款回收不力等，可能导致销售款项不能收回或遭受欺诈 |
| | 34. 财务信息披露风险 | 财务信息披露未遵照相关法律法规的规定，导致承担相应的法律责任。财务报告对外提供前提前泄露或使不应知晓的对象获悉，导致发生内幕交易，使投资者或企业蒙受损失 |
| | 35. 税务风险 | 企业的纳税行为不符合税收法律法规的规定，应纳税而未纳税、少纳税，从而面临补税、罚款、加收滞纳金、刑罚处罚以及声誉损害等风险；另一方面是企业经营行为适用税法不准确，没有用足有关优惠政策，多缴纳了税款，承担了不必要税收负担 |
| | 36. 预算编制风险 | 预算流于形式，从上到下，层层加码，责任下推；从下到上，层层兑水，应付检查 |
| | 37. 预算控制风险 | 公司对于预算缺乏有效的控制、监督和反馈报告体系，可能导致预算执行随意、预算目标难以实现 |

(续)

| 类别 | 具体风险 | 具体风险描述 |
|---|---|---|
| 三、营销 | 38. 销售计划风险 | 销售计划缺乏、不合理或不准确，销售计划未经授权审批，导致产品结构和生产安排不合理，难以实现公司生产经营的良性循环 |
| | 39. 客户开发风险 | 现有客户管理不足、潜在市场需求开发不够、终端管理能力不足，可能导致客户丢失或市场拓展不利 |
| | 40. 销售定价风险 | 销售定价或调价不符合价格政策，未能结合市场供需状况、盈利测算等进行适时调整，造成价格过高或过低、销售受损；销售价格未经恰当审批，或存在舞弊，可能导致损失公司经济利益或者公司形象 |
| | 41. 金融逾期风险 | 融资销售方式下，由于宏观经济的影响，客户无法履约还款而造成银行或租赁公司逾期，公司不得不垫付资金或回购产品，导致占用公司大量资金或销售退回，严重影响公司资金流与销售业绩 |
| | 42. 销售合同管理 | 订立销售合同中存在内容重大疏漏和欺诈，未经授权对外订立销售合同，可能导致公司合法权益受到侵害 |
| | 43. 在外货款管理风险 | 应收账款和应收票据管理不善，账龄划分不准确或超期款统计不准确，可能由于未能收回或未能及时收回欠款而导致货款流失或法律诉讼 |
| | 44. 虚假销售风险 | 为了达到绩效考核目标或粉饰报表，虚构销售业务 |
| | 45. 代理商管理风险 | 代理商准入、退出、日常管控、约束、激励、考核、培训、支持等机制不健全或执行不到位，代理商抗风险能力较弱，市场风险将直接传递至公司 |
| | 46. 产品（配件）实物管理风险 | 未经授权发货或发货不符合合同约定，可能导致货物损失或客户与公司的销售争议、销售款项不能收回 |
| | 47. 产品（配件）销售管理风险 | 定价政策不恰当；销售授信管控缺失，逾期货款管控不到位；销售分析欠缺，倒买倒卖产品（配件） |
| | 48. 销售政策风险 | 销售政策内控体系不完善，可能导致不公正、不合理的政策输出而损害公司经济利益 |
| | 49. 服务配件系统支持风险 | 业务缺乏系统支持，系统关联度不高，手工工作量大，效率低下 |
| | 50. 客户满意度风险 | 客户服务水平低，消费者满意度不足，影响公司品牌形象，造成客户流失 |
| | 51. 销售费用管控风险 | 销售相关的费用管理内控不完善，缺乏过程与结果的内控管理，可能出现费用超支、损失浪费，进而难以避免可能存在的差错或舞弊风险 |

(续)

| 类别 | 具体风险 | 具体风险描述 |
|---|---|---|
| 四、资产管理 | 52. 存货占用或短缺风险 | 存货积压或短缺，可能导致流动资金占用过量、存货价值贬损或生产中断 |
| | 53. 固定资产效能风险 | 固定资产更新改造不够、使用效能低下、维护不当、产能过剩，可能导致公司缺乏竞争力、资产价值贬值、安全事故频发或资源浪费 |
| | 54. 无形资产效能风险 | 无形资产缺乏核心技术、权属不清、技术落后、存在重大安全技术隐患，可能导致公司法律纠纷、缺乏可持续发展能力 |
| 五、采购业务 | 55. 采购计划不合理风险 | 采购计划与需求情况脱节或实际采购未按采购申请执行，可能造成盲目采购、物资短缺或积压 |
| | 56. 采购依据不充分风险 | 采购依据不充分，采购过程不按原确定配额采购，掩盖不良调整，给公司带来质量或经济损失 |
| | 57. 采购授权不规范风险 | 采购未经适当审批或超越授权审批，可能因重大差错、舞弊、欺诈而导致公司利益受损 |
| | 58. 供应商选择不当风险 | 认定新供应商程序不合规、考察供应商过程不严格、考察结果未经适当审核审批、选择供应商过程存在不相容职务混岗情况、供应商评价结果不公正、合格供应商名单未及时更新等，可能导致公司利益受损 |
| | 59. 采购配额确定及执行风险 | 采购配额确定过程不合理，可能产生供应商配额确定不公正，从而导致综合成本偏高、供应瓶颈、质量不稳定等情况；不按原定配额采购，可能掩盖不正当的调整，不合理的配额调整，易影响供应商整体配合的积极性，最终影响成本、供应和质量稳定 |
| | 60. 采购价格不合理风险 | 采购定价机制不科学，采购定价方式选择不当，缺乏对重要物资价格的跟踪监控，引起采购价格不合理，可能造成企业资金损失 |
| | 61. 采购招标环节风险 | 招标方案由采购部采购业务员编制，采购业务员又负责与供应商联系，可能产生不相容职务的违规现象的发生；评标过程记录不完整或仅有相关人员签字，可能导致参与评标人员意见没有记录，评标流于形式；招标采购事前、事中、事后控制不到位，可能发生差错、舞弊、欺诈而导致损失 |
| | 62. 采购合同签订环节风险 | 未经授权对外订立合同，合同对方主体资格、履约能力等未达要求、合同内容存在重大疏漏和欺诈，可能导致企业合法权益受到侵害 |
| | 63. 采购验收环节风险 | 验收标准不明确、验收程序不规范、对验收中存在的异常情况不做处理，可能造成账实不符、采购物资损失 |

（续）

| 类别 | 具体风险 | 具体风险描述 |
|---|---|---|
| 六、建设项目 | 64. 项目系统风险 | 建设项目决策、设计、筹资、招标、采购、施工、概预算、验收、决算、评估各环节的接口部位疏于建立风控点，信息不对称。风险潜移默化，最终导致"钓鱼工程""豆腐渣工程"和"腐败工程" |
| | 65. 项目决策环节风险 | 决策失误、决策程序失控、决策依据失真 |
| | 66. 项目设计环节风险 | 选择设计商和方案比选失误；设计单位资质不符合要求；设计变更及管理程序缺失；设计深度缺陷及设计错误造成施工组织、工程质量、投资失控以及投产后运行成本过高；设计图纸拖延交付；设计档案保管不当 |
| | 67. 项目招投标环节风险 | 肢解工程项目、规避招标、设立双重标准、排斥潜在投标人、泄密、舞弊等违法违规操作；恶意竞争、串标、围标或定标失误而导致招标实质性失败；投标人在投标有效期内撤回投标文件导致招标失败 |
| | 68. 项目合同环节风险 | 合同签订及执行中有悖法律条款，合伙方资质违约失信，合同内容存在重大疏漏和欺诈；发生重大设计变更、不可抗力、政策性变动、合同变更、合同执行不当以及合同争议、纠纷、索赔 |
| | 69. 项目设备、材料采购环节风险 | 采购程序失控，供应商有违信用；设备和材料质量不符、不按时交货影响工程进度以及采购价格失控 |
| | 70. 项目施工环节风险 | 合同履行缺位；设备、材料质量不符；工程进度延误；设计变更、不可抗力产生的超投资。安全、环保引发的事故和诉讼 |
| | 71. 工程造价环节风险 | 工程造价信息背离市场导致投资失控；工程造价部门与其他环节管理脱接、授权不清、工作质量失误造成投资失控 |
| | 72. 竣工验收环节风险 | 质量缺陷或设计、设备、工艺隐患而导致的工程项目无法实现预计目标；验收活动不规范导致工程存在重大质量隐患；虚报项目投资完成额，虚列建设成本或者隐匿结余资金；固定资产完工不结转导致日积月累的财务结算纠纷，以及技术资料残缺而导致后期风险 |
| | 73. 后评估环节风险 | 后评价缺位、失真、流于形式，不能为未来项目的决策提供支持，甚至误导今类似项目决策 |
| | 74. 项目财务环节风险 | 财务监管形成信息孤岛，在建设资金筹措、使用、支付及偿还环节管控无力，导致资金链安全风险 |

(续)

| 类别 | 具体风险 | 具体风险描述 |
|---|---|---|
| 七、人力资源 | 75. 人员招聘风险 | 公司不能招聘或足额招聘到拥有适当经验及专业知识的员工，因而影响公司的经营目标实现。在快速发展中，用人"饥不择食"，因人设岗，而大部分员工习惯于能上不能下，能高不能低的定性思维，造成企业用工的"高消费"及人事政策"水土不服" |
| | 76. 选人不当风险 | 提拔了在营销、技术类有较突出表现但管理能力不足的员工，从而使公司在原工作岗位上失去了一名优秀的专业人才，而多了一名糟糕的管理人员 |
| | 77. 用人失察风险 | 企业快速扩张，急需外派机构负责人或骨干，在选派人选时重能力而轻品行，鱼目混珠、泥沙俱下。加上总部监管鞭长莫及，轻者监守自盗，重者致命之灾 |
| | 78. "空降兵"风险 | 由于价值观差异，成就斐然的中高级人才被企业花高价挖过来之后，其表现却往往不尽如人意，最终结果要么被企业炒掉，要么自己灰溜溜请辞，使企业蒙受损失 |
| | 79. 集体"跳槽"风险 | 跳槽者"带枪投靠敌营"，让雇方马上拥有竞争对手第一手最新信息。尤其是集体跳槽风潮，其连根拔起的集体出走行为，导致企业业绩迅速滑坡，引发企业全面的经营危机风险 |
| | 80. 培训机制风险 | 企业未与员工签订《培训服务协议书》。通过培训的员工知识技能获得提高，却很快被竞争对手挖走，导致企业人才投资打水漂、培训后员工流失风险 |
| | 81. 绩效考评风险 | 重考评，轻工作改进，考评不仅没有提高效率，反而造成公司降低了效率。企业战略目标发生调整，导致原有绩效考评体系失衡。新的考评衔接不当，可能会导致优秀人才流失 |
| | 82. 劳资关系法律风险 | 劳动关系管理中企业处于强势地位而忽视了暗藏的风险，从而踏入劳资纠纷的"十面埋伏"。考评方式变更可能诱发法律风险，如"末位淘汰制" |
| | 83. "模糊薪酬制"风险 | 企业采取发"红包"式的秘密付酬方式，引起员工的好奇心而四处打听和相互猜疑，从而产生不满情绪，拿了"红包"的员工也不一定领情，带来的消极怠工及负面情绪的扩散，使企业士气受挫 |
| | 84. 奖金政策制定风险 | 无集中归口管理部门，奖金政策政出多门，存在管理层巧立名目舞弊风险；政策设计缺陷，奖金越权审批或分拆审批。存在多个部门对同一业务计提奖金及奖金无上限控制风险 |

(续)

| 类别 | 具体风险 | 具体风险描述 |
|---|---|---|
| 八、信息系统 | 85.信息系统规划风险 | 信息系统规划未能满足或跟上集团战略规划及管理层关注的重点，业务的重点长期未能全覆盖；信息系统重复建设，导致公司资金浪费 |
| | 86.信息系统数据质量风险 | 信息系统数据非底层真实数据，数据库功能存在残缺、实际无法支撑业务活动的全面开展；信息系统使用烦琐，降低工作效率；信息系统中数据质量差，数据输入无复核，同一业务数据存在多个输入点，数据失真；信息系统权限设置混乱 |
| | 87.信息使用者的能力风险 | 信息使用者缺乏系统思维及分析能力，不能将数据的特点和规律与业务关联，导致信息资源的束之高阁及管理的粗放 |
| | 88.信息系统安全风险 | 系统安全隐患疏于识别，未对信息系统的开发维护、访问变更、数据输入输出、网络安全建立严控措施。授权管理不当，可能导致无法利用信息技术实施有效控制。系统运行维护和安全措施不到位，可能导致信息泄漏或毁损 |
| 九、国际业务 | 89.国际业务监管风险 | 一些海外"封疆大吏"总认为总部的条条框框过多，过多强调当地客观因素，在实际工作中以种种借口设法突破制度底线，甚至"另立中央"，而总部对海外公司过度放权或监管不到位也会导致资产流失，给企业经营带来严重隐患 |
| | 90.国际业务决策风险 | 因管理层对所投资国经营环境了解不够，导致做出错误的经营决策，增加经营成本或造成投资失败 |
| | 91.法律风险 | 经营资质、劳务用工、各类合同的条款未能遵循当地法律法规，或者合同未设置保护条款维护公司应有权益 |
| | 92.服务风险 | 服务能力不足或者配件库存结构不合理，导致客户抱怨；编造虚假服务订单虚报费用 |
| | 93.清关风险 | 出口产品在进口国清关时因对当地海关政策不清楚或清关材料有误，导致产品滞港，影响销售或增加费用 |
| | 94.国际项目管理风险 | 对于国际项目管理人员的频繁更换，对品牌行业带来的负面影响始料不及 |
| 十、安全 | 95.安全事故风险 | 安全事故缺乏紧急预案，应急救援预案缺乏演练，可操作性差，导致事故发生后迟报、谎报、瞒报，不但损害到员工的健康及人身安全，导致公司承担巨大的处罚成本及赔偿，商誉的下降和连锁后果 |
| | 96.安全管理风险 | 安全意识淡薄，安全主体责任不落实，安全制度执行力差，安全隐患失察 |

(续)

| 类别 | 具体风险 | 具体风险描述 |
|---|---|---|
| 十、安全 | 97. 灾难计划风险 | 未制订相应的灾难应对计划及未对重大资产投保,导致公司对抗灾难能力不强 |
| | 98. 产品安全事故责任风险 | 产品卷入重大安全事故,使公司资产、品牌、声誉遭到重大损失（尤其在海外） |
| | 99. 应急公关能力风险 | 对于紧急事件,公关能力较弱使得公司品牌形象受损,影响公司股价及投资者信心 |
| | 100. 突发事件应急风险 | 企业未建立突发事件应急处理机制,一旦出现紧急情况,不能第一事件做出反应,将损失降到最低 |

### 3.2.3　风险调查催生新的审计技术：问卷查弊法

我们针对特定的舞弊调查设计了问卷查弊法。

在许多企业,设备检修是舞弊的高发区,我们设计了十大类查弊防线,每大类又有许多关联问题的链接及印证,被审计对象在回答我们的这些问题时,舞弊行径很难逃过这种程序化的因果业务链的排查。我们的责任是打钩,所有打钩项汇集成了对舞弊行径的分析。

【案例】

问卷查弊

▶ **测试随意立项,重复立项、肢解工程等发包风险**

1. 产权单位维修工程申报计划的定价依据是什么？该部位历年检修状况如何？建立了检修工程档案没有？该部位检修质量保证期是多久？项目缺陷有无统一编码？分级编码？

▶ **测试随意估价,不相容职务集一身产生弊端的可能性,各环节及管理部门疏于把关的成本失控风险**

2. 产权单位申报计划的立项依据是什么？有无工程造价资料的积累？有无对计价依据的实际检验和论证？如果没有,项目检修的第一方案提出人是谁？第一估价人是谁？复核人是谁？工程结算验收人是谁？预算数批单额与计划额如果相近，解释理由是什么？

▶ **测试转包、异常发包、管理部门疏于把关及信息反馈脱节等风险**

3. 选择施工队伍的原则是什么，年度内，累计发包数最多的前五名是谁？分别是多少？发包金额最大的前五名是谁？金额分别是多少？选择施工队伍是否符合自身制定的制度？对施工队伍有无信誉评价？管理部门是否考虑了工程量在内部施工单位之间的配置以及配置的原则？发包信息是如何组织的？

▶ **测试肢解工程风险**

4. 工程标段划分的依据是什么？是否符合施工的工法界面要求和规律？历年来，对同一部位是如何划分的？对于本应由一个标段承担的工程量肢解为多个标段，解释理由是什么？

▶ **测试内部控制的执行情况及管理者不作为风险**

5. 检修工程的立项、发包、合同管理、施工验收管理、预算审核管理、结算管理、财务付款管理是否执行了公司的规定？这些岗位上的工作人员是否了解、熟悉这些规定？对疏于管理的责任者，产权单位和管理部门是如何处理的？对履行职责的管理人员有无激励政策？

▶ **测试信息不对称问题，监督风险**

6. 对于检修工程发包的公示，发包主体单位的职工是否关心？这些单位检修费用是否分解到基层？是否与经济责任考核挂钩？检修费的实际结算金额是否反馈到基层？有无舆论监督机制？产权单位内部监督职责是如何划分的？监督者是否实质性履行了职责？有无对违规操作进行查处的痕迹资料？

▶ **测试虚构工程项目、工程张冠李戴、重复结算等工程舞弊风险**

7. 产权单位是否建立了施工单位的专职业务员资料？是否实施了施工单位

的发包登记、施工管理日志、工程完工销号及与财务的定期核对制度？施工预算是否实施了无纸化传递？

▶ **测试财务风险**

8. 对于未竣工已结算的项目，在财务上是如何运作的？对于已竣工未发包的项目，在程序上是如何运作的？财务支付是否建立了对工号、对施工单位的备查制？有无不按合同付款的情况？有无在开具支票时将工程款与工程材料款等关键文字混淆的情况？对于异常结算，有无预警措施？财务有无与工程造价部门建立对账制？有无与产权单位管理部门建立对账制？

▶ **测试接口部位的管理风险**

9. 工程量验收时的定价是按照定额、经验、还是实际造价？工程材料不同的供料方式，在结算时是如何衔接的？与工程造价部门有无信息反馈渠道？工程质量是如何保证的？当申报项目的缺陷表与实际检修内容发生冲突时，是如何解决的？

▶ **测试信息系统风险**

10. 检修工程信息系统是否进行了内部控制的符合性测试？对于异常情况有无预警功能？原始资料的管理是否安全？

## 3.3 用内部审计的自我评估方法来选择审计项目

### 3.3.1 内部审计目标的三条线

内部审计目标的三条线如图 3-2 所示。

每到年底，企业老总常常会问我们：内部审计有什么新的思路啊？老总每年的问题都是相同的，但解决问题的方法却不是唯一的。

我们会告诉老总，我们有三条线：

图 3-2 内部审计目标的三条线

内部审计的底线是安全性，把资源流失的漏洞堵好。这就像我们持家过日子，门窗都没关好，勤俭持家有什么用呢？

内部审计的第二条线是合规性，这是我们的规范动作。构建企业"凡事有章可循、凡事有据可查，凡事有人负责，凡事有人监督"的制度环境，促进企业规范有序地运行。

内部审计的第三条线是创新性。这是我们的自选动作，也是我们的最高境界。帮助企业创造价值，提升企业竞争力。

这三条线不是内部审计的独创，它同样适应企业职能部门做计划的思路。比如，老总也问财务一个问题：明年的成本怎么降？财务的回答也是，"三条线啊，底线是看好门，中线是守好规，上线是创好效"。

"安全性、合规性、创新性"，这是管理的基本思路，无论什么项目，我们都用这种视角去观察，于是有了我们的三项审计：风险审计、内控审计、绩效审计。

### 3.3.2　内部审计资源投入的层面决定内部审计的层次

内部审计资源是有限的，投入的层面不同，效果就不同（见图 3-3）。

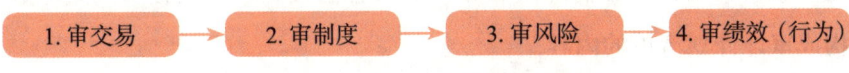

图 3-3　内部审计资源投入的层面

这是一个循序渐进的过程，后端层是对前端层的覆盖。

如果我们审计的技能仅限于财务的收支审计，那么，这是最原始、最传统的审计。随着财务共享中心的出现，财务的组织形式正在洗牌，只会审财务的内部审计意味着今后的路不会走太远。

因此，我们要审计制度，财务是执行制度的，但是所有的舞弊是绕过制度的。一笔交易看起来循规蹈矩，财务核销单据上的经办人、验收、主管签字也三证俱全，但是交易却是虚构的，显然这是一笔窝案。制度审计无法发现串通舞弊的窝案，因为它打破了内部控制相互制衡的底线。

所以，内部审计必须站在更高的层面去关注风险，尤其是人为的风险。企业的绩效是由人创造的，舞弊也是由人来实施的，所以，绩效审计、人的行为审计会把我们带进一个新的领域。

我们每一个审计项目并不是满足于一项单独业务从上至下的全面审核，而是通过审计，要确保我们在整个集团采取统一政策和程序，审计的成果是可以复制的。

### 3.3.3　编制一份审计清单，类似于中医的综合施治

我们通过上述工作，会形成一批审计推荐项目。这些项目分布在企业的信息系统、物流系统和资金系统中，它们是分散的、不成体系的。我们需要对这些项目进行一次再评估。

一个有效的方法，类似于中医的综合辨证论治，中医把人体的内在联系，疾病的发展变化规律联系起来，方能对症施治。

企业类似人的机理，采购、存货、仓储、物流、设计、制造、设备、材料、质量、安全、环境、产品开发、市场调研、定价与折扣、销售、代理商、订单处理、售后支持，它们之间有着密切的有机关联，我们分门别类地进行排序，构成审计计划清单的内容。

### 3.3.4　资产负债表的维度与关联，成就审计依据的数据库

企业的所有风险会聚集在资金链上，对资产负债表进行系统的审核，才能

构成一个完整的审计循环。我们无法穷尽资产负债表中的每一项内容背后的案例，数字是死的，情况是活的。我们通过关联信息链接，从现实管理过程中查找事情发生的真实原因，数据就会对我们发出声音。

比如"存货"中的备品备件，其形成的渠道有多少，流失的渠道就有多少。它的踪迹在哪里，它的信息量有多少，维度又有多少？

我们关联的时间维从备件的采购到报废，涉及备件的采购、使用、维护及寿命周期；空间维涉及备件从仓库领用到现场，构成哪套设备的部件、零件，我们锁定了备件的部位，就能精准管理；资源维涉及备件使用维护中耗用的材料、工时、资金；功能维涉及备件的管理和控制的活动（见图3-4）。

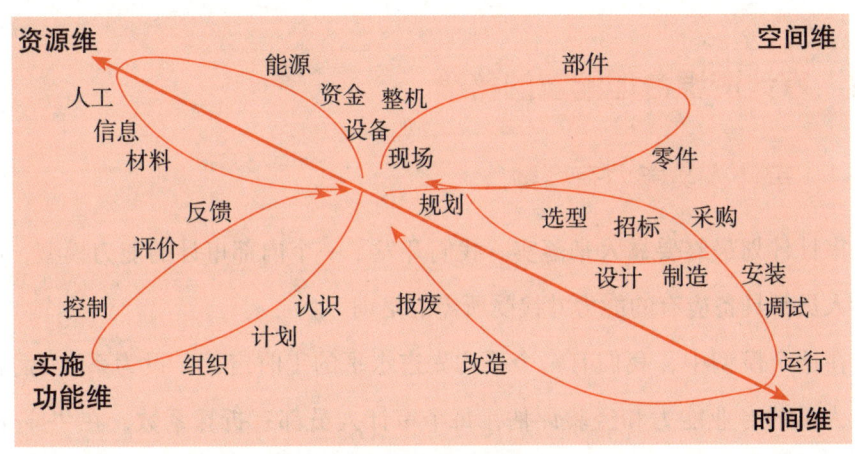

图 3-4　资产负债表的维度与关联

这种万物平衡、万事互联的思路，是我们发散思考的方向。我们按照这一思路绘制的各种关联图有益于启发我们的思维。

## 3.3.5　审计计划一盘棋，不与同行生"内耗"

企业设立了许多有职能"交集"的监管部门，内部审计在制订计划前，需要了解这些部门的年度计划，尽量不要让监管项目重叠、漏项。

我们往往会组织召开一次联席会，拿出我们的计划清单，让其他部门在我们的清单上对那些和它们重复的项目打叉。这样，我们在集团层面就进行了监管项目的整合优化。

我们并不担心我们的好项目"花落别家",我们可以在项目之间进行协调,也可以联手立项,共同在管理的接口部位开展系统审计,至少我们应该统一方向。

我们首先考虑的是在企业利润底线上增值的审计项目。

比如在项目审计中,我们可以和咨询机构签订派遣合同,在项目的关键环节取得"短、平、快"的效益。同时,企业效益好的时候,容易放松对应收账款的关注,放松采购返利的落地。我们实施的应收款审计和合同兑现审计,往往会有比较好的收获。

审计工作只有不断地开展新项目,发现新方向,才能不断地拓宽内审之路。

## 3.4 审计资源合理配置的秘籍

### 3.4.1 审计人员能力有系数

审计计划最终要靠人来落实。我们开发了一个内部审计的能力模型,确保审计人员都具备应有的能力并接受所需的培训。

在这个模型中,我们有一个平均先进水平的工时定额,设为系数1。根据审计人员的专业能力和经验评估,每个审计人员都有折算系数,在"1"的上下波动。

一个审计项目需要多少定额工时?我们会考虑:①项目本身的难度系数;②审计的范围和重点;③项目是白手起家还是有案例可循;④审计的环境、被审单位的配合度;⑤被审计单位的基础工作和数据质量。

我们根据以上因素计算出完成任务的总工时。总工时和审计系数进行匹配,形成审计小组的人员组成和审计时间。

### 3.4.2 信息技术带来审计计划的前所未有高效率

通过信息技术帮助我们配置审计资源,是审计计划创新的一部分。它将会给审计工作带来前所未有的高效率。

  MSP 在企业的许多项目包括审计项目管理中发挥着巨大的作用。它将先进的项目管理思想与信息技术完美结合，帮助审计主管落实审计计划，分配任务资源，跟踪进度，管理预算和分析工作量，规范审计项目管理的流程和增强执行效果。

  它可以让您一目了然地看到您的审计工作组成员的工作情况，让您在人员之间移动任务。您还可以查看和分配未分配的工作，查看过度分配问题，以及查看任务名称和资源名称，它们全部在一个高效的视图中进行。

  这让我们的计划管理和项目实施从未如此轻松。例如，如果某个资源被过度分配，只需将任务从一个资源拖动到另一个资源，过度分配即消失。它可以灵活地满足我们管理工作和人员的需要，不论是独立地管理审计项目，还是在小组、部门或组织中以项目组合的方式管理项目。它已成为世界上最受欢迎的项目管理软件。我们不必为此感到惊奇，它就是微软 Office 套餐的一部分。

## 3.5　编制内部审计规划

### 3.5.1　年度、月度计划大家有，三年、五年规划你行吗

  作为内部审计的负责人，你有审计事业的梦想吗？

  当企业正在规划三年、五年发展战略的时候，你在做什么？

  当你能充满信心地告诉老总："这是我们制定的三年、五年发展规划，我们要做中国内部审计的标杆，要进入世界一流的内审行列。"这时的你，一定是满满的正能量。在老总的眼里，你是一个能成就事业、成就老总，也成就自己的人，是一个能陪着企业和老总风雨同舟的"同行者"。

  在三年规划中，我们为自己的华丽转身设计蓝图：我们要成为中国内部审计领域的标杆，成为行业内受尊敬的职能部门。

### 3.5.2　三年规划怎么编？我们有范本

《内部审计工作 2016～2018 年三年发展规划》可分为以下几个部分。

**1. 总体目标**：在总体目标中，我们提出成为集团风险防范体系的建立者、集团管理咨询专家、集团管理人才培养基地。

**2. 职能定位**：在审计部门的职能及定位中体现审计的总体职能及具体职能分解。

**3. 规划内容**：三年规划的主要内容是将总目标分解为可操作、可量化、可评估的具体工作。如审计规划进入哪几个新的领域？是企业并购、研发，还是供应链？为企业创造多少利润？发现多少新的风险点？有多少项解决方案和建议被采纳？输送多少复合型的人才等。

**4. 规划依据**：在规划依据中体现部门的业务使命，集团发展要求，审计"人、法、技"的素质储备，以及环境与机遇对我们提供的支持条件。

**5. 现状分析**：在现状分析中要体现内部审计的机遇及优势，挑战和劣势。

**6. 线路图及保证体系**：实施总体目标应体现可行性。

**【案例】**

我们审计部提出 2016 年目标：成为公司诚信文化和价值观的保护者，风险防范的第三道坚固防线，集团董事会的第三只眼睛，事业部运营的得力助手，高级管理人才的培养基地。

具体目标是："1.2.3.4.5.9"，具体如下：

1. 发现新的风险点 1000 个。

2. 构建两个框架：集团风控框架、内部审计组织网络及专业胜任能力框架。

3. 重点聚焦 3 个领域：资金运营、海外公司、舞弊审计。

4. 创造 4000 万元经济效益：500 项解决方案和审计建议被审计对象采纳；审计计划完成率达到 90% 以上。

5. 为实现年度审计计划，提出了 5 个字的数字化保证措施："高、严、活、升、精"。

（1）**高**：崇高的理想和愿景，即两年之内进入中国内部审计标杆企业，五年之内进入世界一流行列。高工作标准：以中国内部审计准则为基础，对比国内外审计标杆，践行审计创新。

（2）**严**：严于律己，廉洁从审，恪守职业道德，树立公正廉明审计铁军形象；严谨细致，坚持"审计六不放过"原则，防范审计风险；执法必严，违法必究，从重打击违法乱纪、徇私舞弊及不诚信行为。

（3）**活**：通过完善审计人员胜任能力评估模型，完善公平、量化的绩效考核办法，制订十大领军人才培养计划，建立一人一档员工职业发展规划等举措，激发全员活力，打造一支锐意进取、有激情、高水平、专业化的审计队伍。

（4）**升**：培养精一门、通两门、会三门的复合型审计人才；加大"走出去"对外交流力度；全面推进大数据审计，大幅提升审计能力与效率，实现审计成果转换及企业文化的提升。

（5）**精**：以风险管理、价值创造为导向，以资金活动为主线，以流程为基础，创新审计技术方法与手段，精益求精开展各项审计工作，实现审计价值的最大化。

我们具体的措施保证如下：

**1. 建立自动预警指标体系**：及时识别公司面临的风险并采取行动，成为最了解企业、最能给企业带来管理解决方案、业务部门愿意信赖并交付审计任务的部门。

**2. 搭建审计体系**：整合集团审计资源，对各事业部成立的审计部进行指导及培训，搭建集团风险防控网。

**3. 创新审计手段**：积极探讨先进的审计技术与方法，努力探索信息化环境下新的审计方式，促进提高审计工作效率和质量。

**4. 营造风控文化**：在公司倡导风险及内控文化，对各级干部、新入司员工及代理商开展风险管理及内控的培训。

**5. 打造风控产品**：梳理关键业务流程，通过产、销、研的整合提高学习力，打造增值产品和人才。

**6. 加大审计共建力度**：总结最佳实践经验，挖掘企业管理潜力，将研究成果向管理层及业务部门推广，促进企业的自我完善。

## 3.6 审计计划实施前的准备

### 3.6.1 沟通：为高管层量身编制小册子

被审计单位的管理层看到审计计划时往往担心，人们会利用审计发现的问题来伤害自己。这种观念一定要纠正。否则审计对象就不愿意以坦诚、开放的心态来讨论他们存在的控制缺陷，更不愿意主动揭示本单位潜在的控制问题，以防受到处罚。

计划下达后，审计进点前的沟通十分重要。我们鼓励被审计单位自我评估内部控制，主动的自我保健需求是组织健康可持续发展的动因。如果这种自我评估的流程建立在管理者与内部审计互相支持的基础上，管理者就会感受到内部审计是他们的合作伙伴。

我们为高管层量身编制的小册子《我愿做您的经济良医：体检在即，您做好准备了吗？》，成为我们审计计划中一项广受欢迎的副产品。管理层认同这是我们计划过程的一部分。

小册子的主要内容，围绕被审计单位"领导关注的重点、管理出现的难点、员工热议的焦点"定制的审计方案包含：什么是内部审计，建立审计部门的原因，审计职责，程序导航，风险地图，本次审计的目标，审计团队"名医如云"的阵容，我们的承诺，您如何为审计做好准备。

小册子的首页是审计部长致高管的一封信，这是一个营销审计的过程，因为本质上来说，它是让别人"购买"你的理念。

## 3.6.2 下达审计计划通知书

让我们以 A 集团公司下发内部审计项目总体计划的通知为例进行介绍。

公司各直属单位：

经公司审计委员会批准，现将二〇××年内部审计项目总体计划（附表一）下发给你们，请认真执行，并将有关事宜通知如下：

一、内部审计项目总体计划是内部审计工作有效进行的依据，也是与被审计单位之间加强沟通，使内部审计工作得到各方面支持，充分发挥内部审计确认与咨询作用的有效措施。各单位应按照公司××号《A 集团公司内部审计工作规定》要求，提供有关材料和工作条件，协助审计人员工作。并按照××号《严格落实审计意见规定》要求，落实审计意见。

二、本次颁布的总体规划系公司直接审计的项目。审计部接受临时委托开展的专项审计及联合审计暂不包括在本通知范围内，将根据工作情况调整。审计部应保质保量完成总体计划，在审计任务重及审计力量不足的情况下，可委托给经过资质认定的社会审计组织审计。未按本通知要求完成审计项目时，应向审计委员会说明理由。

三、实施审计前，审计部将提前一周书面通知被审单位和被审计人。被审计人在审计期间无重大事宜，一般不得外出，确需请假，须专题报公司批准。

四、在审计过程中，审计部将及时征求被审单位意见，落实项目的具体计划及工作方案。共同分析存在的问题和潜在影响，提出改进措施，协助管理有效履行职责。

五、以上工作纳入经济责任制考核。

六、本文解释权属公司审计部（联系电话：××××××××）。

A 集团公司<br/>×年×月×日

## 3.7 内部审计登高谋略四级跃

战略就是谋略。内部审计战略决定企业集团内部审计的发展方向，是内部审计生存和发展的核心内容。

我们审计常常被外界贴上各种褒贬不一的标签。我们欣赏这些标签，它是我们成长过程的记录。我们相信只有做好自己，苦练内功，才能赢得外界的尊重。

我们心中有自己的标签，我们要成为一个什么样的角色呢？以下是我们反复讨论的结果：真实信息的拥有者；企业资产的守门者；风险识别的预警者；管理方案的咨询者；企业利润的创造者；部门战略的同行者；风控体系的构建者；企业文化的传播者；人力资源的输送者；企业变革的促导者。对于这些角色，我们在本书中原汁原味和盘托出，渴望抛砖引玉。

这些角色如何落地？它应该是我们脚踏实地地去选择、实施每一个具体的审计项目。

在国际上内部审计虽然已经成为全球公认的职业，但是，内部审计并不是企业机构设置中必然的定式。企业通常存在着与内部审计职能有交集地带的各类监管组织，如纪委、监察、监事会、财务、各类巡视、督办、检查机构……。

审计人员有时会觉得许多重复性工作枯燥无味到极点，可是我们却不能放弃这些工作，因为我们要以此为生。那么，我们为什么不去尝试把工作换个模样呢？如果我们能把内部审计注入生命的活力，我们一定会感到快乐和有吸引力。做审计，心理准备不同，结果也一定不同。

我们最怕没有方向。内部审计是产品，我们的想法和做法是让内部审计这一产品体现竞争性优势：人无我有，人有我优，人优我特。

这就是我们正在探索、尝试的内部审计四级登高谋略（见图3-5）。

信息时代，内部审计不再是"单打独斗闯天下"的年代，而是"资源整合定成败"的年代。

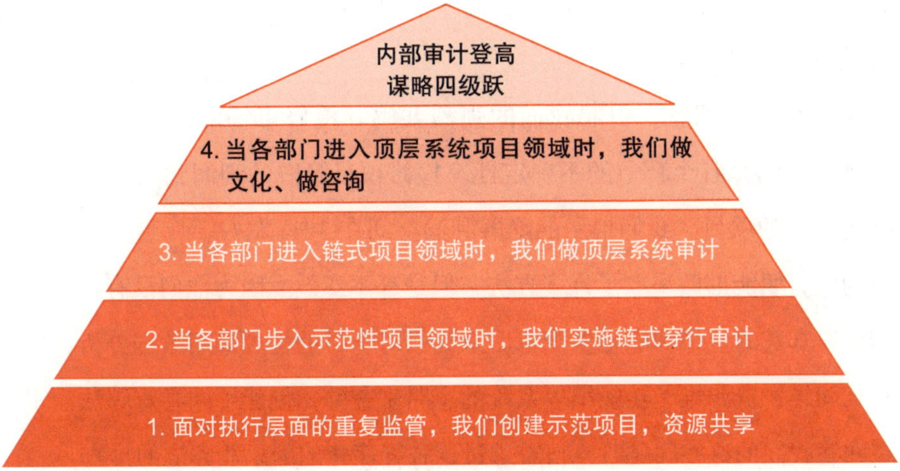

```
        内部审计登高
         谋略四级跃
    4. 当各部门进入顶层系统项目领域时，我们做
           文化、做咨询
   3. 当各部门进入链式项目领域时，我们做顶层系统审计
  2. 当各部门步入示范性项目领域时，我们实施链式穿行审计
 1. 面对执行层面的重复监管，我们创建示范项目，资源共享
```

图 3-5　内部审计登高谋略四级跃

我们设计"登高谋略四级跃"的初衷是整合企业监管资源。其内涵是：

①当企业内部众多监管部门都在执行层面履行职责的时候，我们把执行层面的工作做出示范，资源共享。

②当大家也做出示范性项目的时候，我们把这些项目联结起来，形成链式的审计。

③当大家的工作也形成链式格局的时候，我们把链条关联起来做系统设计。

④当大家在系统层面履行职责的时候，我们把触角渗透到企业文化和咨询服务领域。

## 3.7.1　面对执行层面的重复监管，我们创建示范项目，资源共享

一个共性的案例是企业的检修项目审计。纪委查，监事会查，督办查，我们审计也查，的确是一个麻烦的问题。

我们曾经到一家跨国公司的内部审计部门做访问。这家企业的 ERP 系统非常成功，内部审计拥有信息系统审计的特别授权。我们向他们咨询，在海量的信息中，你们最关注那个板块？他们回答："我们最关注检修计划的板块。"

如果有访客在这个板块上连续点击两次，我们就会付出职业谨慎，连续点击三次，我们就会去执行审计调查，这是一个最容易出问题的领域，尤其是抢修，会搅乱原有的制度和程序。

这位部长的回答，引起我们的强烈共鸣。检修市场乱，乱在从立项、定价、施工、结算各个环节的不确定性。检修项目隐匿的利润到底有多少？尤其是转包挂靠的项目，我们揭示的隐匿利润空间在30%左右。

为此，职能部门采取了许多方法，但是都不奏效。因为他们没有找到问题的症结——真实的价格到底是多少？后来我们对项目的构成采用数据分析，用时间维、空间维、资源维、功能维等系统的思路来查弊，创建了问卷查弊法。审计对象在回答我们的这些问题时，很难逃过这种程序化的因果业务链的排查。

问卷查弊法成了我们审计检修项目的撒手锏，我们把审计成果向其他的事业部或子分公司复制，迅速地转化为生产力。

### 3.7.2　当各部门步入示范性项目领域时，我们实施链式穿行审计

往来挂账的审计，一直是企业财务管理的短板。"往来是个筐，啥都可以装"，涉及业务性质方方面面：产、供、销、人、财、物。

我们把资金链上的风控点关联起来，梳理出利益输送等八类挂账的规律和征兆，从而梳理出隐匿在信息孤岛中的企业利润。例如：利益输送隐藏的无对应关系的单方挂账；不负责任，不问业务性质，不做前期检索的随意性挂账；掩盖差错的应急性挂账；疏于把关的责权脱钩挂账；分散、零乱性挂账；笼统性挂账；舞弊运作类挂账；休眠性挂账。

往来就是关联。我们懂得关联，孤立的事件就会越来越少，审计的效率就会越来越高。

### 3.7.3　当各部门进入链式项目领域时，我们做顶层系统审计

企业需要能提供解决方案的内部审计。

单一的价格博弈和审计必须抛弃，它对降低采购成本的贡献十分有限。这是新的商业模式对传统商务的挑战。

我们审计部在钢材供应链审计中探索新的商务审计模式，更加注重生产厂商、材料供应商、技术开发商、品牌代理商和产品经销商之间的协同效应分析，探索如何通过分工协作，优势互补，实现共赢。

审计部在研发标准化，合同的技术条款、规模采购、信息商情、检验计量、精益生产、物流、新的商业模式、市场互换、资金支付条件等16个环节，向供应链要效益。

在研发环节，审计部把产钢企业的研发人员带进自己用钢企业的研究院，将产钢标准和用钢标准对接，运用数据分析锁定企业主要用钢的规格和品种，一举减少300多个钢种。这意味着减少了300多个钢种的采购、库存及加工磨具，更重要的是减少了300多品种后面的你懂得的交易关系，一举创效数千万元。

### 3.7.4 当各部门进入顶层系统项目领域时，我们做文化，做咨询

传统管理往往用单体公司的管控手段去管控母子公司，把那种适用于一眼望到底的环境里适用的条线式直接管理的手法，照搬来搞母子公司管控，会带来许多问题。

不同地域、不同模式、不同文化的集团母子公司之间、子公司间的沟通与互动日趋复杂。我们认为：管控的模式、框架、流程、制度只是方法和工具，是基础，并非成功的必然。沉淀在有效管控深层的并不是成文的法规，而是各子公司对管控机制的认同，是企业文化的融合。

我们有一个特大型企业拟被重组，重组企业的老总更关心控股企业的企业文化和控制环境。在最后一次省里组织的重组论证会上，一位担任评审专家的省财厅领导告诉这位老总：我鼓励你们进入这个企业，这个企业有一支优秀的

审计团队,可以帮你把内控完善起来,把你的队伍好好带一下。老总听到这个信息非常高兴,犹如吃了一颗定心丸,重组方案通过了。后来,老总与控股企业形成了一项不成文的约定:邀请我们的审计部长每年来重组企业讲一课,老总亲自主持,这一讲就是八年。

我们欣然发现,企业重组为内部审计提供了一个极好的施展才干的舞台。

内部审计用自己的作为,在集团公司和重组企业之间建立起汇报链,促进信息互通机制,使集团管控在重组企业中形成快速响应的格局,提高了管控的执行力。

我们在集团管控中,通过对资源集聚、制度设计、供应链优化、权责安排、关联交易进行体系性的风险梳理,让重组企业共享管理效能;通过提炼企业内外的先进文化和苦练内功的管理举措,凝聚了人心、智慧和力量。

我们组织攻关的课题《大型企业集团管控体系建设》,成为由行业协会向国内推广的企业现代化管理成果。在"剧变"的市场环境中,内部审计成为企业的一座智库。

我们将企业文化影响到外界,将我们创新的审计理念影响到周围。我们帮助我们的供应商、客户以及利益相关方取得成功。我们用审计产品换市场,用审计资源换效益的成功案例层出不穷。

内部审计做文化、做咨询的舞台,没有最大,只有更大。

这就是我们正在探索、尝试的内部审计四级登高谋略。

# 第 4 章

# 借势借力借东风

在传统的审计方案中，如果我们没有审计人员，也没有与审计项目匹配的专业技术，又不懂 IT，那么，我们就可能寸步难行。但是今天不同了，我们只要有思路，有链接内外部资源的路径，有沟通的能力，善于借势借力，我们就可以做出一个很成功的审计项目，即使我们没有人力资源，也没有细化的方案，我们也一样可以审计！

我们最重要的能力就是学会借力、借势、借东风。

## 4.1　金墉出任世界银行行长的启示

2012 年，奥巴马任命金墉担任世界银行行长。金墉只有医学背景，没有任何金融背景，他甚至不知道对冲基金是怎么回事。

那为什么任命他？原因就是他长期在拉美一带的贫困地区开展防治肺结核和艾滋病的医疗活动，他见证了贫穷的国度和穷人置身贫困和疾病中的挣扎，他最清楚金融资源应该如何配置，如何帮助穷人。至于金融专业知识，只是为其服务的工具而已。

一个有效的管理者，他的注意力不会为其本身的专长所限，不为其本身的技术所限，不为其本身所属的部门所限。他的视野是跨界的。

这个故事带给审计人员哪些启示呢？

如果我们审计人员只有一种专长，那么我们往往只有一次发挥专长的机会。但是，如果我们审计人员有沟通链接的能力，那么，我们就能够挖掘外部无尽的资源为我所用。我们仅依靠一己之力去单打独斗是远远不够的，学会借势借力才能解决有限的审计资源和无限的审计需求之间的矛盾。

那我们应该怎样挖掘外部资源呢？下面我们将从"借技术、借方案"开始，为大家逐一阐述。

第 4 章 借势借力借东风　89

## 4.2 借技术，借方案

我们审计常常应邀参加各类决策项目的论证，这些项目我们可能十分陌生，更无法表达审计意见，我们只能选择默默无语。这是一件多么尴尬的事情，这时候，我们多么需要有人指点，哪怕给我们递上一个小纸条呢！可惜一纸难求。

一个审计项目布置下来，审计人员要做的第一件事是制定审计方案。这时候，我们多么需要身边出现一位良师益友来帮助我们梳理出全部的风险点啊，可惜良师难觅。

因此，我们希望能给广大审计同行提供一个可以随身携带的智库，一个动动手指就能找到的良师益友。

### 4.2.1　主编《建设项目内部审计指南》的启发

我们主编了《建设项目内部审计指南》，它在我们求知若渴的期盼中来到了我们审计人员的身边，这是用实战工作者的语言写成的，共同的语言让我们彼此相通。

### 《工程项目内部审计指南》的意义

首先，它是执行内控应用指引的依据，是连接国家部委制定的内控指引《企业内部控制应用指引第 11 号——工程项目》、中国内部审计协会颁布的《内部审计实务指南第 1 号——建设项目内部审计》与企业具体运作方案的桥梁纽带；其次，它是为企业量身定做具体审计方案的知识资源，是向审计对象提出审计内容、发表内控报告或审计报告的智库。它的意义在于当审计人员身临一个陌生的领域，仍旧让我们发言的语言半径很"靠谱"。为什么呢？因为《指南》中的内容应有尽有，审计人员需要做的，只是按照自己的需求去打钩。

最后，它是接受外部审计和评价的实力储备，是将管理成果转化为生产力的社会效益和经济效益，也是我们审计人员名利双收的福利。

我们知道，建设项目审计，一直是内部审计的短板。但却是内外审计最容易出成果的短平快项目。我们编写的指南按照建设项目的程序，从决策、设计、招标、采购、施工、竣工、结算，到后评估等 12 个环节，每一个环节分为定义、流程图、审计依据、重要关注点、具体检查内容、方法和案例七个方面。它以问题回答式的逻辑思路引导审计人员去寻找项目中的风险点及管理缺陷，将检查的技术和方法融入其中，这使得审计人员犹如找到一位手把手进行零距离指导的老师。我们将把其中的一个环节介绍给大家。

编写《指南》的初衷，是我们在建设项目审计中遇到了困难。而《指南》编成后，则成了审计人员速成的入门指引，拿来即可使用。这种利用一己之力就可以全部分享的方式，就叫作"借技术、借方案"。当然，如果您觉得我们提供的《指南》不够全面，或者您还有其他细节上的需求，也可以在这个基础上引进、吸收、消化，进而再创作，形成为自己量身定做的审计指南。

然而，有的读者会说，我们不做建设项目审计！但是，我们要告诉您，不涉足项目审计的审计人，您的阅历是不完整的。您可能会认为这套指南对您隔行如隔山，其实不然。项目审计和常规审计是"隔行不隔理"。在您的非建设项目审计工作过程中，也一定会遇到陌生的领域，比如如何参加招投标、如何参加采购审计或签订合同等，这部指南就是您的帮手。您还可以参照我们的方法，在做完审计项目之后就将经验固化下来，最终形成一个适应自己企业的审计应用指南，以后就无须再去从头摸索了，这叫作重复的事情固定做。

【案例】

**建设项目审计指南（节选）**

### 一、建设项目决策环节应重点关注的内容

**1. 项目风险方面**

关注导致项目失败的决策失误风险、决策程序失控风险及决策依据失真的风险。

**2. 内部控制方面**

关注有无健全的决策管理程序及内部控制制度，决策过程是否规范，制度是否有效执行。

如何考虑本环节的内部控制在整个控制体系中与其他环节的链接，当系统内外发生变化时，信息反馈是如何组织的，有无对策措施。

**3. 绩效评价方面**

（1）正确处理市场研究、技术研究和效益研究的关系，建立风险预警体系。通过对市场风险、资源风险、技术风险、环保风险、工程风险、资金风险和其他风险的识别和预警，降低决策风险。

（2）正确处理决策科学化与监督制度化的关系。

（3）正确处理提高核心竞争力与规模扩张的关系。

（4）正确处理引进设备水平与设备国产化的关系。

### 二、具体控制点及检查内容

**1. 决策程序**

（1）检查决策程序的民主化、科学化，评价决策方案是否经过分析、选

择、实施、控制等过程。

（2）检查决策是否符合产业规划及企业发展战略、以提高产品核心竞争能力为宗旨。

（3）检查委托进行可行性研究或论证的专业机构或专家准入条件，检查是否制定了专业机构的选择标准，重点关注其专业资质、业绩和声誉；检查专家的专业结构、资格、素质、相关业务经验等。

（4）检查决策中"三重一大"执行情况，评审组的决策机制不能简单采用"少数服从多数"原则，而要充分兼顾项目投资、质量、进度各方面的不同意见；项目评审应实行问责制，评审组成员要对其出具的评审意见承担责任。

（5）检查工程项目立项后、正式施工前，建设单位是否依法取得建设用地、城市规划、环境保护、安全、施工等方面的许可。

### 2. 可行性研究前期工作

（1）检查是否具备经批准的项目建议书。

（2）检查是否对市场需求、资源的开发利用等进行调查研究，建厂调查报告是否经过充分论证；等等。

### 3. 可行性研究报告内容

（1）检查可行性研究报告是否具备国家发展计划委员会发布的《投资项目可行性研究指南》规定的报告内容。

（2）检查可行性研究的主要目标

……

（3）可行性研究报告的科学性

检查投资方案、投资规模、生产规模、布局选址、技术、设备、环保等方面的资料数据来源和取得途径是否可靠、真实、完整……

（4）可行性研究报告的真实性

检查市场调查及市场预测中的数据获取方式及取得途径的真实性、充分性、合理性。

检查成本、财务估算中成本项目是否完整，数据是否出自财务的实际值，对历史价格、实际价格、内部价格及成本水平的真实性进行实质性测试；……

（5）可行性研究报告的可行性……

可行性研究报告投资估算和资金筹措……

（6）可行性研究报告财务评价……

**三、审计采用的主要方法介绍**

……

我们成功地运用这部指南，让审计人员实现项目审计的速成。这部指南也成为中国内审协会和财政部在行业内推介的标杆。而在此之前，这部可操作性强、不为外界所知悉、能为项目带来效益的读本曾被认定为企业商业秘密。

## 4.2.2 联合会诊

您有没有遇见过，明明问题的风险已经出现，但是人人都不愿意面对，不愿意揭示问题所在？

您有没有遇见过，面对审计暴露出来的问题，尤其是涉及多个部门的时候，各个部门都在推诿，都不愿意承担自己的责任？

您有没有遇见过，面对审计提出的建议，当事人都持保留态度，不愿意主动改善？

如果有，请您继续往下看，我们来为您提供一种解决之道，即联合会诊法。

联合会诊法是指由内部审计机构牵头，组织各责任单位和部门共同对被审计项目的控制缺陷进行剖析，明确各单位、各部门的管理职责，并针对所反映出的问题，共同商讨解决问题的办法。

其实，趋利避害乃是人之本性，大多数人会认为揭示问题对其而言是一种伤害，因而不愿意主动去揭露问题所在，这就好像一个病人保护他的隐私一样。

然而，我们为什么不可以让大家跳出这个圈子，站在各个专家的角度仁者见仁、智者见智地讨论问题呢？于是，我们就进行了这样的尝试。一个审计报告出来了，暴露出来的问题涉及很多部门，此时，我们把这些部门的负责人员请到审计部来，向其表示，"我们向你们讨教一个问题！"利用各个专家的智慧诊断审计报告，并为审计报告中提及的问题找到更好的审计建议。这就是联合会诊法。

要知道，审计并不仅仅是去查结果，处罚责任人，更多的是要拿出解决方案。然而，仅靠审计人员的经验和智慧是很难提出完美的解决方案的，解铃还须系铃人，真正的解决方法还是来自于当局者。

当然，当众位专家齐聚一堂时，必须要确立一个宗旨——只说自己的问题，只提建设化的建议。这样，在此基础上形成的审计报告就是无懈可击的，是大家都认同的，审计风险也是较小的，效率是最高的。这，就是审计的成效。

【案例】

## 兵马未到、审计先行的例子——一次厂容审计的联合会审

某部委要在我们的 A 企业召开"创办花园式工厂"现场会。选择 A 企业，本身就是一种荣耀。工厂花园化，就是要求所有的办公楼要干净整洁，工程绿化面积要达到国家标准。然而 A 企业准备时间严重不足，距离会议召开时间只剩下一个月了！

A 企业在收到通知的当天下午立即召开了一个各单位一把手参加的紧急动员会。会上领导要求："因时间所限，要打破常规的招标方式！每个厂各自承包自己的区域，'各扫门前雪'，务必达到国家规定的标准。"

结果会一开完，厂长还没回到办公室，各厂施工队就把厂长办公室的门围住了，纷纷抢活干，"这部分工程给我干"，"那部分给我干！"有的施工队根本不跟厂长商量，说："对不起，你这部分工程肯定要干，我不在这用嘴抢，我先把脚手架搭上去！先下手为强啊！"场面一下子就乱套了。

此时，是真的谁也管不了谁了！这种突发性的任务呈现出一种无序的井喷。然而，这些工程最后价格到底怎么算呢？各个部门都没辙了，你不管、我也不管了，可以说，照此开工，最后各个部门都会失控，谁也管不了了！然而，最后的失误，各个部门都会被追究责任的！这可怎么办呢？

A 企业首先想到了审计部，相信这块"烫手的砖"审计部一定有办法。审计部立刻召开了一个联合会诊会，把牵涉到的有关部门负责人都找来，共同制定方案。比如：工作量怎么确认？怎样保证公司既要达到工期短、质量好，又能实现投资省等等。

最终，大家约法三章。

第一，每一个进点的施工队，不管是谁抢上了，都要记录下来自己所有的工作量，因为结算时审计部要连同其他部门进行地毯式的验收。

第二，施工队在确认自己的工作量时，要提供市场价格或以前做的项目的价格来对比，如果发现弄虚作假的情况，我们要从重处罚！

第三，确定 A 部门负责工程项目中间的监管，B 部门负责核定工作量，C 部门负责定价，对于涉及的共同问题制定相应的解决流程等。

如此一来，责任明确、规定明确、分工明确。当一个项目在各个点同时铺开的时候，审计就有了对各个点的工程造价进行对比的优势，还有那些没有抢到工程的承包商会出来"搅局"，一封封举报信为审计人员指点工程舞弊的"迷津"。这次项目最后的结算费用竟然比以前常规的同类项目还省下了 30%，1200 万元的工程款。公司的副总兴奋地赞扬道："这真是叫作兵马未到、审计先行！"

## 4.3 借人

审计部门是不是常常会觉得任务繁重却总是人手不足？在这里，我们为您提供几种方法来缓解这个矛盾。

### 4.3.1 特邀审计师制度

请记住奥巴马任命金墉担任世界银行行长的故事。任何技术和方法，都是为我们所用的工具而已。

在对生产、技术等专业领域进行审计过程中，我们借助内外部专家或相关部门的专业技术支持和帮助，是内部审计提高效率的方法。

我们创立了特邀审计师制度。起初是通过行政的手段，抽调企业生产技术、经营管理、产品研发等方面的专家参与审计，既可以弥补审计人员在生产、技术专业知识方面的不足，又可以提高审计效率，使审计结论更贴近专业实际。

这一工作刚刚启动时并不顺利，原因来自非审人员对审计专业的陌生和偏见。但是当这些特邀审计师进入角色之后，发现审计舞台之大、经验获取渠道之宽、隔行不隔理的思路之活、帮助企业解决问题的成就感之优越，这些感受带给他们的惊喜是始料不及的。随着时间的推移，就从刚开始的企业"要我来"，变成"我要来"，"不愿再离开"。

**将审计部转变成培养精英的摇篮**

美国通用电气公司（GE）总裁韦尔奇，在他的自传中，无不自豪地写道："现在我们的审计人员也成了业务部门的支持者，而不再是公司里的警察。对我们来说，审计部门的角色转变是一大胜利，是一个非常重要的事件。审计人员从带着绿色眼罩的'抓住你了'的角色，变成业务部门的伙伴，他们改变的不仅是自己的所作所为，也改变了自己的未来。如果没有这些年轻的明星团队的热情领导和支持，我们的三个关键计划——服务、"六西格玛"及电子商务就不会有今天这样大的成就。我们的丹尼斯将一个审计控制导向的财务系统转变成了一所培养管理精英的优秀学校。审计部门的三个前负责人都已经成为GE的大明星。"

国内许多企业家去美国学习的时候，都会到GE公司所在的克劳顿村去学习内部审计，他们的审计已经成为一个向外界推荐的产品，他们有500名审计人员，凡是要被提拔的干部都要到审计部工作一段时间，才能够有提拔的准入证，所以 GE 审计部成了一所培养精英的学校。

【案例】

### 借助特邀审计师开展工作

某企业在对其核心产品 G 钢进行同级审计中，其审计对象就是 G 钢管理部。这个部门作为专门负责 G 钢生产技术、产品质量、研发管理以及国家 G 钢技术标准制定的管理部门，具有工艺复杂、技术性强、管理严、保密性强的特点。

但是该如何审呢？用什么标准审？没有现成的方法可循。

为打开审计局面，审计小组运用专家引导法（如图 4-1 所示），邀请 G 钢专家讲授了 G 钢生产、技术等方面的专业知识，介绍了管理流程、管理模式等，同时还着重介绍了国家相关产业发展政策，国内外先进企业的产能规模、产品种类、技术水平及管理方法，对审计人员进行了专业知识"速成培训"，为顺利开展同级审计工作打下了基础。

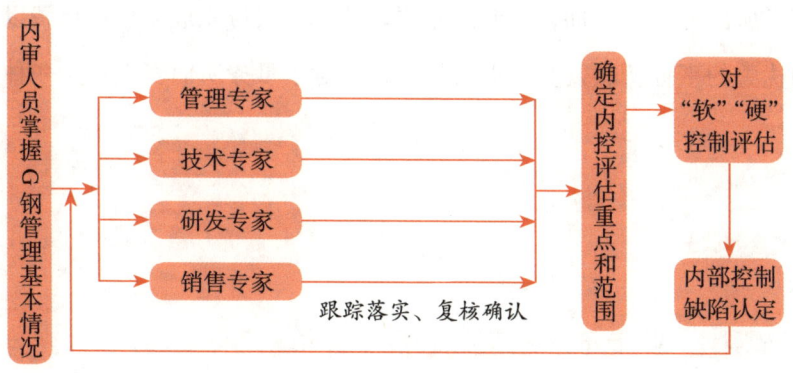

图 4-1 专家引导法

## 4.3.2 借虚拟项目团队

内部审计在执行上级安排的突击项目时，有时需要覆盖企业的各个子公司、分公司。此时，仅依靠审计人员的力量是根本无法按时完成的，这该怎么办呢？

其实，一个很好的方法就是借调下级公司的审计和财务专业人员，组建虚拟项目团队。例如：可在下级审计部门组成项目组，在审计中指导基层审计人员提升技能，实施学以致用的"以审代培"。集团审计部组织在集团内实施某项专题审计时，也可借调分公司财务总监等专业人员，搭配专业审计人员，组建临时审计小组，实施交叉审计。

这种方式，不仅解决了有限的审计资源和无限的审计需求之间的矛盾，而且在审计过程中还可以学习同行的亮点，寻找标杆。

但需注意的是，毕竟有些借调的人员并非审计专业人员，因此在实施审计项目时，还应当统一模板、底稿以及报告形式，否则，大家各说各话的结果就无法出具一份脉络清晰的审计报告。

### 4.3.3 借事务所的专业人员

有时候，借助外部专业人员的力量也不失为一种好的方法。比如，挑选会计师事务所的专业人士加入企业的专项审计。在项目完成支付审计费以后，还可以为优秀的事务所颁发奖状以资鼓励，这对于事务所而言，可是一种莫大的鼓励哦！

## 4.4 借势法

### 4.4.1 震撼企业上下的职工代表民主评价机制

一个最新的案例，发生在兖矿审计部。兖矿新班子上任伊始，第一份问卷就是面对错综复杂的采购利益链久攻不下，价格居高不下，建设项目失败案例比比皆是，职工群众反映强烈，出现越级上访和群访的问题，怎么办？

阳光是最好的杀虫剂，公开是最好的防腐剂，要彻底解决采购"黑洞"，最根本的就是搭建公开、公平、公正的民主评价监督平台，让广大职工群众充分享有管理的知情权、监督权、处理权，用民主和监督两把利剑，助推企业"强管理、堵漏洞、降成本、增效益"。

集团成立由审计风险部牵头组织的调研组。集团公司工会从全公司职工代表中筛选出113名政治觉悟高、专业水平强的职工代表组成监督评价团。调研组的职责是选取调研项目，根据调研结果筛选和确定评价项目。调研项目来自职工群众反映强烈的热点问题、公司领导提出的重点问题、纪检监察部门移交的问题、审计发现的问题、随机抽取的问题等。

评价组的职责是针对调研组确定的评价项目，从职工代表监督评价团成员中抽取不少于25名职工代表评委实施评价。评价邀请的列席及旁听人员包括集团公司班子成员、机关各部室、各专业公司及基层单位负责物资采购、生产经营、建设项目管理的领导、关键岗位人员及被评价单位相关人员。集团公司新闻中心负责全程录像。

评价会上，评委通过听取被评价人陈述和自己掌握的情况进行质疑提问。问答结束后由职工代表当场在评价表上做出"满意"或"不满意"评价，"满意"超过三分之二以上，视为"通过"，达不到三分之二视为"未通过"，启动调查问责。

兖矿建立了民主评价的系列制度和激励机制，为实现集团公司健康发展积蓄了潜能，一批不作为乱作为者被追责，清理中间供应商5600多家，采购价格同比降低15%，当年节支1.2亿元，从而树立了正气、稳住了人心，在国内引起强烈反响。

调研组和评价团，成为内部审计的联盟军，是最好的千里眼和顺风耳。

## 4.4.2 风险调查显威力

为了找准管理的重点和难点，我们可以在企业范围内开展审计风险问卷调查。

风险问卷调查，我们收获的是来自决策层的"宗旨"和来自执行层面的"民意"，这是我们的"靠山"。（具体内容详见第 3 章）

### 4.4.3　借势咨询机构

许多企业曾聘用咨询机构达成某项目的，麦肯锡毫无疑问是业界的龙头老大。但是，对于咨询机构的作用，其实众说纷纭。

支持的一方说：外来的和尚好念经！内部人不愿意捅破窗户纸，不妨让中介机构去发声。他们发表的意见往往是内部披露的真相，成果可以共享。

反对的一方说：咨询机构就是花了大价钱，请他来说我自己做的事儿！而且在说了以后也无法真正地解决问题！

然而，我们认为，固然咨询机构有这样或那样的局限性，但是它仍然能够成为我们掌握线索的一个渠道。有些核心问题，关键人员可能碍于各种各样的原因不愿意与内部人员说，却愿意向第三方中介机构坦露。此外，专业的咨询机构毕竟见多识广，能够给企业带来一些新的思想。

总而言之，审计要学会利用咨询机构资源，尤其在触及一些利益的潜规则时，咨询机构可以提供线索，而内部审计则可以据此将它落地查清楚。

另外，在遇到专业性较强的审计项目但内审人员人手不足时，审计部门也可以借助会计师事务所的力量。由审计部牵头，就像挑选名医一样选择在某领域较为擅长的事务所和项目经理执行专项审计。

在实施工程结算审计时，审计部还可以寻找一个事务所审计前一个事务所的审计结论。但需要注意的是，此种审计应在合同里对相关条款进行约定，避免法律纠纷。

### 4.4.4　借力互联网

审计人员常常会抱怨，收集整理审计信息浪费了太多的时间，甚至远远超过发现审计问题所耗用的时间。如果有个软件能够收集审计所需要的全部信息，只需手指一点就可以全部获取，那该有多好！

当审计遇上了互联网，云审计将极大地提升项目审计的效率！

什么是云审计？

它是云计算和审计相结合的产物。该平台可以提供服务于审计工作的相关硬件和程序，实现审计数据的云储存和审计资源的协同共享。

由于第三方云平台可以通过网络与被审计单位的信息进行协同，所以可以为企业的资产、物证等资源贴上电子标签，将审计专用设备连接到云审计平台，通过物联网对被审计单位的实物信息进行实时跟踪，实现审计数据的及时共享。

审计部门只需支付一定的费用就可以享用云平台技术下提供的专业审计技术和资料，而审计人员唯一需要关注的就是审计任务本身——如何更专注于信息的分析和报告，再也不用为技术方面的问题而烦恼。

**尽职调查用到互联网**

一个企业在营运过程中，要和许多合作者打交道。一个企业在成长过程中，它的战略伙伴（特别是跨国公司）可能是几百家。面对如此庞大的公司数量，你要如何做到知根知底呢？要知道，很多骗局是非常难以识别的，背景不查要遭殃！

尽职调查，通常会是首选。曾经，我们某企业准备进入一个新兴领域，为了选择合作的供应商，审计人员简直是通宵达旦地走工厂，做调查，苦不堪言！

然而现在，互联网时代为我们提供了更加便利的方式，某信用网站可以供我们随时随地地查到合作伙伴的债权债务状况、注销、开立情况，经营状况，主要负责人的名单等，甚至可以查到其在资本市场上的运作情况、是否受到了监管处罚、是否有尚未了结的诉讼、土地的产权的归属情况等。如此一来，大大地减少了我们取证的范围。

互联网会让我们"无本万利"，不到网上去检索，就是工作效率的损失。

【资料】

### 一、主体信息查询

▶ **国家工商总局"全国企业信用信息公示系统"**

网址：http://gsxt.saic.gov.cn/

2014年3月1日正式运行，目前已经能查询全部范围内任一家企业的工商登记基本信息，具体包括公司注册号、法定代表人、类型、注册资本、成立日期、住所地、营业期限、经营范围、登记机关、经营状态、投资人信息、公司主要备案的高管人员名单、分支机构、清算信息、行政处罚信息等。

▶ **全国组织机构代码管理中心**

网址：http://www.nacao.org.cn/

该网可以查询全国范围内所有领取有组织机构代码证的信息，显示与实体组织机构代码证完全一致。这个网站居然可以打印组织机构代码证的扫描件。

▶ **中国证监会指定信息披露网站"巨潮资讯网"**

网址：http://www.cninfo.com.cn/

仅适用于上交所、深交所上市的公众公司。

该网站无须注册，可查询内容十分丰富，包括该公司就各重大事项发布的公告、分红情况、财务指标、公司年报等。

▶ **上海证券交易所**

网址：http://www.sse.com.cn/

▶ **深圳证券交易所**

网址：http://www.szse.cn/

### 二、涉诉信息查询

▶ **最高人民法院"中国裁判文书网"**

网址：http://www.court.gov.cn/zgcpwsw/

根据《最高人民法院关于人民法院在互联网公布裁判文书的规定》，自2014年1月1日起，除涉及国家秘密、个人隐私的、未成年人犯罪、调解结案以外的判决文书，各法院判决文书均应在该网站上公布。因该网站为"裁判文书网"，故仅适用于已判决阶段的案件。

目前处于试运行状态，仅有部分省市（如北京、上海、浙江等）已实现了2014年以来辖区内三级法院生效裁判文书全部公开的目标。

### ▶ 各省级高院网站

除了最高人民法院"中国裁判文书网"之外，那么之前的判决文书或未判决的到哪里查询呢？对了，一般省级都建有自己的网站，这些网站可以查询2014年之前的部分判决书、开庭公告、执行信息、开庭信息等。

## 三、财产信息查询

### ▶ 国土资源部子网站"中国土地市场网"

网址：http://www.landchina.com/

除国土资源部（http://www.mlr.gov.cn/）所示的全国范围内土地抵押、转让、招拍挂等信息外，可于土地市场网查询全国范围内的供地计划、出让公告、大企业购地情况等。该网站无须注册。

### ▶ 国家知识产权局"专利检索系统"

网址：http://www.sipo.gov.cn/zljs/

该网站无须注册，除专利基本信息（如发明/设计人、专利权人、公开日等）外，还可查询各专利权法律状态、专利证书发文、年费计算及全国大部分省市的专利代理机构名录等内容。

### ▶ 人民法院诉讼资产网

网址：http://www.rmfysszc.gov.cn/

可以查询全国范围内法院正在执行拍卖的资产情况，通过这个网站可以侧面了解涉诉当事人的一些信息。

## 四、投融资信息

### ▶ 中国人民银行征信中心

网址：http://www.pbccrc.org.cn/

可查询企业应收账款质押、转让登记信息，具体包括质权人名称、登记到期日、担保金额及期限等。

以上网站只是我们寻找审计真相的一个平台，它只是冰山一角。随着信息技术的日新月异，我们利用信息平台的资源越来越丰富，成本越来越低。

**建材价格网提供工程材料价格**

在工程项目审计中最难的就是核实材料价格，而目前许多工程造价网站的作用就是：审计人员拍个照片发过去，它就会给你一个出厂价，且大部分都是免费的。一旦能够获取到材料出厂价，那么工程审计就可以有的放矢地进行。

【案例】

## BIM 技术的应用

BIM 技术，即建筑信息模型（building information modeling）。它是以建筑工程项目的各项相关信息数据来进行建筑模型的构建，通过数字信息仿真模拟建筑物所具有的真实信息。

一个建设项目的仿真模型，是建设项目的三维空间，此外再加上第四维——时间，第五维——成本，就构成了全部内容。这个技术在上海迪士尼公园的施工现场就得到了广泛的应用，我们在现场看到一个个城堡的设计和实施，其效率让我们耳目一新！

在该项技术出现以前，审计人员核算建设项目用了多少钢筋，含筋量是多少等等都是算不清楚的，因为填了挖，挖了填，都在打埋伏。然而 BIM 技术出现以后，这个账就可以核算得清清楚楚！

目前，BIM 技术大多是施工单位在用，且施工方十分担心业主如果也能掌握这项技术，施工企业的利润将薄如刀片。但是，我们有不同的想法，这是一条生态链，业主只有与施工企业信息共享，抱团共赢才是互联网时代的活法。

以上信息只是时间定格在我们当时的窥见一斑，希望能够提升审计同行的工作效率，我们更希望搭建一个共享的平台，更好借势借力互联网。

# 第5章

# 制度审计

一个好的制度安排，远胜过无休止的查处。同样，一个好的制度需要必要的审计监督来保证。

中国的大多数公司不缺制度，但对于制度的适当性与管理有效性往往缺乏评价标准，处在"乱花渐欲迷人眼、制度规定纸成堆"的环境下，审计制度理应成为内部审计的基本功。

同时，内部审计部门为了保证自身的良性运转，也需要建立起一套适合自身实际的审计质量保证体系，以及一系列内部的管理办法及机制。

本章为您讲述与制度审计相关的那些事儿。

## 5.1 审视地看待制度

你可能要问，审计为何要如此关注制度？

制度是我们审计评价的尺度，如果这个尺度本身就有问题，那么审计的方向就会错。制度体系是内部控制的保证，是审计人员符合性测试的一个尺度，审制度就是为了让我们的判断尺度更加精准。

一个好的制度应该是凡事有章可循，凡事有据可查，凡事有人监督，凡事有人负责。

制度要解决两个问题：

第一是无章可循和有章不循的问题。它带来的致命弱点是推责和拖延。

第二是制度依赖或制度迷信的问题。制度越来越多，管理越来越复杂，执行力越来越差，效率越来越低，抱怨越来越多，这就是我们熟知的"大企业病"。制度如果执行得不好，有制度比没有制度还糟糕，因为这让被管理者学会藐视制度，并自觉不自觉地寻找机会实现群体突破"闯红灯"，造成企业"法不责众"的窘态。

所以，我们应当对制度有一个审视的态度。

## 5.2 管理制度的管理办法

内部控制，制度先行。有了对制度审视的态度后，我们会对制度进行全面系统地审计，其初衷是督促公司制定管理制度的管理办法，以提高制度的质量，发挥制度的引领和推动作用。对制度进行管理的秘籍如下：

> 第一，对制度的准入制进行规范
> 第二，对制度的层次性进行规范
> 第三，对制度的覆盖性及接口部位进行规范
> 第四，让制度解决实际问题
> 第五，定期做制度评估

对制度进行管理包括以上五个部分的规范。

### 5.2.1 制度的准入制

谁都可以写制度吗？当然不是，写制度要有准入制。

管理制度的起草者必须具有较高的政策水平、理论水平和丰富的实践经验；准确理解国家法律法规、公司职责条例精神；熟悉公司的总体业务分工，并精通本专业业务工作的要求及流程；掌握所起草管理制度的具体要求，并能在日常工作中组织管理制度的贯彻执行。

制度从编制到颁布，需经过各级讨论和会签。因此，起草人、会签人都将纳入制度评估的绩效考核范围。

### 5.2.2 制度的层次性

没有层次的制度就是制度的无序。

比如，管理制度的名称为条例、办法、规定、实施细则等。它们之间的层次关系是什么？我们逐一理清它们的界限，以避免出现层次不清的迷乱。

**条例：** 决定企业机构设置、组织办法、人员配备、任务职权、工作原则、工作秩序的管理制度使用"条例"。

**办法：** 对某方面管理活动比较具体的、规定的业务流程、工作方式的管理制度使用"办法"。

**规定：** 对特定范围工作制定的带有约束性措施的管理制度使用"规定"。

**实施细则：** 承接某项"办法"和"规定"，提出更细致、更具体的规定的管理制度使用"实施细则"。

### 5.2.3 制度的覆盖性及接口部位

制度的评价与考核按照"谁主管、谁起草、谁负责"的原则实施。制度体系应覆盖管理系统内各项业务活动的重要环节，以满足"无缝隙"管理的要求。无章可循追责职能部门，有章不循追责执行者。

### 5.2.4 让制度解决实际问题

不能让制度成为摆设。制度应当从管理问题中产生，特别要从业务活动出现问题频率较高的部位建立和完善制度，使制度与生产经营实践紧密相连，让制度真正解决问题。

每个制度的基本框架必须具备：职责分工、管理流程和工作要求。凡涉及多个环节的业务活动，必须设定接口部位的工作流程，流程之间要有工作质量、基本条件和时间节点的要求。

## 5.2.5 定期做制度评估

制度应体现持续改进原则，建立对现行制度的定期审核评价制度，及时组织修订完善，不再适用的必须废弃。对于行之有效的好制度，公司给予奖励。对于制度制定中的失职，公司按起草人、会签人的职责进行考核。

## 5.2.6 制度的"三同步"

1. 制度的制定要和公司的战略同步。它不是一个低层次的、救火式的制度。
2. 制度要和市场的变化、竞争对手及标杆公司做法同步，以保持制度的与时俱进。
3. 制度要和来自实践行之有效的管理做法相同步。许多企业通过各类竞赛活动创造的好典型应该及时固化到制度之中，而不是一阵风。

## 5.2.7 制度审计"一点通"

内部审计每进入一个审计项目时，首先关注有无健全的管理程序及内部控制制度，过程是否规范，制度是否有效执行。

其次考虑本环节的内部控制制度在整个控制体系中与其他环节的链接，当系统内外发生变化时，信息反馈是如何组织的，有无对策措施。

企业如果已经制定了管理制度的管理办法，那么，我们还要注意不断变化的环境对制度标准的适用性问题。

**【案例1】**

### 不拉马的士兵

一位年轻的炮兵军官上任后，到下属部队视察操练情况，发现有几个部队操练时有一个共同的情况：在操练中，总有一个士兵自始至终站在大炮的炮筒下纹丝不动。经过询问，得到的答案是：操练条例就是这样规定的。原来，条例因循的是用马拉大炮时代的规则，当时站在炮筒下的士兵的任务是拉住马的缰绳，防止大炮发射后因后坐力产生的距离偏差，减少再次瞄准的时间。现在大炮不再需要这一角色了。但条例没有及时调整，出现了不拉马的士兵。这位军官的发现使他受到了国防部的表彰。

公司是发展的，管理者应当根据实际动态情况对人员数量和分工及时做出相应调整。否则，队伍中就会出现"不拉马的士兵"，公司就会发生"无效成本"，导致公司工作效率整体下降。

比如，审计发现在工程定额中的人工成本和实际严重不符的问题。混凝土所使用的人工价格是搅拌机时代的人工定额，而现在已经是泵车技术了，人工费是可以大大节省的。因此，我们就应该不断地调整计价依据。

【案例 2】

即使有了适时的制度，我们也要睁开"第三只眼"

动物园里新来了几只可爱的袋鼠。有一天，动物园的管理员们发现袋鼠从笼子里跑了出来，于是开会讨论原因。管理员们一致认为是笼子的高度过低。所以，他们决定将笼子的高度由原来的 10 米加高到 20 米。结果他们发现袋鼠还是跑到外面来。所以他们又决定加高到 30 米。没想到隔天居然又看到袋鼠全跑到外面。于是管理员们大为紧张，决定一不做二不休，将笼子的高度加高到 100 米。

这一天，长颈鹿和几只袋鼠们在闲聊，"你们看，这些人会不会再继续加高你们的笼子？"长颈鹿问。"很难说"。袋鼠说，"不要紧，他加再高都没事，因为他们的门没关！"

然后，袋鼠进一步说："就是他们把门关了也没事，地下还有一个洞呢，还是可以出来的。"

这是某些企业很常见的现象。门没有关，围栏再加高有啥用？管理员以为袋鼠是爬上去的，其实不是。即使门关好了，还有地道呢。一些企业发生的偷盗通道就是"挖地道"。

所以，制度要针对管理中存在的核心问题对症下药，否则，再好的制度也没有用，我们内部审计要做好看家护门的第三只眼睛。

## 5.3 审计部门日常管理的四个制度

除了审制度以外，内部审计部门也要构建自我管理的制度体系。我们在审计部日常管理制度中选出四个可借鉴的做法与同行分享。

### 5.3.1 工作日纪实

工作日纪实，就是审计人员每天做过了哪些主要事情写在工作日纪实的本子里，或记录在电子文档里。

内部审计是脑力工作者，企业不可以像考核计件工一样考核我们。我们的产品是什么？我们的产品是我们的思路、我们的创意、我们的方案、我们的报告、我们和外界联系的资源，它是一定要释放在工作的绩效之中。

假设有两个员工，他们都在办公室里待着，你根本不知道他们八小时内各自在想什么？那是没有标准的。一个企业想用上班打卡的方式来管脑力工作者，无疑是想用工资买断员工的工作时间，这是很难做到的。信息时代，员工会被外界眼花缭乱的信息、微信、电子邮件所吸引，这会大大影响工作效率。

那么我们怎么做呢？工作日纪实。当你下班之前，你今天做了一些什么，有什么想法或者你今天有什么点子，请你记录下来。

记录，是管理留痕，也是思考、提炼和学习的过程。哪怕你是一位客服，一天到晚接电话，接电话中也可以给公司带来很多商机，对吧！我们的工作日纪实，等同于把一天工作的情况扼要地记录下来，你做了什么，一级看一级，按天记录，按月汇总。这样做，一是保证审计人员工作饱满；二是便于工作量化考核；三是便于个人工作总结。效果非常棒！

工作日纪实的填写格式如表5-1所示。

表 5-1　工作日纪实的填写格式

| 姓名： | | 日志时间： | |
|---|---|---|---|
| 序号 | 时间 | 工作内容（活动内容） | 备注 |
| 1 | | | |
| 2 | | | |
| 3 | | | |
| 4 | | | |
| 5 | | | |
| 6 | | | |
| | | | |

## 5.3.2　去向牌制度

因为审计人员工作的特殊性，经常出差，不在办公室，我们可以通过去向牌制度将审计人员的行踪"透明化管理"。你现在到哪去了，你人在哪里，去向状态是什么，都要公示出来。

这种方法使每个审计人员的工作地点时时在线，让人一目了然。去向牌制度安排的目的，一是为了方便服务对象，提高办事效率和透明度；二是严肃工作纪律，避免开小差。

审计部人员去向牌可以分为"开会、出差、培训、下基层、休假"五个去向状态。

其参考格式如表 5-2 所示。

表 5-2　审计部人员去向牌的填写格式

| 审计部人员去向牌 年　月　日 | | | | | |
|---|---|---|---|---|---|
| 姓名 | 去向 | 联系电话 | 姓名 | 去向 | 联系电话 |
| | | | | | |
| | | | | | |
| | | | | | |
| | | | | | |
| | | | | | |

## 5.3.3 任务交办单

> **模拟场景**
> 
> 领导："小于，交给你一个任务……，你两天后给我结果。"
> 
> 小于："好的，领导。"
> 
> 领导："小于，前两天我交给你的工作，现在完成了吧，结果如何？"
> 
> 小于："啊，对不起，那个事情还没做，这几天我忙别的事情了。竟然忘记了……"
> 
> 领导：……

上述场景中的审计员小于也许真的忙忘了，并非有意拖延。但这不是小于的问题，是我们管理者对交办工作没有管理规矩的问题。

由于审计部门工作时间紧，涉及面广，任务量大，业务繁杂，交办事项多，信息纵横交错，在这样的环境下，一旦出现审计人员配合不默契，管理不严密，很容易造成失误。因此，实行任务交办单制度无疑是一种好的尝试，现在实行办公信息化之后，任务交办单可以嵌入信息系统中自动流转。

任务交办单是交办者与承接者之间一对一的任务管理。例如，审计今天需要布置哪些工作，由交办人填写任务单，作为布置、落实、检查、总结工作的依据，也作为执行人接受任务的依据。任务完成后，执行人在该单中填写"完成情况说明"，由负责人考核存档，附在交办文件、请示报告及各类公函之后备查。

这一任务单的主要优点是：

1. 便于贯彻上级交办的任务、指令，避免失误；使交办的任务记录在案，程序比较严密，责任清楚，查有凭据。

2. 便于布置、落实、检查交办事项。任务单是当日督办事项的依据之一，这些任务单可以按人、按完成时间排序，负责人在布置新的任务时可随时查看每人的任务单，平衡布置工作。

3. 便于提高工作效率，增加工作人员完成任务的紧迫感。执行人手中的任务单就是未完的工作，一方面他们可以根据各自的任务单按照轻重缓急安排自己的工作；另一方面必须尽一切努力抓紧时间完成任务。

4. 便于定量考核，分清责任。根据任务单的难易程度增加考核分，在一定程度上解决了缺乏考核依据的问题，也为工作日纪实、个人工作总结提供了依据。

5. 便于跟踪管理。每人承办工作完成后要将完成情况说明交给负责人附在公函之后存档，形成了工作的布置、落实、完成、回复四个阶段的闭环管理，这种有痕迹的管理可随时接受上级的监督及检查。

### 5.3.4 运用好"会议导航单"

是开会，还是混会，取决于会议的组织工作是否讲求实效。

"召开无准备的会，无异于集体谋杀；开会不解决问题，是对公司的犯罪。"这些理念是我们内部审计在实施"会议成本"专项审计后倡导的优秀企业"会议文化"。

低效的会议来自会前准备不足，会中组织不力，尤其是例会。

例会的一个重要日程是每个部门领导轮流发言。

这其中最大的问题是没有一套制度来落实发言的效率。发言人看着自己的笔记本，发言较随意，好消息多讲，坏消息少讲。领导能够听到的，往往是下级让领导知道的内容。在这种"随意"中，领导之前布置的工作，很难一一得到督办和落实，于是，我们引入了"会议导航单"。

什么是会议导航？它是一张电子表格（见表5-3）：横向设置七项内容：序号、工作内容、责任人、交办时间、要求完成时间、当前进度及完成情况、备注。

表 5-3　会议导航单的填写格式

| 2016年 ×× 部门周工作导航表 | | | | | | |
|---|---|---|---|---|---|---|
| 序号 | 工作内容 | 责任人 | 交办时间 | 要求完成时间 | 当前进度及完成情况 | 备注 |
| 1 | | | | | | |
| 2 | | | | | | |
| 3 | | | | | | |
| 4 | | | | | | |
| 5 | | | | | | |
| 6 | | | | | | |

开会之前,各部门提前将已完工作和新增工作发给会议组织部门。会议组织部门更新会议导航单。导航单此时呈现:已完工作、新增工作、未完在办工作的三种状态。

开会时,导航单投影在屏幕上,高度聚集参会者的参与意识。每个发言人根据导航单内容发言,导航单上的工作是不可随意变更的。发言时,已完工作讲结果,未完工作讲进度,新增工作讲方案。之后,已完工作从导航单中移出,单独归档,未完工作和新增工作形成下周在手工作,马上进入督办程序,如此周而复始。

会议导航有五个原则(见图 5-1):一是唯一性原则,按每一项工作任务设立编号,一号到底,以利于会议的有序进行和跟踪管理;二是重要性原则,进入导航的工作应突出重点,以提高效率;三是客观性原则,导航单的编制由指定的专人独立完成,以保证信息对称;四是连续性原则,动态管理的导航单将每周已完工作另外建档,为今后总结工作、绩效考核提供依据;五是无纸化原则,导航单通过投影播放,以节约资源。

1. 唯一性原则 → 按每一项工作任务设立编号,一号到底,以利于会议的有序进行和跟踪管理
2. 重要性原则 → 进入导航的工作应突出重点,以提高效率
3. 客观性原则 → 导航单的编制由指定的专人独立完成,以保证信息对称
4. 无纸化原则 → 导航单通过投影播放,以节约资源
5. 连续性原则 → 导航单体现"在办、新增、已完"工作状态,其中,已完工作另外建档,为总结工作、绩效考核提供依据

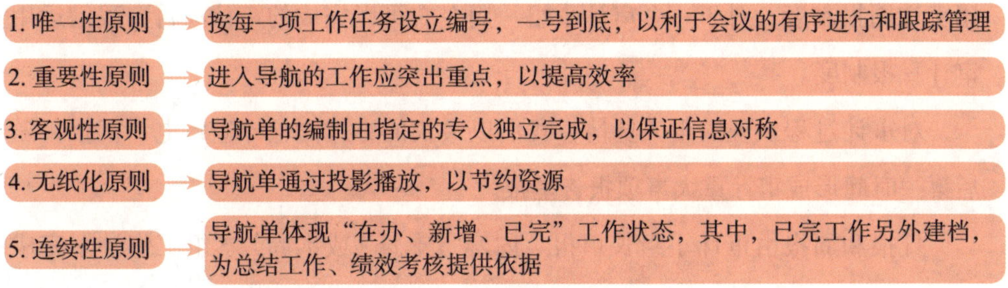

图 5-1 会议导航的五个原则

## 5.4 现场审计汇报制度

审计人员离开办公室到被审计单位现场审计,如何利用制度来管理现场审计人员呢?

美国报纸曾刊登一篇采访越南战场上一位青年步兵上尉的报道,最能清楚地说明这一点。

记者问："在战场混乱的情况下，你如何指挥你的下属？"那位步兵上尉回答说："在那里，我是唯一的负责人。当我的下属在丛林中遭遇敌人却不知道该怎么行动时，我也因为距离太远无法告诉他们。我的任务，只是训练他们知道在这种情形下如何行动。至于实际上该怎么做，应由他们根据情况加以判断。责任虽然在我，但行动的决策却由战场上的每个人自己决定。"

在游击战中，每一个人都是管理者。同样，每一个在现场查案的审计人员，都是游击战士。

上面这个例子启发我们，在审计现场的很多事情要由审计人员自己去做决定。平时我们只训练他们处理事情的原则，最后要靠他们自己临场发挥。不过，他们做过了什么以及有哪些必须要反映、请示和汇报的，必须用制度予以保证。

我们创建了内部审计周报、审计日报以及内部审计重大事项报告制度，统称为现场审计汇报制度。

对于需要多个审计小组协同作战，数周才能完成的大型审计项目，我们运用审计周报制度；对于一个审计小组一周左右可以完成的审计项目，我们运用审计日报制度。

对审计过程发现的重大要情，我们以最快的方式向领导进行电话汇报，随后第一时间形成审计重大事项报告呈报。

日报和周报由审计小组长填报。内容是本日（或本周）本组工作计划完成进度、结论、成果、经验及教训，以及项目的责任人。

**【案例】**

### ××公司内部审计周报及专项报告填报说明

各位审计同仁：

你们好！

现将周报参考格式和要求发送给您，以下是几点说明：

1. 每周审计情况表。此表是审计过程中每周发现的问题汇总，逐周累加，并对以前各周发现的问题核实、整改情况进行跟踪，在"后续落实情况"中反映。（审计组长汇总）

2. 本周新增问题。此表是每一周新发现的问题，按问题的类别分别反映。审计人员各自负责。

3. 在表述企业存在的问题时，请注意：

① 避免仅对某种现象做表象的阐述，应融入审计人员的专业判断，对问题的本质进行剖析和定性。

② 抓住共性问题以点带面，选择性质重要、金额较大的事实具体列举。

举例：××公司存在会计处理不规范，部分长期投资未按权益法核算的问题。如：……；……；……。

③ 在描述问题时，请尽量注意文字清晰明了、便于理解、层次分明、重点突出，报告中的企业名称和审计范围应保持一致。

4. 会计核算问题，请分别按照科目或审计业务循环展开说明。

5. 内部控制问题，请分别按照内部控制健全性、合理性及执行的有效性展开说明。

6. 资产质量问题，围绕资产质量指标说明，如企业流动资产的流动性与风险性分析，企业偿债能力与风险分析，企业资金周转情况及其原因分析，资产闲置情况与原因分析，企业资产的收益率，非经常性资产处置收益占经营性收益的比重及其原因分析等。

7. 周报汇报是重要的审计程序，是评价各审计人员执业质量和业务能力的标准之一，也是完成审计任务的重要保证。它要求各项目组成员充分重视，按时、按规定，认真地进行周报报告。

8. 周报报送的时间，按照审计方案执行。时间不允许延误。周报发至邮箱：ABC@shenjibu.com。

**公司内部审计周报第 1 期（　　年　月　日）**

| 被审计单位名称 | | 项目组名称 | |
|---|---|---|---|

审计项目进展与执行情况（若与计划不相符，请说明原因）：

**审计发现的问题**

一、财务核算问题（会计信息真实性）：

二、财务内控问题（内部控制健全、合理、有效性）：

三、资产质量问题（资产分布、资产管理水平、资产获利能力、资产持续经营能力。企业资产经营价值与风险，深入剖析其增值潜力与存在问题）：

四、以前期间问题整改情况：

**审计人员配备情况（变更及变更原因）：**

**下一周审计计划：**

**被审计企业在审计过程中的配合情况：**

**需要协调事项：**

备注：

## 5.5　构建完善的内部审计管理制度体系

　　内部审计制度是公司经营管理制度的重要组成部分，目前我国的企业内部审计制度建设仍然存在着很多不足。加强内部审计制度体系建设，是每个优秀审计部门必须要做的一项系统工程。

　　我们一直在探索建立一个各方认同的内部审计质量保证体系。随着公司上下对经营绩效的关注日益增长，直接反映在对审计信息的依赖程度越来越大。

当审计对重大问题没有查明、重大风险没有揭示或者企业舞弊案件出现时，人们就会问：谁来监督监督者？

审计主管必须监督自己，内部审计师必须审计自己。审计质量不仅是外部要求，更是内在的需要。内部审计只有自身管理的规范，才有外界的规范和认同。

内部审计制度体系，简单的理解就是在开展内审工作时所应依据和遵循的一整套原则、规定、标准、程序和方法，是在一定环境条件下调节各种审计关系规范的总和。

如何构建健全而有效的内部审计管理制度体系，我们有以下几个心得体会。

## 5.5.1 充分借鉴国内外内部审计制度体系

内部审计准则体系按照使用范围与对象的不同，可分为中国内部审计准则体系（见图 5-2）和国际内部审计准则体系（见图 5-3）两个系列。这两个准则框架是我们制定内部审计体系框架最好的理论标杆。

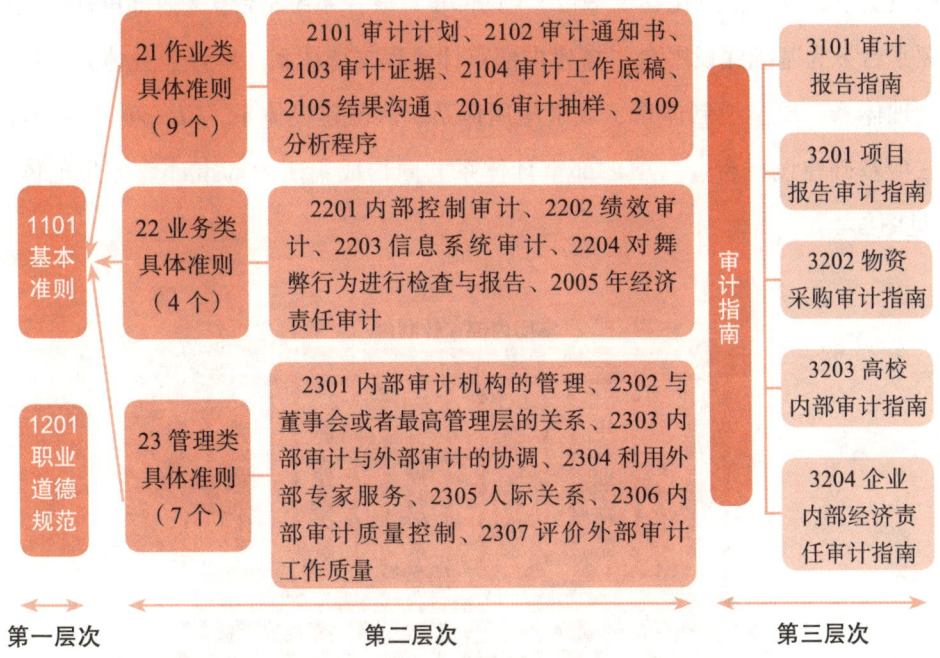

图 5-2　中国内部审计新准则体系

图 5-3　国际内部审计协会内部审计准则框架

## 5.5.2　参考标杆企业内部审计制度体系的实务做法

来自我们企业内部的审计体系构建实务，给我们带来了鲜活的借鉴案例和思路启发。

例如，我们企业的内部审计管理体系的构建做法为：在《内部审计制度》的指引下，以《信息化建设平台》《内部审计管控系统平台》《内部审计绩效考评平台》为基础建设平台，搭建内部审计流程支持体系、审计业务体系、内部管理体系、质量控制体系、成果应用体系、队伍建设体系，以一项基本制度、三项基础建设平台、六项内部审计体系共同构成集团内部审计业务规范体系（见图 5-4）。

图 5-4　集团内部审计业务规范体系

在这个框架下形成内部审计自我管控的三个基础建设平台。

**1. 信息化建设平台**

这是审计部门内部管理的信息化平台。该平台的建设紧密围绕集团的信息化建设要求，结合实际审计业务的需要，实现在信息化的基础上开展内部审计工作。

**2. 管控系统平台**

参照新修订的内部审计准则和内部审计人员职业道德规范，完善《集团内部控制自我评估管理办法》《集团内部审计管理控制制度》，完成内部审计管控平台的搭建。

**3. 绩效考评平台**

结合集团现有的内部审计章程和实际业务情况制定《内部审计绩效考评管理办法》以及相关可量化指标，该指标体系参照审计覆盖率、审计建议采纳率、审计计划执行率、审计差错率、审计整改率、审计作业规范性、审计查出违规金额、审计查出损失浪费金额、促进增收节支金额、审计信息量十个指标加以建立。

在这三个平台基础上，构建起面向集团战略的六大体系。

**1. 流程支持体系**

流程支持体系涵盖内部审计事务的全过程，包括制订审计计划、下达审计通知书、收集审计证据、编制审计工作底稿、审计结果沟通、出具审计报告以及后续审计跟踪等一系列审计活动。

**2. 审计业务体系**

审计业务体系构成包括传统业务，也包括风险评估等咨询服务。它主要包括内部控制审计、绩效审计、信息系统审计、舞弊审计、经济责任审计以及其他专项审计等。

**3. 内控管理体系**

内控管理体系为指导内部审计开展内部控制活动的各项具体的管理办法及

实施细则，目前，该集团已制定并实施内控指引细则共有 16 项。

**4. 质量控制体系**

质量控制体系是指保障内部审计工作质量和效益的控制活动。

**5. 成果应用体系**

成果应用体系主要是对审计工作的量化和总结，内部审计的目的是通过审计工作来提高企业的经营管理水平和防范风险的能力，建立审计成果应用体系来促使审计发现和审计建议能够有效落实和推广。

**6. 队伍建设体系**

队伍建设体系主要是建立审计人员职业道德规范和与该集团组织机构体系相适应的专业队伍，组织涵盖多种类型的业务培训与学习交流，培养涉及财会、基建、税务、计算机等专业领域的综合管理人才，提升职业素质和专业水平，强化内部审计人员遵循职业道德规范，重视队伍作风建设，寻求有效绩效机制，形成良性互动和沟通协调的文化氛围，搭建一个学习型的内部审计团队。

# 第 6 章
## 望闻问切

说相声的，讲究四门功课——说、学、逗、唱，对此大家耳熟能详。

内部审计也有四门基本功课，它可以用望、闻、问、切四个字概括。

"望闻问切"合成四诊，源于古代名医扁鹊，《古今医统》中提到"望闻问切四字，诚为医之纲领"。对现代公司而言，望闻问切四字，足以谓内审之纲领。有人比喻内部审计如同"医生"，其实更确切地说，内部审计是一名"中医"，因此我们要将中医的"望闻问切"技法应用于内审工作当中，则可以帮助我们解决审计工作中遇到的各种疑难杂症。

通晓望闻问切，则神圣工巧，通达无虞，内审工作信手拈来，水到渠成。

## 6.1 望的方法

### 6.1.1 眼观四处：多视角观察获取审计证据

望就是"多视角观察"，人们常说"眼观四处"。对于内部审计而言，道理是类似的，通过多视角的观察来获取审计证据，帮助内部审计人员对被审计对象进行合理的判断。

我们试想一下，审计组被派出去审计一家新公司，能两眼一抹黑地直接进场吗？恐怕不行吧。审计进场时，能够直奔会议室坐下就开始翻账本开始审计吗？还是不行吧。如果这样的话，可能会一叶障目，只见树木，不见森林，做不好审计。

#### 6.1.1.1 观察环境

先观察的是环境。环境分为外部环境和内部环境。观察环境的目的在于了解被审计单位的经营环境和经营素质。

对外部环境的观察包括对被审计单位的位置、交通状况、与周边环境的协调性、影响经营的有利和不利因素，以及经营状况等方面。内部审计人员对这些方面的观察将有助于其对营业收入和利润等项目的真实性进行判断。

对内部环境的观察是从被审计单位内部的各个方面进行观察，包括被审计单位的整体布局、生产管理状况等方面的观察。内部观察的结果反映了被审计单位管理素质的优劣。具有良好管理素质的被审计单位其会计处理的可靠性也会具有较高程度的保证。

### 6.1.1.2 观察实物

还要观察实物，即内部审计人员对被审计单位的资产进行实地观察，以查找疑点，便于收集审计证据。

实物观察的重点是观察资产的存放、保管和使用状况。通过实物观察，内部审计人员可以在观察的基础上确定盘点的重点对象。例如，审计人员观察到某些原材料堆放混乱，感觉与其账面记录存在较大差异，就应该重点对其进行盘点。另外，实物观察还可以对抽样盘点过程进行必要的补充，如果审计人员确定了一部分资产进行盘点，对未作为盘点对象的资产可以通过实物观察来取证。此外，个别资产的盘点过程就是通过观察的方法来进行的，如大型设备、在建工程等。

### 6.1.1.3 观察气色

通过"望"，观气色。审计人员要有敏锐的洞察力，善于观察生活、工作的各种细节，以小见大，从中获取有用的信息或线索。在查阅被审计单位的会计凭证、账簿、会议纪要、相关档案及外部证据等资料时，做到边观察边思考，系统分析获取原始信息，筛选出有价值的线索。

### 6.1.2 火眼金睛：洞悉被审计对象的非语言秘密

"望"可以是远距离地看，但不能是隔岸观火、雾里看花。"望"最好要聚焦到具体的事或人的上面。比如，通过对人的观察，洞悉肢体语言密码，捕捉更深层次的信息，帮助我们识别事情的真相。

任何规章制度、政策程序、规范流程都是由人制定的，并由人来执行的。在生产中，先进的设备需要具有良好技术的人员操作；在管理中，缜密的制度也需要具有良好素质的人员遵循贯彻。所以，人的行为必然会直接影响被审计单位对经济业务的处理。因此，观察被审计单位中人员的行为可以了解真实的情况，抓住问题的关键，更便于审计人员的判断。

#### 6.1.2.1 识别人的非语言密码

作为内部审计人员，你要练就一双慧眼，识别事情真相。不过，知人知面不知心，审计调查中，不太可靠的是语言，你最好掌握一些心理学和读心术方面的知识。一个人的身体语言往往比他所说的话更能够表现他的兴趣、喜好、品位以及性格特征。掌握好"望"的技巧，就可以不用一言一语，掌握别人的想法和意图，建立自己的影响力和权威。这样的审计人员是不是很牛！

比如，当约谈的访谈对象坐到我们面前，要想了解他的所思所感，首先观察他的哪些部位呢？

很多人会说，看脸啊。

我们从小就受社会中某些价值观的影响，以为通过自身丰富的面部表情可以获取他人的怜爱、保护和褒奖。

听到下面一点时，你或许会感到很惊奇：要想了解一个人的所思所感，有的时候，脸部是你最不需要关注的地方。

我们这么说并不是要否定面部表情在表达个人情感中的作用，但是人的身体动作往往是与他面部所表达出的东西相悖的。真正懂得非语言智慧的专家都深谙这一点，所以他们会对人身体的其他部分所传达出的信息给予同样的甚至是更多的重视。

那是什么地方呢？是双脚！

答案是不是有些出乎意料？

脚总是能够如实地表达一个人的感觉和意图。自前古时代以来，脚和腿一直就是保障人类生存、帮助人类逃离危险、用踢打的方式自卫的重要工具。没有它们，人类就不能打猎、收割、迁徙、交配或者舞蹈。

脚和腿的动作可以告诉别人你的感觉如何。自信？轻浮？高兴？紧张？受胁迫？害羞？还是想要离开？甚至连你想以什么样的方式离开，腿和脚都可以告诉你。

我们每个人肯定都在学校、会议室或是约会中见过或做过这样的动作：躯干保持静止，但是腿和脚趾动来动去。这样的动作代表什么？一个上身保持不动的人轻摇腿脚是他不适或者不悦的一种表现。他可能是有些不耐烦或是希望尽快将事情的进度向前推进，所以才会做出这样的动作。

但是，轻摇腿脚有时也可能是人对于某个好消息所做出的反应。在这种情况下，我们称它为"快乐的双脚"。

有一种扑克游戏叫"打够级"，怎么才能看出打牌人的手中是否握有好牌呢，就看他的脚。当他们拿着一手好牌时，"快乐的双脚"就会在桌下摇来摇去，可脸上却不会露出一丝一毫的变化。

然而，一旦腿脚的轻摇变成了"踢"的动作，那就代表当事人对于周围发生事物的回应可能是消极的，恨不得一脚将它踢开。

还值得一提的是，脚踝部的来回扭动也是一个人压力大、怒气冲冲或是失去耐心的表现。如果一个人把他一只脚或者两只脚的脚尖调整到远离你的位置上,那是一个很强烈的暗示——他想要离开。

现在我们更进一步。当被访谈者就审计人员的问题做出回应时,我们如何直观地判断他是否说谎呢?

"你说的是真的吗?"

一个人向左上方看了一眼回答,另外一个人向右上方看了一眼回答,哪个人可能在说谎话?

据研究发现,人们在说谎的时候,眼球会自主地向右上方运动。因为记忆大多储存在人们的左脑,当他们所说的事实真相存在,那么在大脑中搜索时,眼球就会不自觉地向左上方看。这是一种反射性动作,即使受到专业训练也不容易做到控制自如。

是不是很有趣呢?还说眼睛吧,我们从小就知道"说谎者不敢看你的眼睛"这句忠告,所以高明的说谎者反其道而行之,以避免被发觉。他们会加倍专注地盯着你的眼睛,瞳孔扩大。说谎者为害怕别人看透他们的心虚,于是就会注意力高度集中。斜视他方也是一个很常见的、想要与某人或者某事物保持距离的行为表现。我们经常通过斜视的方式躲避飞扬的尘土、刺眼的阳光、谈判中自己不感兴趣或不能认同的观点、自己不喜欢的人、医生对你提出的更换牙部根管的建议等。对于斜视这个动作,人可以在瞬间完成。当然,如果令人不愉快的事情持续发生,那么这个动作也会相应地保持下去。另外,如果一个人不仅仅是斜视,还将自己的眼帘低垂放下的话,那就证明这个人内心抵触的情感更加强烈。就像眨眼睛的动作一样，斜视同样是一个不能被忽视的、很关键的非言语动作。

你还可以留心观察对方的生理反应。说谎的人与常人不一样，比如音量的不自觉升高，音调突变。还有，男性摸鼻子代表想要掩饰某些内容，手放在眉骨附近表示羞愧，收起自己的下巴往往缺乏自信心，嘴角上扬表示轻蔑，反复翻手腕表示不相信自己的话。人在害怕时会出现生理逃跑反应，血液回流到腿部，因此手的体表温度会下降；明知故问时眉毛微微上扬；假笑时眼角没有皱纹。面对那些令我们烦躁和讨厌的事物时，人会不由自主地收缩腹部等。

同时，非言语沟通也存在于特定的语境中，在不同的语境中具有不同的意义。例如一个人的微笑，在某种语境中意味着欣喜，在另一种语境中则可能流露出讥讽的意味，其含义的解读完全取决于沟通时的具体语境。

### 6.1.2.2 人的行为观察

通过"望"对人的行为观察，重点应侧重于对各级管理人员的行为和与管理有关的人员的行为。在对被审计单位内部控制进行了解和评审时，行为观察不失为一种较为有效的审计手段。比如，审计人员可以通过对仓库保管人员在收货、发货、保管过程中行为的观察，帮助了解在存货管理环节实际存在的内部控制及其执行情况。再比如，审计人员可以通过追踪观察一张凭证从产生到各个环节的处理直至最终处置的整个过程，帮助了解与该张凭证相关的各个环节上内部控制的设置和执行情况。由于通过行为观察所获取的证据存在时间上的局限性，因此，审计人员进行观察时应尽可能在被观察对象没有进行事先掩饰的情况下进行，从而获得对真实的业务处理过程的了解，避免判断上的误差。

总之，掌握一个人的身体密码，是审计人员自我修炼必备的本领之一。要知道，只有望得好，才能有针对性的"闻"和"问"，才能准确"切"入要害。你的眼界决定你的世界，眼界如果不够宽，就可能导致你坐井观天或盲人摸象，无法识别出全部的重大审计风险。

## 6.2 闻的方法

"闻",即要仔细聆听。闻,也是一种间接获取信息的方式,从审计进场的那一刻,审计人员就要开始全力以赴地捕捉各种蛛丝马迹,从各个角度去"闻"。

### 6.2.1 耳听八方:广泛了解和听取各方反映

何为"耳听八方"呢?是漫无边际地打听,还是事无巨细地探索呢?我们认为,应该是广泛听取、重点了解。通过"闻",收集信息。例如,利用审前调查、审计实施过程中的沟通环节等机会,细心听取被审计单位人员介绍相关情况、对审计查出问题的解释等,善于从被审计单位人员的一般性交谈中听出弦外之音,发现苗头性问题和疑点,获取审计线索和途径,找准审计切入点。

"360°绩效考核"大家都听说过吧,将这套理论运用在审计工作中也是恰如其分的。想要了解被访谈者,最好的方式并不是直接将他叫到你的面前开始询问,而是开始访谈前通过"闻"全方位地搜集或打听有关他的线索和信息(见图6-1)。

图6-1 360°绩效考核

同样，调查一件事儿，也一定是有多种途径的。我们相信，任何事件在发生时可能未必会有审计人员在现场，但现场一定会有知情人士，他可能是看门的老大爷、一名清洁工，又或者是一位部门同事等，每个人都有存在感，都愿意让外人与其分享真相。此时，就要考验审计人员的探听能力了。

【审计案例】

背景：集团审计部在检查下属某公司业务外包事项时发现，20××年×月，该公司将原本某车间自制的管组件外包给了一个现有供方，连同车间的9台专业设备一并出租，按照设备年折旧额加6%的税金收取年租金，场地费根据使用面积收取，即管件组件由原来的自制改为外包后再采购模式。

进一步检查发现，公司缺少业务外包管理制度，对于哪些业务可以外包、哪些业务不能外包、适用条件和范围等没有明确规定。此时，审计如何客观地评价这个业务外包事项？

审计人员实施的其中一个审计程序是，听闻一下其他相关部门人员对这项业务外包事项的看法。

1. 车间主任讲，这个部件有一个焊接的工艺，是在阀与铜管之间进行焊接，属于关键性部件，如果焊接不牢的话，就会影响这个机器的功能。而且对已焊接的工艺与质量效果，公司在进货检验环节很难发现问题，如果用到产品上后发现漏焊的情况，整个产品都将报废。

此说法带给我们审计的提示是，公司对该项业务外包的管控力度较弱，可能蕴藏一包了之、以包代管的风险。

2. 采购和车间人员告诉审计人员，此外包部件具有专用性，供应市场狭窄，市场竞争不充分。

该说法也在提醒我们，该业务事项外包市场的成熟度不高，如果这个供应商供货后要求涨价，公司也将非常被动，可能难以获得采购性价比的优势。

3.参与签字审核的其他相关部门人员私下表示，他们对管组件是否可以外包有很多不同看法，甚至是反对意见，但在时任总经理的个人极力推荐并坚持的情况下，审批意见最后还是通过了。

你看，这表明该业务外包没有认真听取内外部专业人员的意见，并根据其合理化建议完善实施方案。

最终的审计结果表明，内部审计广泛了解和听取各方反映的"闻"之方法，对其后正式对总经理决策、业务外包事项合理性以及恰当性等方面的审计，起到了很好的铺垫作用。

我们再给大家提供另外一种"闻"的方法——就是提供广泛的举报渠道。

这个方法很实用，美国注册舞弊审查师协会认为，提供举报的渠道是发现公司舞弊最常见的手段之一。所以，审计小组进场后，一定要将联系方式公开，为目击者、知情人士提供一个畅通无阻的渠道，这样才能达到事半功倍的效果。

总而言之，"处处留心皆学问"，审计人员一定要避免出现"两耳不闻窗外事，一心只读圣贤书"的状态。在电梯、楼道等任何有人出没的地方，都要格外留心！有时候，被审计单位工作人员的一句抱怨或者牢骚，就可以成为一个审计线索。

### 6.2.2 听其声色：找出对审计有价值的线索

审计人员常常会面对海量的信息和线索，而这其中很多是不相关信息，不能给审计工作带来多大的助益。因此，学会如何从众多信息中筛选出与审计目标相关的内容，有的放矢进行审计，也是我们的必备技能。

道理很简单,但在实践中到底应该怎么做才能找出对审计有价值的审计线索呢?

### 6.2.2.1 "红旗"标志法

"红旗"标志法(见图6-2),是寻找和分析舞弊信号的很重要的方法。该方法是以一整套文字表达的方式,指出在这种条件下舞弊发生的概率会比较高,而标志是在总结以往舞弊的基础上得出的。

| 组织机构的红色预警 | 财务状况的红色预警 | 行业环境下的红色预警信号 |
| --- | --- | --- |
| • 高度集权的高层管理团队<br>• 无效的董事会<br>• 与盈利或股价目标联系在一起的高层经理人薪酬<br>• 过于复杂的组织结构<br>• 频繁的组织变迁<br>• 高级管理层的频繁更替<br>• 没有经验的管理团队<br>• 管理层监督的缺失<br>• 不负责任的公司治理<br>• 审计委员会的不存在或无效<br>• 机警的董事会监督的缺乏<br>• 专制的管理层<br>• 使用多个法律顾问 | • 不现实的盈利预期<br>• 不现实的增长目标<br>• 过于复杂和非同寻常的商业交易<br>• 不寻常的快速增长<br>• 缺乏足够的运营资本<br>• 过于强调1～2个产品、客户或交易<br>• 极高的债务<br>• 基于新业务或新产品线的高速扩张<br>• 信用紧张、高利率、获得信用的能力下降<br>• 盈利而不是债务或权益进行财务扩张的压力<br>• 盈利质量和数量不断恶化 | • 形成不寻常压力的企业状况<br>• 运营资本不足<br>• 债务限制没有什么弹性<br>• 监管者(如证监会)正在进行调查或先前调查过<br>• 保持趋势和达到预测的激进尝试<br>• 快速的技术变革中的暴露风险<br>• 行业疲软或下降<br>• 高利率或外汇风险暴露<br>• 行业内的不利经济环境<br>• 不寻常的激烈竞争<br>• 在股票交易所的停牌或摘牌下市<br>• 审计时被要求的众多调整分录<br>• 重大的关联方交易 |

图6-2 "红旗"标志法

以上的红色警报信息,为审计人员风险识别提供了大致的方向,审计人员可以将上述风险点与审计目标相结合,进一步明确审计范围,进而实现重点突破。

### 6.2.2.2 识别关键控制点

识别关键控制点有三个标准。

(1)该控制点一旦失效所造成的损失较为严重。

(2)控制点的发生频率高。

（3）发现、检查该控制点是否有效的难度较高。

### 6.2.2.3　判断关键控制流程

判断一个流程是否为关键控制流程，可以考虑以下六个因素中的任何一个或多个：

（1）复杂程度较高的控制。

（2）需要高度判断力的控制。

（3）已知的控制失效。

（4）相关人员缺少实施某一控制所必需的资质或经验。

（5）管理层凌驾于某一控制活动之上。

（6）某一项控制失效是重大的，且无法被及时地识别并整改。

### 6.2.2.4　审计风险排查实践

上述判断关键流程以及流程中关键控制点的做法，还显得"略微理论化"，为了更简单易行的操作，提高审计对线索的识别能力，我们献上"审计风险排查实践"清单，希望帮助广大审计同仁抓住有价值的线索，实现审计突破。

（1）业务不能持续地完成经营计划和目标。

（2）管理人员穿越或避开控制的可能性很高，如任期连续、权限过度集中等。

（3）特殊业务和例外事项，如单项的重大交易或业务、独特复杂的业务活动。

（4）内部管理不精细，非标准的流程、有限的IT控制。

（5）有重大的流程、业务和人事变更。

（6）有多个会计处理方法可供选择。

（7）以往有财务、审计和内控方面的问题。

审计风险排查实践中，我们可根据业务绩效的持续表现情况，内部管理的精细化程度，常规事项或例外事项，会计方法的变化以及选择，业务流程及人力资源的调整，历史风险问题及控制问题等因素进行风险判断，并运用风险管理工具来评估风险的重要性水平,根据风险发生的"可能性"和结果的"影响程度"两个维度进行评估,区别"一般""中等""重要"等级的风险,使得审计可以有重点地投入资源加以应对和控制。

此外,从审计专业的角度上说,"听其声色"其实就是帮助审计人员快速识别与审计目标相关的风险,提高审计证据的相关性。

审计证据的相关性:用作审计证据的信息与审计程序的目的和所考虑的相关认定之间的逻辑关系。

## 6.3 问的方法

"问"比"望"和"闻"与审计对象的接触更直接一些。"问"即访谈,在审计工作中是非常重要的审计程序之一。《沙家浜》中说,"来的都是客,全凭嘴一张",其实道理同样可以运用到审计当中。

某些信息无法通过企业提供的资料获取,一些不能书面传送的信息,可以通过访谈获得。访谈环节在整个审计项目中起非常关键的作用,内部审计人员可以从访谈对象的谈话中了解真实情况,根据线索发现问题。

无论内部审计部门的规模、结构、与客户的关系或整体业务水平如何,提高访谈的技巧都将使所有的审计人员受益。虽然访谈最简单的形式只是由一系列的问答组成的对话,但掌握每一特定情况之间的细微差别仍需要审计师具有较高的技能。

### 6.3.1 内审靠问:做一个成功的访谈者

"审计靠问",审计人员既要勤于问,更要掌握问的技巧。但是,该怎么切入主题开始问呢?如何询问才能不偏离审计目标呢?如何询问才能不让对方认为你不专业呢?如何避免被访谈人反感甚至小觑审计人员的现象呢?这应该是很多审计人员在访谈时有过的困惑。试着以下几个"问"的方法,做一个成功的访谈者吧。

### 6.3.1.1 苏格拉底的连"是"法

苏格拉底是一位伟大的哲学家，他对世人的贡献巨大。苏格拉底改变了人们的思维方式，一直被尊为最能影响这个世界的劝导者之一。他为人处世的技巧被称为"苏格拉底辩论法"，也就是以"是，是"作为他唯一的辩论技巧。他会不断地问那些反对他的人，不断地获得对方同意和承认，一直到最后，反对者在不知不觉中就会接受刚刚还反对的结论。

和别人谈话时，不要一开始就谈论你们意见相反的话题，可以谈一些彼此都赞同的话题。要让对方开始的时候连连说是，尽量避免他说不。如果有机会的话，你要告诉对方，你们所追求的是同一个目标，相差的只是方法而已。

哈里·奥佛斯特里特在他的《影响人类行为》一书中说道："当一个人说'不'字后，就会为了他的尊严坚持到底。他事后也许会感觉自己当时不该说不，可是他必须顾及自尊。所以重要的是，一定要让人一开始的时候就往正面走。"

会说话的人，在开始的时候就能得到很多的"是"，只有这样，他才能将倾听者的心引到正面。从心理角度上说，当一个人说"不"字时，那么他所有的器官以及神经、肌肉就会完全紧绷起来，形成一个"拒绝"的状态。反过来说，当一个人回答"是"的时候，那么这个人就处于一种开放的状态。所以，只要我们能让对方回答更多的"是"，那么我们之后的建议就很可能得到赞同。

这种让人们回答"是"的方法其实非常简单，但却常常被人们所忽略。

比如，你去检查别人的工作，开口打招呼："张总，您好！"，"对不起，我姓王。"你看糟糕不糟糕，审计访谈刚开始，你就获得一个"否"的意见，下面的审计访谈还怎么进行呢？

审计去检查别人的工作，别人觉得你是来指出他的错误的，心里面自然会产生抗拒感，这时，审计想要获得别人的配合与认可不是容易的事情。"他山之石，可以攻玉。"苏格拉底的方法正是审计人员正确切入主题、打破沟通坚冰的武器，也就是说，审计访谈也要从一连串答案为"是"的问题入手。

我们来看一个某集团公司审计人员对采购部负责人的审计访谈的案例。

**审计人员**：您好，王总。

**被访谈对象**：您好，孙经理。

**审计人员**：很高兴，您能在百忙中抽出时间接受我们的访谈。这次访谈的主要目的是……，我们的访谈大概需要20分钟，之前预约时和您讲过，不会很久，请您放心。

**被访谈对象**：没关系，也很感谢审计这次来指导我们的工作，配合审计工作是我们的工作职责，有问题您请讲。

**审计人员**：好，谢谢王总对我们审计工作的理解和配合。是这样，您是采购负责人，您所关注的采购管理目标也是我们此次审计工作要关注的审计目标。我们是这样理解采购管理目标的，即购买物资以及接受劳务能否按时、按质、按量、经济高效地满足生产经营管理的需要。您觉得我们这样理解，对不对呢？

**被访谈对象**（点头）：是的。

**审计人员**：好，常言说"前途光明、道路曲折"，要实现这个目标，经过我们审计项目组访谈，认为可能存在几个重大风险。比如，在采购过程中可能存在多买或者少买的风险，多买会形成积压，少买会影响生产进度甚至生产经营中断。您是这方面的专业人士，请您把把关。您认同采购业务的这个风险吗？

**被访谈对象**（继续点头）：认同，是有这个风险。

**审计人员**：谢谢王总。那么是否还存在如果供方选择不当、价格审批不合理、授权签字不规范可能导致购买的物资质次价高、遭受欺诈，甚至出现舞弊的风险呢？

**被访谈者**（继续点头）：是的。

**审计人员**：再就是，为了实现采购管理目标，采购是否还应当防范如果验收不规范流于形式、付款审批不严格可能导致资金损失和信誉受损的这个风险呢？

**被访谈者（不停地点头）**：是的。

**审计人员**：好的，上述目标您是赞同的，存在的主要风险您也同意。那么，为了实现这个目标、防范以上所说的风险，我们很想知道的是，具体我们是怎么做的呢，控制措施是什么？请您先就第一个风险谈谈具体的管控措施。

**被访谈者**：好的，具体管控措施是这样的……

至此，访谈的序幕正式拉开。

上面这个例子，给我们运用苏格拉底连"是"法一些很好的启发。审计要做一个成功的访谈者，让被访谈对象打开话匣子，也就是网络常说的"正确的打开方式"至关重要，审计人员与被访谈对象容易达成的共识话题谈起，先谈了管理目标，这个也是审计的目标，在管理目标获得"是"的回答后，又主动谈了影响采购目标实现可能的三个重要风险，这时被访谈对象又给出了"对""是的"等一连串肯定式的回答。通过找到彼此都赞同的话题，引起被访谈者的共鸣，进而可以顺利地将访谈继续深入下去。下一步可以换成被审计人员多说，具体的管控措施是怎么样的、管控效果如何等。

以后，当我们运用审计访谈时请运用苏格拉底的"是，是"原则，这样就能容易解决问题。如果你想要获得别人对你的认可，就应该遵守这个规则：让对方很快地回答"是！是！"。

### 6.3.1.2 访谈风险提炼法

我们运用苏格拉底连"是"法拉开审计访谈序幕后，被访谈对象开始谈及管控措施，审计人员这时候做什么呢？最常见的回答是记录或者倾听。是这样的吗？或许是，或许也不全是。

首先，该记录的还是得记录。但要注意，如果是记录的话，我们要速记，可是一般人很难达到速记的水平。因此记录内容详细的关键点在于：一是要记问题；二是记要点、关键词，这有利于回忆。不要试图把所有话都记下来，那是不可能实现的，除非你是速记员。

其次，仅是倾听是不够的。俗话说，"好记性不如烂笔头"，如果审计仅听不记录，可能就是左耳听右耳冒。所以审计要及时整理出访谈纪要，尽可能当天整理出访谈纪要，访谈内容需要汇总各成员的记录成果，指定一人负责整理后，形成访谈记录。访谈纪要模板内容包括被访人员姓名、被访人员部门及岗位、访谈日期、访谈地点、访谈目的、访谈内容，页眉页脚注明审计部、被审计单位名称、编制人、复核人、项目页次等。

还有，仅是记录和倾听也不完整。这意思是说，一味地记录和倾听也是不可行的。不仅要倾听、记录，我们问过之后，要做一个重要的事情，就是**评价**。问过访谈对象后，我们根据访谈对象的回答，综合评价其叙述的管控措施能否实现控制目标，是否可以将风险防范在可知、可控、可承受的范围之内。不评价，仅是记录和倾听没用。

访谈纪要应当体现"问"的成果。不过，当利用这个成果的时候，如果没有清晰的索引和准确的内容提炼，岂不是要从头到尾再看一次？这样岂不是浪费时间？所以，为了更好地体现"问"的成果，我们要将审计访谈纪要的风险点提示出来，形成访谈的总结要点，建立一份风险提炼表。

我们将这种方法叫作访谈风险提炼法，该方法的关键点在于在访谈过后及时将访谈记录中的风险点提炼总结出来。

风险提炼法好比我们做完审计工作底稿之后，要在审计工作底稿中写上审计说明、审计结论一样，审计工作底稿中光是表格和数据作用不大，从表格和数据反映和发现了什么问题，要由审计人员揭示出来。

我们鼓励审计人员"问"完之后，不仅要形成审计访谈纪要，更应该建立一份访谈风险提炼表。

### 6.3.1.3 借助流程图适当提问

审计访谈时也能会遇到被访谈人云山雾罩、东扯西拉的情况，有经验的审计人员这时会注意控制对方话题，防止对方漫无边际地泛谈，可在对方稍微停顿时用总结对方观点的方法打断对方，并将话题拉回来。

还有一个常用的方法，借助流程图进行提问。一边问一边将回答的结果用流程图绘制出来。我们可以在访谈前准备一块白板，也可以拿起身边的一张白纸，将被访谈者所叙述的流程画出来。

当然被访谈人的思路也需要审计人员引导，我们不妨按照流程中七个要素的原则，将流程中的输入资源、流程中的若干活动、活动的相互作用（例如串行还是并行、哪个活动先做哪个活动后做，即流程的结构）、输出结果、顾客、最终如何防范风险、创造价值这七个要素问清楚后一步步地画出来。

此外，还要充分访谈流程中的六个问题：

（1）有哪些相关流程？

（2）目前流程是哪些部门的哪些岗位，做了哪些活动，活动间的关系怎样？

（3）这些部门和岗位做这些活动，受到哪些制度、规定的约束？

（4）对这些流程，有没有相关的监控要点，谁来监控？谁对监控要点负责？怎样考核？

（5）对这些流程，有没有相关的报表，谁来提交，提交给谁？是报表还是在线查看，报表的内容是什么，接收者能采取哪些措施来保证流程运营？

（6）这些活动是手工还是 IT 支持的？效果怎样？

借助流程图适当提问的方法最大的好处是可以追溯，白板的记录可以让双方同时看到，也方便反复讨论。此外，记录的时候也可以增加审计人员思考反应的时间，在访谈之后也能便于整理总结，利于回忆和还原访谈场景。

### 6.3.1.4 掌握审计访谈的十个技巧

（1）正式开始前要有一个开场白，主动递上名片，介绍自己和访谈目的。

（2）简短的题外话有助于迅速拉近彼此距离，形成融洽、亲切的谈话氛围。

（3）注意控制访谈时间，一般不超过或少于原定访谈时间的四分之一。

（4）对某些典型事例要深入了解，弄清人名、地名、时间、具体内容、准确的相关数据。

（5）不要生硬地否定对方观点，也不要随口附和对方观点，对明显荒唐的观点可以委婉质疑。

（6）对重要问题可阶段性间隔后重复提问，以验证对方观点。

（7）在尽量多的熟悉企业情况的基础上再进行访谈，不能盲人摸象，单纯依靠访谈发现问题。要在访谈前，准备好问题。

（8）项目组成员不要打断项目负责人的谈话，以防打乱其思路；小组成员碰到模棱两可的问题时，可以传阅纸条给项目负责人，由其决定是否询问。

（9）如何引导被访谈者提供客观真实的情况，十分关键。一定要循序渐进，由浅入深，顺藤摸瓜，慢慢深入，不要一开始就谈要害、敏感话题。这么做并非引诱被访谈者朝着访谈者的思路走，而是让被访谈者多说，我们从其谈话中找到有价值的线索。

（10）在访谈过程中不要掺杂个人感情，不要被访谈对象的感情所左右，不要听信被访谈者的一面之词。要做到不露声色，不要肯定也不要否定，哪怕一点点同情或者小小地摇头都不行，不要发表个人观点，态度应客观公正。在访谈中，小组人员还要依靠自己的工作经验辨别被访谈对象谈话内容的真伪度。

### 6.3.2 追根问底：有疑点要打破砂锅问到底

当审计人员发现疑点时，能否做到"打破砂锅问到底"非常关键。如果审计人员在遇到疑难问题时选择了退缩，得过且过，那将很有可能错过重要审计线索，最终导致出现重大审计风险。

打破砂锅问到底，就是要针对疑点反复地问，在不同时间、地点问，在对方出其不意的时候问。千万不要被模糊过去，同时要比对看前后信息有没有矛盾的地方。毕竟，真的假不了，假的也真不了。

审计光有问到底的勇气不行，还要掌握谈话必要的艺术。这里要注意三个要点：

（1）抓住互相矛盾的信息。凡是重要的问题，可以通过与不同的角度、层次的人员进行访谈，相互印证，以发现真实的情况。

（2）注意观察被访谈人的举止、神态和心理变化，抓住时机，突出主题，以达到预期目的。

（3）防止被访谈者猜测你想要得到的答案，违背事实不讲真话。审计人员可将要害问题放在一般问题中随意提出或突然提出，让被访谈者没有思想准备，但应避免诱导被访谈者。

【案例】

某销售分公司营销策划主管张某的丈夫赵某，曾任该销售分公司产品总经理，审计检查时发现，销售分公司合作客户 A 的股东之一为赵某本人。在赵某任职期间，客户 A 与销售分公司购销业务往来频繁，金额较大，发现此问题后，进一步查看销售分公司与客户 A 的销售政策，其中存在多笔无原则返利的情况，高度怀疑赵某利用职务便利通过销售政策的不当倾斜为自己谋取私利。不过，发现该问题前不久，赵某已经离职，去向不明。

审计组考虑到该产品总经理赵某已离职，且从无原则让利给客户 A 的销售政策中，有几笔广告的销售激励张某也参与其中，初步推断夫妻共同违规操作的可能性很大，故打算从张某处寻找审计突破口。

初步排查并进一步拟定了详细的审计方案后，审计部安排了一次突击访谈。不过，张某开始表现得异常淡定，在介绍履历时提到已与丈夫"离婚"，对调查组询问赵某的工作近况以及之前的工作内容，一律以"离婚"这个理由回避，自称一无所知。

访谈就此陷入僵局。"离婚"是审计组始料未及的事情,一旦两人真的"离婚",试图从张某这里寻找审计突破点的希望就会破灭,等审计人员事后再去核查是否离婚,再去找张某时,可能当事人已经做好应付审计的各项准备,再想获得突破就非常难了。所以,在审计现场时,审计问题的关键点在于——张某与赵某究竟是否真的已经离婚。到底是周围人对其离婚毫不知情,还是对方以离婚作为幌子,拒绝说出内情呢?这是一个摆在审计人员面前的重要疑惑。

此时,审计人员没有退路,只能选择"打破砂锅问到底"。审计人员内心确信的是:假的一定真不了、真的一定假不了,如果真离婚,一定可以验证。

"你们具体什么时候离的婚?"审计人员问。

"2012年年底吧。不对,好像是2013年年底。记不清了。"张某答。

"你现在住在什么地方呢?"审计人员进一步问。

"××路,和我母亲住在一起。"张某声音不大,继续回答道。

"您离婚后,分公司还有哪个同事知道?"审计人员继续问。

"没有人知道,这是我们两个人自己的事情。"张某回答这个问题的时候,已经有些迟疑。

"您刚才说,对赵某现在做什么工作一无所知,那你们离婚以后,就没有了任何联系吗?"审计人员思路敏捷,继续追问。

……

而后,审计人员通过不断地访谈,疑点逐渐浮出水面。

首先,记不清离婚的具体时间,这对于一个女人来说是不正常的事情。

其次,张某的履历表中只更新了婚姻的"离异"信息,却没有变更现有住址,这与和自己母亲另住某处信息不符。

再次,张某和赵某在分公司工作同事多年,至少有一些朋友,那么对他们两人已经离婚的事实,怎么可能没有任何其他人知道呢?

最后,离婚之后没有任何联系也有悖于人之常情。

针对这些疑点,审计人员推断张某离婚应该是假的,如果张某在此问题上说谎，恰恰反映张某在试图掩盖违规事实。

审计人员提出了上述疑点，要求张某给予解释，并义正词严地对张某说，"您应当实事求是地配合我们的审计工作。"

最终，在审计人员的不断追问下，张某自感露出了难以自圆其说的马脚，于是就承认其实她与赵某根本没有离婚。由于担心事情败露，所以刚才讲了谎话。

你看，如果这次审计访谈不是巧妙设问，面对疑点，如果不是连续追问，最后打破砂锅问到底，那就等于"问"得不彻底，很可能就会导致审计失败。恰恰是审计组运用了有效的访谈技巧，为打破审计僵局奠定了一个很好的基础。

实践表明，审计"问"的方法运用得当与否对审计工作质量、权威以及审计人员形象等在一定程度上起着十分关键的作用。可以说：一个好的审计询问，可以达到事半功倍的效用，反之，则可能产生事倍功半或者全盘皆输的结局。在"问"的过程中，注意核对"望"和"闻"过程中掌握的情况，顺藤摸瓜、去伪存真，进一步核实已发现的线索。

需要指出的是，是不是凡事都要"打破砂锅问到底"呢？那绝对是错误的！对所有事项都不厌其烦、死缠烂打的问法就是让被审计单位的人员认为你是一个大 trouble，避之唯恐不及，那样反而无法达成最终的审计目的。

### 6.3.3　询问有方：五个审计询问的具体方法

针对不同的对象采取不同的询问策略，在此基础上，对具体情况应采取有效的方法，这样询问才能产生好的效果。

实践中主要有以下一些方法。

#### 6.3.3.1　突然袭击法

一般审计开始时，被审计单位会比较重视，心理多有准备。审计人员不宜在此时进行重要问题的询问，要不露声色，待对方松懈时，突然询问，再配合其他审计方法，如盘点，则效果一般较好。

### 6.3.3.2 单刀直入法

如果审计中询问一般性问题或是证据掌握已较充分，询问只是为了证实一些情况，在这种情况下，应开门见山，向询问对象讲清利害关系，要求予以讲清情况。

### 6.3.3.3 迂回求证法

实践中某些问题从其他角度无法得到完全证实，必须向有关人员询问，但问题又不便于向被审计单位人员全部透露，以免打草惊蛇，这时询问就必须非常小心，询问不应暴露审计人员的目的，尽量从旁求证。

### 6.3.3.4 循循善诱法

审计实践中经常有这种情况，向被审计单位有关人员询问时，对象明明知道事情的来龙去脉，但在未得领导的指示时，根本不予配合。这时就需要审计人员以法、以理、以事实引导谈话对象。

### 6.3.3.5 旁敲侧击法

实践中发现的一些疑点，大部分都不能立刻做出审计结论，需向有关人员查询、核验，这时宜多做旁敲侧击的提问，多问几个为什么，逐步深入、具体化。提问要尽量避免涉及敏感问题。提问的目的，着重是弄清来龙去脉、事情真相，以便取证、确认事实，至少是求取扩大线索，为进一步追查、核实创造条件，不能操之过急。

## 6.4 切的方法

"问"是不是审计人员的终极王牌呢？显然不是的。因为它最大的缺点就是获取的信息未必可靠。因此，审计人员必须具备终极撒手锏——"切"。

切，即对症下药，做出专业判断。"切"是内审工作的关键，是综合研判，要"切"中要害。

### 6.4.1 切中要害：内部审计的六个不放过

"切"，即切中要害。借鉴国家安全生产四不放过原则，我们创造性地提出审计"六不放过原则"。我们认为，只要审计人员在审计过程中把握这六大要素，就掌握了审计的精髓和灵魂。

#### 6.4.1.1 现状没有查清不放过

现实情况错综复杂，查清现状并不容易。对于内部审计来说首要的任务是要发现问题，那么这个事情有没有问题？现实的情况到底是怎么样，必须在搞清楚的前提下明确结论，做到程序合法、事实清楚、数据准确、定性合理，从程序到实质、从形式到内容要求还原事实的原貌和真相。

#### 6.4.1.2 标准没有找到不放过

没有标准，不成方圆。标准是判断是非的尺度。搞清现状，就要寻找标准，标准找到之后还要分析是否健全合理，尺度校准后再去衡量及评判实际情况的执行问题。找不到管理标准的，按照一般管理原则和最佳实践去评判，并在整改落实环节完善规章制度。

可以帮助内部审计人员查找的标准有：

（1）有关法律法规、方针、政策、规章制度等的规定。

（2）国家部门、行业组织公布的行业指标。

（3）公司内部管理规章制度、合同协议。

（4）组织制定的目标、计划、预算、定额等。

（5）同类指标的历史数据和国际数据。

（6）同行业的实践标准、经验和做法。

### 6.4.1.3　影响没有分析不放过

问题的发生总要产生一定的后果，这需要用定性或量化测评某一问题事件或事物带来的影响或损失的可能程度。也就是说对问题产生的后果进行评价，比如公司遭受的损失、影响的企业风气等，这是落实审计责任前提，也可以借此提高被审计单位对审计发现的重视！

### 6.4.1.4　原因没有查明不放过

堵塞漏洞，防患于未然，这是内部审计的职责所在，不仅要查清直接原因，还要追根溯源查清设计、制度、管理等方面源头性问题、主要原因及根本原因！查明了原因，等于找到了造成某种结果或者引发某种事情的条件，这是找到解决措施的前提。

### 6.4.1.5　责任没有落实不放过

审计不但要指出问题，还要分析出现问题的原因，分析责任人。都说对事不对人，实际上对于失职或触犯红线等行为必须要落实责任人，体现"权责"统一的理念。公司员工对此问题是否受到教育的责任也一并落实。"惩前"才能"毖后"，"治病"才能"救人"，落实责任才能"服众"和树立权威。

### 6.4.1.6　整改没有落地不放过

不制定切实可行的整改措施不放过，制定了整改措施未落实不放过！始终跟踪审计整改落实，提高审计整改力度，一件件整改，一项项落实，做到立竿见影，落地有声，避免年年审计年年犯，通过跟踪审计倒逼整改措施落地有效。

## 6.4.2　找到病因：查找问题原因的六个审计视角

在上述"切中要害"的过程中，我们提到必须要"找到病因"，但是如何去查找其中的原因呢？应该从哪些角度探索病因呢？我们还总结了"查找问题原因的六个审计视角"。

### 6.4.2.1　从意识方面查找原因

很多事情没有做好，首先是某些关键人的思想意识方面出现了偏差，认识不到位，责任意识不强，不思进取，得过且过，习以为常、麻痹大意，更严重的是人生观、价值观出现了问题。因此，要想做好一件事情，必须要提高思想认识，意识先行，如同空气一样，看不见摸不到，但是绝对离不了。

### 6.4.2.2　从制度方面排查原因

企业规模到了一定的程度，需要建章立制、规范要求（见图6-3），这个规范是出于自愿、自发的，是基于控制、基于管理的需要，凡事按照家规家法去办，责权利明确统一。制度本身不健全、不合理、不适用，是多数问题产生的原因所在。

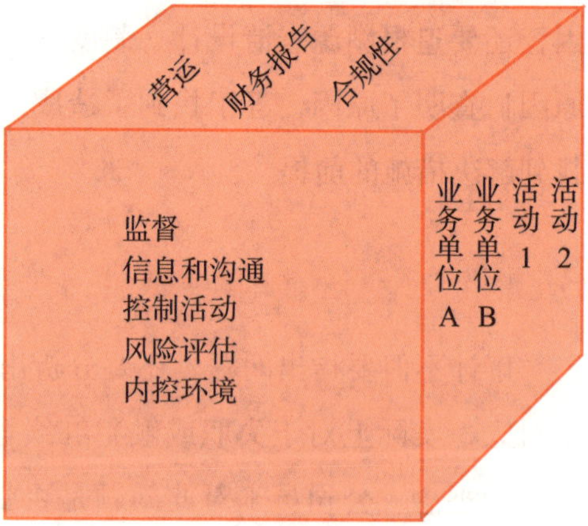

图 6-3　从制度方面排查原因

### 6.4.2.3　从人员方面分析原因

有的时候不是制度本身存在问题，而是有些人的品德、能力出现了问题。这样即使再好的制度，靠这些道德品质不良的人去执行也是不可能有好的结果的，所以要从人的身上去挖掘，发现背后的品质问题。所谓德不配位，必有灾殃。

### 6.4.2.4　从机制方面挖掘原因

如果问题的出现是经常发生、不断发生、反复发生，就要考虑不是制度本身存在问题，很可能就是机制性的问题（见图6-4）。体制机制不完善

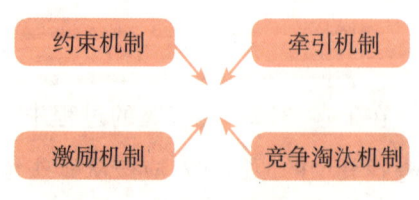

图 6-4　从制度方面挖掘原因

往往是滋生一些老大难问题的"土壤",一些屡审屡犯的问题,究其原因,往往不是相关人员有意为之,也不是没有相关制度,而是体制机制不完善。奖惩和考评机制问题的原因比较常见。

### 6.4.2.5 从流程方面梳理原因

原因有的时候是比较复杂的,我们要像切蛋糕一样的,把它层层分割,段段分解,条块分离出来,按照流程的走向,一个个人去查找相关的原因,使得问题的分析清晰化(见图6-5)。

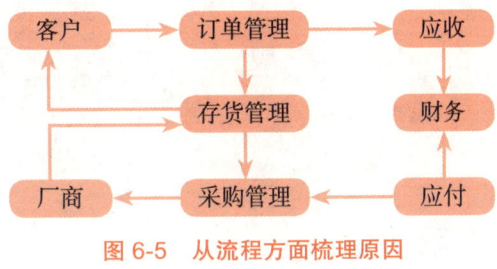

图6-5 从流程方面梳理原因

### 6.4.2.6 从监督方面透视原因

问题没有被及时地暴露和发现,很多是由于监督没跟上、监督不到位所造成的,没有监管就等于不管,监管不到位就等于没管。没有监督,天使都会变成魔鬼,严密的制度,若不辅以严格的执行监管,必然流于形式;一流的标准,若不佐以持久的鞭策,必然滑入低流。

如果审计人员在挖掘问题原因时能够熟练地掌握这六个审计视角,就一定能够准确地找到病因,否则很可能会忽略根本的因素或关键的环节。

"切"过之后,内审人员应当开出"处方",提出符合国家财经法规、审计准则及文件要求的专业性处理意见和审计建议,交出一份有针对性、有分量的审计报告,为审计工作画上一个圆满的句号。

以上,就是"望闻问切"审计工作法的全部内容。在实际运用时它是一个综合的、系统的过程,是一个由表及里、由外到内、透过现象看本质的过程,希望大家可以综合运用,提升专业审计水平。

第 7 章

# 反　舞　弊

员工和管理层舞弊，就像一种有害的杂草。一旦得到适宜的环境，就会迅速蔓延开来，败坏企业风气，损害企业利益。

有人将内部审计看作公司内部的"经济警察"，在企业内部舞弊调查方面逐步发挥着越来越重要的作用。

查舞弊并非内部审计的常规性任务，但是在各类职务犯罪的大要案查处中，内部审计是纪委、刑侦、反贪、司法部门最可靠的同盟军。内部审计独立实施的反舞弊项目更具有得天独厚的优势。

## 7.1 国际反舞弊组织在行动

### 7.1.1 我们一直在实践中探索舞弊的规律及对策

国际反舞弊的专业性组织（ACFE美国注册舞弊审查师协会）发布的《2012年全球职务舞弊与滥用职权报告》，是当前我们可以得到的最新反职业舞弊与滥用职权方面的著作，也是我们快速获得世界级反舞弊知识及手段必不可少的资源，从2002年开始，我们已经跟踪调查结果长达12年。

应当说，尽管实施舞弊的方法上存在区域性差别，但是不管舞弊行为的发生地点在哪里，他们的许多趋势与特征仍是相似的。

《2012年全球职务舞弊与滥用职权报告》提到了各类、各种职业舞弊与滥用职权手段特征，说明了各种职业舞弊与滥用职权实施方法与手段，提供了检查和发现各类职业舞弊与滥用职权的方法以及防范措施，我们被其严谨的结构、丰富的内容、深邃的思想所折服，研究利用这个报告的成果，成为我们在实务当中有效实施舞弊审计的一大秘籍。

## 7.1.2 《2012年全球职务舞弊与滥用职权报告》带给我们的启示

以下是《2012年全球职务舞弊与滥用职权报告》节选（下文用楷体字表示）及我们的诠释：

*调查参与者预估具有代表性的组织由于舞弊而导致的损失占其每年总收入的5%。*

这个舞弊成本的估计数是令人震惊的。按照2011年的世界生产总值（GWP），该数字意味着全球每年因舞弊而导致的潜在损失已经超过35 000亿美元。一家规模为千亿营业收入的公司，意味着每年舞弊流失了50亿元的利润。内部审计师应该利用这一数据让管理层对反舞弊工作充分重视。

*职业舞弊对小型企业的威胁极为严重。小型企业里特别容易产生舞弊。*

最小型的组织遭受着最大的损失中值。比起大一些的公司来说，这些小型组织对反舞弊措施的投入明显偏少，这也使得他们面对舞弊欺骗更加的脆弱。另外，因为他们拥有的资源较少，所以小企业所经受的损失对他们影响比对大企业的影响更大。

*资产侵占是目前为止最为常见的职业舞弊类型，占报告舞弊案件的87%。它们也是成本最低的舞弊类型，平均每起舞弊的损失中值为12万美元。*

舞弊最常见的还是小偷小摸等侵吞财产的行为，相比其他两种舞弊类型，它造成的损失最小。

财务报表舞弊虽然仅占到所有案例的8%，但是造成的舞弊损失中值高达100万美元。而居于两者数量之间的腐败案件，占所有案例中的三分之一，造成的舞弊损失中值为25万美元。

反舞弊的方向不能偏了，"方向不明决心大"是没有用的。内部审计在反舞弊方面，要谨记自己的根基在财务报告舞弊审计。财务报告舞弊通常包括虚假的收入和隐藏负债、费用，以便于让组织看上去的业绩更好。

在所有调查的舞弊案例中，从最初实施舞弊到行径败露的平均总时间为18个月。然而，各种类型舞弊的持续时间为12～36个月不等。

舞弊人都是贪婪的，过去干、现在干、将来还打算干，不可能干完一票就收手。我们发现的可能仅是冰山一角，内部审计师从当前业务和最近年度足以查找舞弊的线索，发现舞弊后别忘记追溯到至少两年前。

最常受到舞弊欺骗的行业是银行金融业、政府公共部门以及制造业。

尽管在银行和金融服务业，政府和公共管理行业以及制造业的舞弊发生率最高，但它们的损失并没有像其他行业那样严重。例如，在报告的案例中，只有9例发生在煤矿业，但它们导致了最大的损失中值。房地产、建筑业、石油和天然气行业亦是如此。

舞弊者职位的高低与造成的损失有密切的关联。所有者／执行官所造成的损失比经理高出约三倍，而经理造成的损失相比雇员来说高出约三倍。

这个结果也是预料之中的，更高的职位通常意味着这个舞弊者有着更多接近组织资产的机会，以及更加藐视反舞弊的法律控制。

近三分之二的舞弊案是由男性主导的，这一比率与我们最近的三次研究相当一致。

男女舞弊者的比率取决于地区因素。欧洲、亚洲、非洲和拉美、加勒比地区，男性舞弊者的比率占到了75%。相反地，加拿大和美国地区拥有最低的男性舞弊者比率。

职业舞弊六个最高发部门分别是财务、运营、销售、高管、客户和采购部门。总的来说，这六个部门出现的案例占我们所接收到的总案例的77%。

财务部门欺诈所占比重最大，不是因为他们最腐败，而是财务实施的舞弊最终都体现在账内，那"该死"的有借必有贷规则，让财务舞弊相对容易被发现。内部审计部门几乎是一个组织中最清廉的部门，即使内部审计师像小偷一样思考工作也不用担心在财务账项内有什么实际行动，因为他们几乎没有实施的机会，除非极少数的内部审计败类在账外的权钱交易。

职业舞弊的最初发现，外部审计仅占3%。

外部审计不应该被组织依赖为主要的舞弊检查手段。外部审计是目前我们调查中最常见的控制手段，而且他们在防止舞弊损失上表现得不尽如人意。虽然外部审计在预防潜在的舞弊行为上有着强大的影响作用，但是在揭露舞弊行为这方面的作用却极其有限。

舞弊审计是一种发现性冒险活动。它以既定事实为代价，以先发制人的方法实施审计。我们需要企业上下有更多的人了解：什么样的行为可能构成舞弊，舞弊如何伤害企业中的每一个人，以及如何去报告那些有问题的行为。

## 7.2 舞弊为什么会发生

### 7.2.1 诠释舞弊黑三角

舞弊黑三角如图7-1所示。

舞弊的征兆并不复杂，如大批舞弊案的规律：一个单位、一个部门或者一项业务，如果有人要进行舞弊的话，一定要具备三个条件：压力、机会与借口。只要三个条件同时具备了，舞弊几乎是必然的了，而不舞弊反而就显得不正常了，不舞弊是暂时的。

**压力（动机）Pressure**
1. 业绩考核
2. 获取信贷资金
3. 股票发行及资格维护
4. 税收筹划
5. 政治利益
6. 责任推卸

**机会 Opportunity**
1. 缺乏发现企业舞弊行为的内部控制
2. 无法判断工作的质量
3. 缺乏惩罚措施
4. 信息不对称
5. 能力不足
6. 审计制度不健全

**借口（道德取向）Rationalization**
1. "这是公司欠我的"
2. "我只是暂时借用这笔资金，肯定会归还的"
3. "我的目的是善意的"
4. "用途是正当的"

图 7-1 舞弊黑三角

压力是指经济上的压力、工作上的压力、生活上的压力及恶癖的压力等。

借口就是能找到一个使舞弊合理化的理由，并能说服心中的另一个自己。比如：这笔钱本来就是我给企业挣的，我就该有份。大家都这样做的。我的目的是善意的，用途是正当的，等等。

机会就是败露率极低的制度缺陷、无法判断的工作质量，频频为舞弊开绿灯的惩罚措施，以及信息不对称和反舞弊人员的能力不足等。

舞弊在一念之间。

在这三个因素中，压力和借口是一对孪生姐妹。当有人决意实施舞弊时，压力和借口已经如影随形了。

舞弊黑三角中最关键的因素是机会。

所以，我们必须对管理层逾越内控的风险执行专门的实质性测试，将足够的注意力放在这个黑三角上。

## 7.2.2 "用人不疑，疑人不用"是个伪命题

不相容职务是舞弊者窃喜的一个好机会。而不相容职务的分离，则是切断

舞弊实施的关键。

什么是不相容职务呢？它是指那些由一个人担任的某个职务，既可能发生错误和弊端，又可能掩盖其错误和弊端。

我们用一个简图来诠释它（见图7-2）。

在图7-2中有五个方面的职权，箭头双方之间都是不相容的。串通舞弊往往是不相容职务之间的联盟。内部控制对于串通舞弊是没有任何作用的，因为它打破了内部控制相互制衡的底线。

"授权审批和业务经办"是不相容职务。领导插手工程和采购，就是

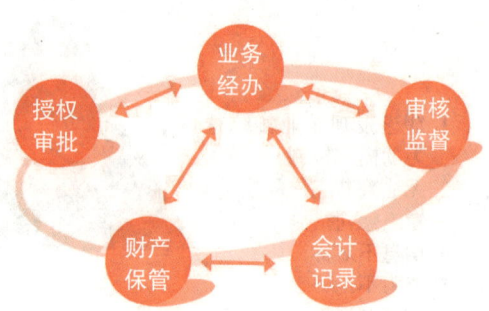

图7-2　不相容职务简图

打破了互相制衡的禁区。上级逾越下级的权力是一种倒位的越权，它比下级逾越上级的越权更危险。因为下级无法监督上级。这种不相容职务正是我们审计格外关注的一个利益输送链。领导者的无知无畏来自这里。

"业务经办和审核监督"是运动员和裁判员的关系。监督部门既当裁判员又当运动员，就有"黑哨"的风险。

"业务经办和财产保管"是采购和仓库保管的关系。大量虚构交易的舞弊来自这里。

"业务经办和会计记录"是报账和付款的关系，这个节点的内外勾结不可小看。

"财产保管和会计记录"是出纳和会计的关系，大额资金不入账一般是合谋舞弊。

许多企业家有一句口头禅："用人不疑，疑人不用。"他们当年创业正是靠着这种淳朴的人格魅力聚集了人才。当我们向他们介绍不相容职务理念时，他们会问我们："不相容职务需要很多人手，我们没有条件。况且，我的副手都是我信得过的人，用人不疑，疑人不用啊。"

正是这"用人不疑，疑人不用"，造成了许多老总日后的"心病"。他们曾经信任的部下背叛了他们的信任。以至于他们见到我们审计专家的第一句话就是："你有什么办法查出我身边的高管舞弊？"

内部控制是一种制度安排。有了"用人不疑，疑人不用"，就会有执行制度的双重标准和特权。制度一旦出现双轨制，就一定会出现"捣鬼制"，就一定会出现"严格立法、普遍违法、选择性执法"的企业文化，企业舞弊的泛滥就会在所难免。

如何预防职业舞弊？内部控制是关键。

我们认为：无论什么人，如果对其放纵不管，只是下达任务、布置任务，给职权、给奖励而不对其进行严格的检查、监督，发现问题不采取有效的措施，听之任之，那么，这个人迟早会成为工作的累赘，甚至会毁掉。控制与信任并不完全对立。管理中可能有不信任的控制，但决不应存在没有控制的信任。

用人要疑，监督是更高层次上的爱护；

疑人要用，用那些敢于表达不同意见的人，是境界。

## 7.3 提升舞弊败露率的秘籍

### 7.3.1 舞弊和犯罪是一种"经济活动"

舞弊和犯罪实际上是一种"经济活动"，有自己的"成本"和"收益"。舞弊分子之所以实施舞弊，是因为他预期犯罪和舞弊收益大于成本，是他在权衡各种利弊后做出的理性选择。

一般而言，犯罪成本包括以下三个方面：

一是直接成本，即实施犯罪（舞弊）过程中产生的成本，包括作案工具、作案经费、作案时间等直接用于犯罪（舞弊）的开支。

二是犯罪（舞弊）的时间机会成本，由于一个人把一部分时间用于犯罪（舞弊），那么通过合法活动谋利的时间就会减少，由此自动放弃的经济活动可能产生纯收益，即为犯罪（舞弊）的机会成本。

三是处罚成本，即犯罪（舞弊）被司法机关侦破并被判处刑罚对犯罪（舞弊）分子所造成的经济损失。

由于这些预期的犯罪（舞弊）成本能否成为现实中的犯罪（舞弊）成本，还取决于司法机关的破案率。基于此，犯罪（舞弊）学专家将犯罪（舞弊）成本用如下公式表示：

$$犯罪成本 = 犯罪直接成本 + 犯罪机会成本 + 犯罪惩罚成本 \times 破案率$$

其中，犯罪直接成本和犯罪机会成本与人们所受教育程度、工资收入、就业机会、年龄等相关，惩罚成本则是以破案率为前提，破案率越高，犯罪者就越少。

舞弊者胆大妄为，关键原因是舞弊成本太低。使得我们往往像老百姓抓小偷一样，抓着了，他把钱还给你，抓不着，就是他的了。

提高办案效率的最佳方法莫过于加大舞弊犯罪的经济成本。

另一方面，舞弊的产生与环境有很大关系，当环境形成了舞弊所需的各种条件之后，不被发现的诱惑使职务舞弊的冲动会变得强烈起来。审计人员应重点分析研究舞弊产生的环境因素，而非舞弊产生的表面结果。

打击是最好的预防。从犯罪经济学的角度看，一流的罪犯就是用最小的犯罪成本获得最大的犯罪收益，而今天我们要采取的措施则是使贪腐分子的犯罪成本最大化，最后达到降低犯罪率的目标。鉴于此，一个人犯罪以后被捕的概率比监禁期限有更大的阻遏犯罪作用。

## 7.3.2　反舞弊热线：为舞弊亮出 360° 照妖镜

职务舞弊的败露往往是来自于各种举报，而非其他的方法。而绝大多数的举报线索则来自于受害公司或组织的内部雇员暗中举报。

因此，必须构建一个鼓励个人愿意提供检举的体系。公司在决定如何最好地将检举政策和其他资源传达给潜在泄密者时，应该考虑这些因素。设立匿名检举热线或者网站，使员工在检举时不必害怕被报复或身份被公开，该措施有利于促进舞弊检举。

是否设置检举热线对舞弊能否被揭发产生了重要的影响。显而易见，有检举热线的公司通过检举揭发舞弊的比例，比没有热线的公司高，前者高达51%，后者只有35%。

我们可以做一个专门的客户端、一个微信公众号、一个网站、一个专门的论坛或一个举报信箱，让它们成为我们反舞弊的无缝查控平台。它使内部审计反舞弊近在"指"尺。企业反腐信息如今就在口袋里、在指尖上。任何人用手机就可以直通审计、监察和纪委，举报人随手可以举报和监督舞弊问题。

为每个人提供一个能向相关部门反映"可疑活动"的途径，这是反舞弊项目中重要的一环。

热线的舞弊报告机制需保证其匿名与机密性。在管理方式上，应积极地鼓励员工们报告那些可疑活动，同时颁布并强化"反报复"措施。

我们已经通过这些渠道，让员工关注舞弊的焦点和线索。一旦我们在公众平台上问计于各方，向各方征集舞弊线索时，就会有各方的信息。知情者会共同来报道和评价，他们要分享自己的观点。即使他们只是告知自己的亲人和朋友。舞弊线索很难逃过这种360°的"人肉搜索"，这恰恰是我们的线索和借鉴的思路。

在某集团，对舞弊行径"零容忍"的亮剑行动营造了员工"有诉必查，有责必究，举报保密，查实重奖"的高压反腐之势，最高奖励达到了100万元。在一个民营企业，我们访谈了一位实名举报顶头上司的基层干部。我们问他，明知这位上司是老总的亲友，为何敢六亲不认持续举报？他说："老总对我有恩，我曾经因为举报受到老总奖励，买了一套房子。"

有了"信息平台＋激励机制"，舞弊将成为人人喊打的过街老鼠。

## 7.3.3　识别舞弊线索的"真假美猴王"

当舞弊审计涉及职务犯罪时，对职务犯罪的所有举报，并不能统称为线索。最初、最原始接触到的大量的有关疑问，充其量仅仅是信息或仅仅是线索的毛坯，其中只有少量的才能成为线索。因此明确地说，信息是较为原始的、粗糙的，是一种事物原生态的反映。而线索则是经过筛选的、选择的，是一种具有理性化的信息反映。

职务舞弊的线索是具有特定性的，无特定联系的不是线索，无法侦查的不是线索，没进入程序的不是线索，没有经过筛选的不是线索。我们在实务中总结了线索评估的20个具体要点：

（1）分析判断是否有明确的被举报人或单位。

（2）分析判断是否有明确的事实或迹象。

（3）分析判断举报材料中的情况是否存在利用职务便利。

（4）分析判断被举报人的特点、经历、背景和隐私情况。

（5）分析判断被举报人作案的动机、手法和防范心理。

（6）分析判断被举报人涉案事实中有无可依靠的人员、可利用的外部条件和其他各种因素。

（7）分析判断被举报事实有无知情人或直接经手人。

（8）分析判断举报人是局外人还是知情人。

（9）分析判断举报件是单一举报还是多头举报。

（10）分析判断举报动机属于哪类情况。

（11）分析判断举报事实的可能性和真实性程度。

（12）分析判断举报事实是否涉及窝案、串案。

（13）分析判断举报事实的关键症结所在。

（14）分析判断事实证据获取的可能性及途径。

（15）分析判断调查工作的切入点。

（16）分析判断举报事实的发展趋势和各种可能。

（17）分析判断调查过程中的有利因素和不利因素。

（18）分析判断调查需要几个阶段。

（19）分析判断调查周期需要多少时间。

（20）分析判断调查人员应该如何最佳组合。

职务犯罪的线索既有书面举报，又有电话举报和上门举报；既有实名举报，又有匿名举报；既有单独举报，又有多头举报；既有个人举报，又有单位举报；既有知情举报，又有道听途说的举报等。不同的线索，其可查性是不同的。

我们往往通过对案件的线索来源、举报人、举报内容、被举报人及相关情况进行认真分析。

实名、匿名要分开，实名优先排查。从实名举报人的心态和举报动机看：有人举报是为了维护社会正义，期望通过法律手段惩治贪赃枉法等犯罪行为；有的是为了维护自己的利益免遭损失，这种利益可能是合法的，也可能是非法的；还有的人是出于个人恩怨，或者是利害冲突，从而捏造事实报复陷害。

在实施舞弊审计时，我们很难把握审计的深度和审计的职责范围，容易在审计过程中超越审计职权而触犯有关的法律法规，从而导致审计"越权"风险。

因此，我们需要学习有关法律、犯罪学以及各种职务舞弊的知识。在编制舞弊审计报告时，征求法律顾问的意见，避免由于措辞或定性不当而使审计报告有违法的风险。

我们尤其要注意：客观事实有时不等同于法律证据。我们在取证时，要努力使审计证据与法律证据衔接，形成一个没有疑点的闭合的证据链，否则，会导致审计移送处理涉嫌犯罪案件立案率低、判决率低的问题，它直接影响了审计战果的扩大和审计职能的发挥。

虽然舞弊是故意的行为，但实际工作中如何判断故意还是过失几乎不可能，舞弊者通常都会狡辩自己的动机，这时利用通常的理性思维和人性特点去还原事情真相是一个不错的方法，毕竟舞弊审计师不是法官和警察。

### 7.3.4 让舞弊可识别、可举报的利器：查弊CT

我们无法穷尽舞弊征兆的林林总总，但职务犯罪的特征却有着明显的规律。我们通过大面积的培训与宣贯，让干部员工人人皆知"原来这里藏着猫腻"，猫腻就不会在众人的无知和麻木中招摇过市。

我们的一篇文章"职务犯罪的DNA"发表后，仅仅列举了10个征兆，就搅动了管理者与审计部门之间"无事不登三宝殿"的平静。有的主动上门讨论整改，有的积极提供线索。

这10个征兆与国际反舞弊组织的数据几乎不谋而合，在所有查处的舞弊中，81%的舞弊者表现出一个或多个以下征兆：

（1）多种不相容职务集于一身。

（2）超支采购、低价推销或奢侈的生活方式。

（3）与交易方之间不正常的亲密关系或突然换掉一个长期的客户及供应商。

（4）有意误用管理规定、对岗位职责不付出最起码的注意和谨慎，有实施管理手段的义务而不实施，或拖延，或折扣，或歪曲地实施。

（5）隐瞒或错报经济事项。

（6）无法解释的情绪波动或复杂行为。

（7）具有使舞弊行为合理化的能力。

（8）能够利用内部控制的弱项掩盖舞弊行为的机会。

（9）沉重的个人债务迹象。

（10）将在正常情况下会给组织带来利润的潜在盈利交易转给雇员或外部人员。

我们不断地根据自己企业的特点，按系统、按环节整理归纳一整套揭示舞弊发生可能性最高的相关经验，并广而告之。

《组织危机征兆100例》《40个常见的欺诈行为》《财务预警指标14项》《双轨制标准与捣鬼制种种》《管理舞弊方面的主要迹象》《员工个人方面的主要迹象》《容许或助长舞弊发生的因素》……

我们犹如在制造一台先进的扫描CT，让舞弊的因子无法逃过这高密度分辨率的排查，每一种新型舞弊出现的时候，我们就会充实并修改过去报告中的分析，完善报告中数据的质量，以便使我们的报告与时俱进，增强我们CT的功能。

通过这类学习和培训的人越多，让舞弊可防范、可识别、可举报、可查处的精准率就越高。

## 7.4 舞弊审计如何琢磨人

### 7.4.1 行为比较法

舞弊审计对事也对人，人的行为如何量化？

在反舞弊的实战中，我们如何去量化那些企业"内鬼"对利润的侵占？量化那些有忠诚度、责任心的员工对企业利润的奉献呢？这是两种天壤之别的结论。但是，在传统的财务核算中，从采购、制造到销售各个环节的成本，全部被综合平均了。

有量化到人的方法吗？

有，这就是人的行为比较……

我们比较人的行为，比较采购人员的机会成本。同一种物料，张三物美价廉，李四家门口就有，却舍近求远，舍贱求贵，舍优求次。如此操作为哪般？

我们比较设备精心维护带来的设备运行成本降低与舞弊者人为制造"过度修缮"带来的成本超支之间的行为选择差异。

我们甚至可以比较销售人员和管理者谈判的绩效，观察其预案的深度。相当比例的利益输送舞弊案的曝光，最初都源于行为比较程序中发现的线索。

工作质量无标准，投机与舞弊必然如影随形。行为对比的方法，最简单，也最高端。它让我们用最简单的方法解决了最复杂的问题。有了这些方法，我们反舞弊就可以看别人看不到的地方，算别人算不清的账目，做别人做不到的事情。

### 7.4.2 用舞弊分子的思维来考虑问题

舞弊审计无法回避与舞弊者打交道。我们面对的有时不是一个人，是一串人,是一个隐形的利益集团背后的关系网和潜规则。

国际反舞弊组织发布的调查报告指出,合谋的概率(由两名或多名犯罪者构成)一直相当一致;在所有的案件中,合伙作案的数目已达到 36%～42%。

当两个或两个以上的人合谋舞弊,会导致特别有害的后果,特别是舞弊者的合谋使他们能够规避或掩盖他们的罪行。

查舞弊就得用舞弊分子的思维来考虑问题。舞弊审计不同于财务审计,它需要更多的思维方式而不是方法。尽管几乎所有的舞弊者都试图隐藏自己的罪行,但要相信真的假不了,更要相信假的真不了。

例如:我怎么样才能既收别人的好处,还没有蛛丝马迹呢?我应当设计一个什么样的思路和场景?还有,我想从一笔投资中去获利,我又要在程序上看起来循规蹈矩,有了问题,我也有替罪羊。我的策划应怎样做?我应该编一个什么样的故事?

所以,我们针对案情有不同的模拟心理活动演练;与舞弊者询问后进行录音回放与分析;在流程中"制造错误",观察能否通过审核等。

比如在一个采购不锈钢板的审计案例中,发现价格依据来自某公开网站。看似公允,但采购人员长期不更新网站,掩盖钢厂价格持续下跌的真相;钢厂已公布次月下调价格信息,采购员在月底集中大量下订单,为贸易商低价供货和高价结算进行利益输送;采购员无视公司在价格下滑时签订调价条款的要求;合同规定的采购返利形同虚设。审计人员将该采购员的行为过程再现一次,把他在另外项目采购的做法对比一次,舞弊端倪就会显现。

## 7.5 点亮源头反舞弊的一盏灯

预防舞弊的发生是降低舞弊损失最经济有效的方法。

### 7.5.1 精准揭示舞弊的神秘面纱

以上介绍的国际反舞弊成就、热线机制、查弊 CT、行为比较法,在实践中收到较好效果，但是，它是以既成事实为代价的。其完整性和准确性也会受到工作深度和广度等相关因素的影响，具有一定的局限性。

在企业内部，更精准地预防舞弊和筛查舞弊盲区的方法是梳理企业的命脉之流——物流、资金流、信息流。

我们用万物平衡的思路，努力在大数据中建立起万物互联的维度和参数。它将凸显出我们以往极易忽视的环节，在今天是难以置信的舞弊空间。国际反舞弊报告揭示的舞弊损失是销售收入的5%，一部分来自这里。

一部汇集我们知识成果的管理手册，揭示了管理动态运动的神秘面纱，成为企业知识共享的实战沙盘；为管理者推开一扇"顶层视野看企业，于微深处挖效益"的窗口；实现了财务、审计与其他专业系统的深度融合，成为舞弊者的"克星"。管理手册主要内容见本书第8章。

### 7.5.2 舞弊防范表

为了帮助各公司测试不同舞弊防范措施的有效性，国际注册舞弊审核师协会设计了舞弊防范测试表（见表7-1），表中的项目就是我们所在的公司应该在反舞弊方面实施的必要行为与措施。您还有哪一项要努力去做到呢？一起来测试一下。

表 7-1 舞弊防范测试表

1. 对所有公司职员是否都持续提供反舞弊培训？
   □职员是否清楚何为职业舞弊？
   □员工是否清楚舞弊对公司及全体员工的影响，包括利益损失、负面宣传、失业、降低员工士气及工作效率？
   □在不知如何进行道德决策时，员工是否知道该去何处寻求帮助，畅所欲言？
   □公司的各种言行是否向员工表明了对舞弊的零容忍态度？
2. 是否建立有效的舞弊检举机制？
   □对于已知或潜在的违法行为，员工是否知道如何表达他们的担忧？
   □是否设有员工匿名检举通道，如第三方热线？
   □员工是否能够匿名或私下举报可疑活动，而不必害怕被报复？
   □是否告知员工举报将会得到及时彻底的处理？
   □举报政策和机制是否也对供应商、顾客和其他外部团队适用？

3. 为了提高员工的舞弊检测意识，公司是否有采取或宣传以下积极措施？
   - ☐ 是应该积极地找出舞弊行为还是消极应对？
   - ☐ 公司是否表示会通过审计员的舞弊评估问卷积极找出舞弊行为？
   - ☐ 日常舞弊审计外是否有进行突击检查？
   - ☐ 是否有持续使用审计软件，如果有，全公司是否都知情？

4. 管理层是否诚实正直？
   - ☐ 是否通过员工调查来对管理行为的诚实正直性进行某种程度的考核？
   - ☐ 绩效目标是否现实？
   - ☐ 在管理人员的绩效考核和绩效相关报酬中是否加入防范舞弊的目标？
   - ☐ 对于舞弊风险，公司是否通过董事会或其他管理层如审计委员会来建立、实施及测试监管？

5. 舞弊风险评估是否能提前识别，并降低公司遭受内外舞弊的可能性？
   - ☐ 是　　　　　　　　　　　　☐ 否

6. 是否建立强力的反舞弊控制并按照以下几个方面进行有效操作？
   - ☐ 合理的职责分工
   - ☐ 使用授权
   - ☐ 财产保管
   - ☐ 轮岗
   - ☐ 强制休假

7. 是否设有内部审计部门，如果有，是否拥有足够的资源和权限进行有效操作，无须受到高层领导的过度干预？
   - ☐ 是　　　　　　　　　　　　☐ 否

8. 雇用政策是否包括以下内容（在法律允许范围内）？
   - ☐ 工作经历确认
   - ☐ 刑事和公民背景调查
   - ☐ 信用度调查
   - ☐ 药物筛选
   - ☐ 教育背景确认
   - ☐ 推荐信调查

9. 对于犯毒瘾，患有精神或情绪障碍，或出现家庭问题或经济困难的员工，员工福利项目是否给予适当的扶持？
   - ☐ 是　　　　　　　　　　　　☐ 否

10. 公司是否实行开放政策，允许员工自由发泄工作压力，并且在情况恶化前帮助管理者适时缓解员工压力？
    - ☐ 是　　　　　　　　　　　　☐ 否

11. 是否通过匿名调查来评估员工士气？
    - ☐ 是　　　　　　　　　　　　☐ 否

### 7.5.3 法证会计

今天，中国首个由企业发起成立的以反舞弊为目标的合作组织——中国企业反舞弊联盟已经成立，我们踊跃加入其中，在这个平台上共同实施反舞弊行动。

让我们感到耳目一新的是联盟内许多企业反舞弊组织的人力资源来自反贪局及公安刑侦部门。在这些企业里，法证会计作为一种有效反舞弊管理的手段进入我们的实战。

法证会计它既像侦探，又像会计，它既像是舞弊审计，又像是纪委监察办案。它能为我们做什么？在致同会计事务所的法证部，我们得以分享法证会计和防范商业贿赂措施的经验方法。

在今天的企业，员工舞弊风险的产生通常是毫无征兆的，而且这种风险水平将逐渐上升。任何一个突然出现的商业秘密盗窃、欺诈与侵占行径或者复杂的利益冲突都可以使公司的未来发展陷入迷茫状态。

比如收银员的偷盗，企业立案不得，轻易开除不得。大家想想，小偷偷了你的，你还得赔，哪有比这更窝囊的事？那么今天，我们找到了一把解决这个问题的钥匙。

法证取证技术可以使公司不再迷茫，因为它能洞察员工和外部资源的关系，可以在开庭之前为您提供您所需证明自己清白的证据，从而减少您的诉讼费用。法证获得的信息可以揭露员工违反合同条例、未能履行其义务或其他相关事项的事实，从而使法院充分理解案件，达到迅速结束仲裁的目的。

在中国日趋复杂的商业环境下，诸如GSK、摩根士丹利、朗讯等知名跨国企业纷纷被卷入商业贿赂事件，企业迫切需要妥善处理相关舞弊事件，以避免面临名誉受挫、业务中断、经济损失等一系列风险影响。因此，不少企业开始应用法证会计作为反舞弊管理的手段，这无疑是一种有益的尝试。

第 8 章

# 大数据与梳理企业的命脉之流

大数据时代，网络已经成为我们工作和生活中重要的一部分，它带给我们内部审计的挑战和机遇是空前的。

## 8.1 大数据与IT审计

在大数据时代，成功企业的基础业务模式出现了深刻变化。物流、资金流、信息流是企业的命脉之流，其底层真实数据是IT审计的基础。

大数据时代也改变了我们解决问题的方式。一个最简单的道理是人们在网上寻找一个问题的答案只需几秒钟。我们的利益相关者就生活在百度、微信的时代，仅仅敲几下键盘就可以得到大部分问题的答案。他们不再认为我们内部审计需要花费两个月，甚至两个星期的业务是很及时的，而过时的审计报告是没有任何意义的。

"数据＋速度"的审计要求，方能跟上企业行动的速度。企业越来越希望内部审计能实现适时在线审计，希望内部控制与信息系统控制能协同一致，以保持竞争优势。

实现这一变革的关键并不是要求内部审计一夜之间就判若两人，成为IT审计的行家，而是在于思维方式的改变。

传统审计是查账，IT审计是数据分析。

### 8.1.1 实现变革的两种准备

如何实现从传统审计到IT审计的变革，需要两个方面的准备。

#### 8.1.1.1 思想准备

内部审计不涉足 IT 审计，就将失去审计的资格。

置身于信息环境中的审计人员，如果无法打击电子化条件下的经济犯罪和舞弊行径，我们就是手无寸铁的聋子和瞎子；如果我们不能在大数据时代为企业创造价值，我们就是毫无价值的文盲。今天的文盲不再是目不识丁的人，不再是知识甚少的人，而是不会知识更新的人。错过网络，错过的不是一次秒杀、团购的机会，而是一个时代！对于个人，只是交流的障碍，对于组织就是竞争力的问题。

#### 8.1.1.2 知识技术准备

单独的财务系统已经不存在了。财务信息来自网络中适时收集前端各业务系统产生的生产经营信息，它由系统自动加工处理产生。

内部审计的视角向数据审计转变：一是要具备系统论的思维及分析技术；二是要分析审计数据的特点和规律；三是要结合实战诠释 IT 审计的内涵。因为 IT 审计并不是横空出世，它从来就没有脱离过审计业务，是为审计业务服务的。

### 8.1.2 我们构建的实战沙盘与 IT 审计的"两个转变"

基于以上认识，我们极想构建一个从传统审计向 IT 审计转型的实战沙盘。从信息技术角度看，ERP 是将企业所有资源进行整合，将企业的命脉之流（物流、资金流、信息流）进行全面一体化管理的信息系统。一个模拟 ERP 沙盘的想法就是通过梳理企业的命脉之流，揭开企业动态运作的神秘面纱。

我们有心将一个企业的整体概况鲜活地直观展示出来，如我们的企业概况、厂区地理位置、资产及土地配置、产品及工艺流程；我们的发展战略、组织架构及部门职责、人力资源、社会责任、企业文化、内部控制、全面预算、合同管理、信息系统；我们的资金活动、研发、采购业务、销售业务、工程项目、资产管理、财务报告；我们的供应链及外部市场。（见本章 8.4 节"让我们也来编制一本'挖金'的管理手册")

我们希望给管理者一个身临其境的全真体验——管什么？怎么管？给内部审计一个全新的审计方式——审什么？怎么审？引导审计人员在信息化环境下，将来自实务的分析技术、经验提炼及灵感融入IT审计。实现两个转变：

（1）将传统审计中很难避免的"盲人摸象""瞎猫碰上死老鼠"变为把握总体。

（2）将进点以后摸线索转变为带着线索进点，进行有针对性的审计取证，快速高效地实现审计目标。

## 8.2 梳理企业命脉之流的方法及思路

数据和技能并不是成功的关键，能让我们脱颖而出的关键是怎样挖掘数据新价值的独特想法。梳理企业命脉之流带给我们新的视角。

### 8.2.1 追求科学美的视角

内部审计对美的追求是天性。美决定于数的关系。它展示着"秩序、匀称与明确"的科学理智美。IT审计的成果是数值，当我们亲手触摸企业的命脉之流，探索这神秘世界数据之间的规律时，朴实无华的数据背后是让人豁然开朗的哲理。万物之间的平衡与关联，给我们内部审计万变不离其宗的启迪。这正是发现美、生成美、享受美的过程。

爱因斯坦说："我相信直觉和灵感""想象力比知识更重要"，灵感和想象力是对辛勤劳动的褒奖。我们敢于涉足IT审计，意味着我们愿在改变自我、实现审计转型的风雨历程中以壮士断腕的心态实现凤凰涅槃。

### 8.2.2 系统思维的视角

企业是一个系统。它是由若干要素以一定结构形式联结构成的具有某种功能的有机整体。系统思维是立体的、动态的。我们通过全面、系统地梳理企业命脉之流这一基础工作,让审计人员心里装着流程,从系统的高度看企业,把握总体。

在浩如烟海的信息数据中,我们以业务流程为逻辑链,以资金流和物流为主线,"三流"合一,齐头并进,穿行于产、供、销、人、财、物管理的各个环节,辨识其运作的微妙法则,寻找在这些链条上管理者所忽视的不增值作业,跟进管理盲区,倒逼出在管理接口部位的"盲区资源",梳理出决策者关注的核心流程和关键问题,帮助企业改变创造价值的基础条件(见图8-1)。

图8-1 物流、资金流、信息流一体化管理图

"用流程梳理问题,用财务归纳问题,用绩效考核解决问题"的管理协同,实现了审计与其他业务管理子系统的深度合成。

在IT审计中,这是我们认识系统、进入系统、驾驭系统的基础工作。

### 8.2.3 万物平衡的视角

大数据不是随机样本,而是全体数据。我们用万物平衡的思路,努力在大数据中建立起万物互联的维度和参数,以展示全貌。它凸显出我们以往极易忽视的环节,在今天是难以置信的创效空间。

例如,我们围绕原料的投放、加工、成品的形成过程,找到了对原料进行平衡的参数。从原料到产品,我们关注中间环节的下脚料在哪里?

捡的就是收的,堵的就是漏的,我们将生产线上的下脚料、二次资源、工业垃圾与加工物料进行平衡，大幅度提高了资源二次利用的效益，将以往的处置成本变成企业的利润。

我们对施工现场土方进行平衡，生土、熟土分开，尽量减少外运成本的做法，成为投资控制的新思维；我们对报废备品备件的平衡，堵塞了漏洞，降低了维修成本；我们还用物流的平衡去核实采购的合理性。每一次平衡都带给我们意想不到的管理创效惊喜。

在 IT 审计中，万物平衡作为一种算法，内部控制数据将更加精准。

## 8.2.4 波段、节奏的视角

大数据不是精确性，我们关注趋势的变化。

正常运作的物流、资金流、信息流之间总是存在着一系列的均衡和勾稽关系，与市场的变动也存在趋同的关系。

但凡物流、资金流，都具有"流"的特征。它们既不能积压，也不能断流。在时间和空间的维度里呈现节奏感。反映物流、资金流的财务指标虽然也会发生波动，但常常限于一个特定的范围。一旦某种惯常的勾稽、均衡关系被打破，则可能存在某种舞弊行为或差错。

比如，钢铁企业的上游产品——矿石价格在回落，而钢企在继续消化前期高价库存的同时还在进料，我们就可以对矿石采购进行一种波段的分析，将不同时点市场价格变动的曲线和企业采购价格的曲线对比，通过观察两条价格曲线的走势是否一致，让数据发出声音。

当锌锭的期货价格在大幅跌水的时候，企业还在大量进货，我们不妨画出两条数据分布曲线，将不同时间进货的锌锭价格曲线与同时期的期货市场的指数曲线进行对比：一条示意锌锭价格结算的曲线是平行的，说明进货结算价格始终没有变动，而另一条示意锌锭期货市场价格指数曲线是下行的，说明锌锭的期货价格在持续下滑。这两组对比数据告诉我们：进价被高估。

当我们发现某企业的银行存款和银行贷款都在增加的时候，我们不妨为这两个关注点注入时间和空间的维度，你可能会发现企业的银行贷款每增加一笔，企业在某个银行的存款就会随之增加，贷款和存款的跃动非常有规律。有谁会先贷款后存款呢？更有蹊跷的是，谁会将贷款存入××银行，再从××银行回贷给企业呢？资金是有痕迹的，谁在空手套白狼？这后面是一个什么样的故事？在没有这种分析时，我们最多只能评价资金管理粗放，而不知其所以然。

在 IT 审计中，这就是从业务规律的把握入手发现审计线索特征的启示。

### 8.2.5 关联的视角

大数据不是因果关系，而是相关关系。审计评价不可就事论事，应从多个维度关联。维度越多，分析就越明确。

比如，某企业的财务部门在绩效考核中申报奖励，奖励的理由是财务费用大幅降低，其依据是本年报表的财务费用与上年财务费用的对比有较大降低。

评价财务费用的降低，内部审计不会仅仅依靠不同时期财务报表数据对比。我们更关注企业的财务费用底层数据，关注形成费用的渠道及外部环境的变化。

审计发现，集团报表的财务费用虽然有降低，但集团财务公司的成本在增加，代理商垫支的资金成本在增加。在公司整体绩效中，是此消彼长的过程。另外，上年存在重大收购，以及本年利息资本化未提足，绩效不具备可比性。同时，企业产能萎缩、市场利率降低的事实，也说明由此产生的财务费用降低与绩效的努力关联性不大。

在 IT 审计中，这就是从业务的逻辑关系入手、从各种数据的对比入手发现特征的思路，包括从内部数据对比，从外部数据对比，从时间数据对比。

### 8.2.6 IT 审计流程的视角

我们在梳理企业命脉之流的实战沙盘中，有心引导审计人员进入一个虚拟的、五彩缤纷的 IT 审计世界。

审前调查、采集数据、转换清理、建立审计中间表、总体把握、模型分析、延伸取证是 IT 审计的完整流程。看起来与传统审计步骤的思路别无二样，但却是天壤之别。二者貌合神离的秘籍是：传统审计是看账，IT 审计是分析。我们能看到的账是对方整理好了，让我们看到的东西，在信息缺失条件下的账项审计许多是假账真做。

我们仍需使用常规审计的方法：面谈询问法、调查问卷法、文件审阅法、实地观察法，以高度关注信息的真实性和完整性。我们紧绷的弦时时在提醒我们：真实的底层数据在哪里？

大数据真正落地审计实务操作层还有一段距离，现有的内部审计软件大多是基于报表数据模板的变版，脱离底层数据。因此我们要特别重视数据库，真正在实务层面能解决问题的，一定是经过论证来自底层数据的数据库。有了充分的信息，我们便可以进行多点对一点的维度分析。

### 8.2.7　审计数据多维分析的视角

维度是分析问题的角度。

信息时代，我们更加关注内部控制。因此我们对控制数据进行检查成为重点，对数据进行分析成为主要方式。传统审计往往是一点对一点的分析，如采购与付款，销售与收款……这对于偌大的控制需求，犹如杯水车薪。

外界才是出成果的地方。

听说过"审山审船审老天"[⊖]的故事吗？当年国家审计署对长江重要堤防隐蔽工程进行审计时，审计人员面对滔滔江水以及水下谁也说不清的地理条件隐蔽的工程量，就是从外部另辟蹊径。通过"审山审船审老天"的智取方式，取得了隐蔽工程取石的"山"、运石的"船"，以及当时的天气资料，以确凿的审计证据揭示了这起严重的造假"工程"。

---

⊖ 作者葛长银。

无独有偶，我们内部审计在对一起巨额投资中的工程场地"影子"项目进行审计时，也是通过对外围的底层数据"审天、审地、审动力"，为企业堵塞漏洞。造假的突破口就是捕获工程日记中有无施工的"天数"，红线图中有无施工"场地"，以及机械台班中有无匹配的"动力"。

我们在审计中需要确立新的实施策略和流程，我们在实战沙盘中满足了内部审计在企业战略、组织架构、部门职能、运作流程、制度体系、标杆指标、监管体系、"他山之石"中寻找判断尺度的需要。

内部审计有了多维分析的视角，就能在碎片化的信息孤岛中发现为企业降本增效的契机。我们尝试在不同的个体或概念之间链接关联；在时间上、空间上和内容上协同，实现思维创新。

我们在实战中创建的立体式穿行试验模型之一（见图 8-2），以建设项目为主题，揭示了各环节千丝万缕的关系。

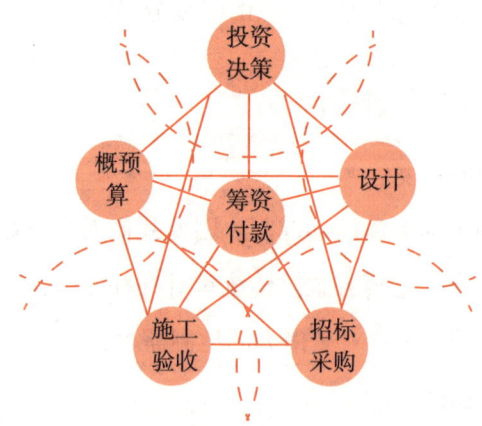

图 8-2　建设项目穿行试验模型

这是一个立体的穿行循环，环环相连；这是一个动态的全覆盖循环，你中有我，我中有你。

我们在许多不被识别、极易忽视，但却有着因果关系的环节中去发现这些理论上不曾介绍过的并不断变化的隐性系统，尤其关注管理的接口部位这一责任与权利的传递点，在这些环节间组织起跨界的信息循环，验证信息失真风险，建立制衡机制。否则，即使我们今天置身其中分析处理这些问题时，还将不断受其愚弄而不自知。

这一模型为 IT 审计的多维分析带来启示。

## 8.2.8 审计线索特征发现的视角

内部审计中发现的很多错误，归根到底都是由管理的漏洞造成的。漏洞的始作俑者无论手法如何隐匿，都会在电子数据或信息系统中留下蛛丝马迹。在信息系统中，人的行为特征会形成数据特征。

如何发现线索特征？离不开我们对业务规律的把握。舞弊者的行径和心理特征也有规律，离不开"变"和"藏"。

企业每天都在发生变化，市场在变、政策制度、技术飞跃、渠道改变、流程再造，这些都是舞弊着窃喜的机会。我们识别风险的要诀就是关注变化。

在变化中，审计线索的数据特征和其他数据相比，会显得"异常"和"特别"，体现着舞弊者的"变"，接着就是"藏"，以掩盖其行径。

舞弊得逞的机会是控制文化、制度缺陷及败露的小概率。一旦发现舞弊，我们一般会往前追溯两年，这是舞弊败露率的规律。

虽然我们无法穷尽舞弊现象的林林总总，但是通过实战中大量案例的提炼，各种数据的多维度对比及关联，舞弊征兆多会凸显在时间、空间、成本、质量、效率、秩序、逻辑、勾稽关系方面的异常。

比如，我们如何查工程中的转包？一个明显的规律是工程造价中的工费不匹配。如何识别集体舞弊中的薪酬吃空饷及成本造假？我们设置了"四个一"的数据梳理法：人员——定位；资源——匹配；成本——核算；真相——反馈。锁定了人员及岗位，核实企业赋予的职责及工作成果，舞弊行径就昭然若揭。

这些思路是我们梳理企业命脉之流的启示。于是在信息系统设计中，我们设置三道防线：

（1）我们什么程序都能省，但是防止错误的程序一道也不能省。人们对信息系统的可靠性更加依赖，内部审计的任务是帮助被审计者建立、健全这种机制。

（2）如果系统是可靠的，我们审什么？"例外事项"是我们关注的重点。信息管理系统不接受人格化的指令，一切"例外事项"都应发出"异常信号"的声音，以不断对信息系统进行纠偏。

（3）如果"例外事项"也处在受控之中，内审还要做什么？源头审计底层数据是永恒的主题。因为它的瑕疵将导致整个系统信息的虚假。

我们希望这些思路为数据特征发现及数据挖掘提供启示。

## 8.3 信息技术运用的视角

SQL 查询和多维分析技术是目前 IT 审计较为成熟的技术。

审计人员并不需要了解其中的算法是如何实现的，而只需要了解这些工具的使用能够进行哪类工作。因为构建审计分析模型的真正难点在于定义审计业务问题，因此能够进行此项工作的不是计算机专家，而只能是审计人员。

因此我们一直在思考，在大数据时代，我们每天都被那些虚拟世界不可思议的创新技术所打动，面对明天的内部审计业务，我们将以一种什么样的视野、理念和能力去拥抱这种变革呢？

### 8.3.1 云计算技术

云计算和审计相结合带来云审计运用，使内部审计摆脱了硬件和程序的束缚，实现了审计数据的云储存和审计资源的协同共享。我们唯一需要关注的就是审计任务本身，专注于如何做好信息的分析和报告。

### 8.3.2 物联网技术

物联网把一个个叫作智能微尘的传感器嵌入各种物体中，实现万物互联。更加精细和动态地管理生产和生活，极大地节约资源。内部审计将会在新型的分享经济平台上进行万物平衡，更有效地整合企业内外资源。审计的盘点将会如数家珍一样精准，以往的下脚料也许都会带上电子标签。

### 8.3.3 社交网络技术

社交网络技术进一步改变了我们信息获取的方式和传播方式，改变了人们交往的方式，内部审计将加强与第三方合作。信息时代，每个人都有一颗追求事实真相的心，他们都不愿意活在一个被谎言愚弄的氛围中，所以人人都是挖掘真相的推动者，审计的外部取证将更加便捷可靠。

### 8.3.4 人工智能技术

人工智能已经走进我们的生活。在公司治理中，企业董事会已经出现了人工智能的独立董事，且具有表决权。人工智能成果最显著的是医学专家系统。大约有140个以经验为主的中医专家系统相继研发，并开始进入临床应用研究。内部审计倘若建立起企业经济良医专家系统，一大批数字化审计的领军人就会从天而降，我们人人都会变成IT审计中的火眼金睛。

### 8.3.5 虚拟现实与可视化技术

这项技术是在多维信息空间上创建一个虚拟信息环境，能让用户具有身临其境的沉浸感，并有助于启发构思。内部审计如果借助其技术，虚拟舞弊、犯罪的仿真现场技术，则能历练出一批查案高手。因为这些高手是以罪犯的思维考虑问题，只有重现其现场，方能激活其思路。用虚拟现实技术建立的BIM技术，对内部审计精准核实工程造价具有现实的实操意义。

### 8.3.6 多媒体技术

它使计算机由办公室专用品变成了信息社会的普通工具。它使教育发生了巨大的变革，优质视频课堂比比皆是，让任何人、在任何地点、在任何时间都能得到世界一流的教育。内部审计将通过数字化的学习方法和工具实现能力提升，同行间的审计秘籍交流动动手指头就能唾手可得，不必把大把的时间和费用浪费在旅途和固定的课堂。

### 8.3.7 移动通信技术

移动通信技术的发展方向让今后的网络无处不在。人们不论在任何时间和地点都可以与任何人进行无障碍的沟通与交流。移动办公、移动商务、移动医疗保健、移动娱乐、移动救灾救助、移动日常生活应运而生。内部审计的远程盘点、视屏访谈、异地协同办公，许多常规性工作甚至可以在家里开展，更多自由支配的时间用于审计思路的创新。

### 8.3.8 网络安全技术

该项技术保障网络系统在遭遇任何突发事件及黑客攻击下仍能连续可靠正常地运行，且网络硬件、软件及其系统中的数据受到保护。它将为企业的健康发展提供基础的技术保障，也为内部审计信息保护、审计质量与效率的提升提供保障。

综上所述，我们在享受信息新技术带给我们创新与超越的同时，切不可忽视面临的严峻挑战。例如，筹资颠覆了现有的银行渠道，众筹模式、互联网金融加大传统资金链控制风险。虚拟世界构建的社交网络、信息泛滥、信息犯罪带来的问题需要我们与时俱进地关注。

对于大数据，我们努力在可以应用、可以拓展的地方，应用它、拓展它；在不能应用、不能拓展的地方，就停下来。我们想，这应该是所有人面对一个新领域或新概念时应有的态度。

## 8.4 让我们也来编制一本"挖金"的管理手册

预防舞弊的发生是降低舞弊损失最经济有效的方法。

我们在本书章节介绍的反舞弊成就、热线机制、查弊 CT、行为比较法，在实践中收到较好效果，但是，它是以既成事实为代价的。其完整性和准确性也会受到工作深度和广度等相关因素的影响，具有一定局限性。

在企业内部，更精准地预防舞弊和筛查舞弊盲区的方法是梳理企业的命脉之流，给审计人员提供一个身临其境看企业的体验，把传统管理的信息孤岛链接起来。

因为大多数公司运作的标准总是出于一个相似的动机，既最大限度地方便自己，所有的工作都有专人负责，然而却找不到一个站在全局的高度看待整个事情的人。大家互不关心，使用自己的专业语言，外人很难介入。在一个个信息孤岛之间，涌动着舞弊的暗流。这正是舞弊者的机会，也正是我们把反舞弊成果转化为生产力的创效潜力。

一部汇集我们知识成果的管理手册，揭示了管理动态运动的神秘面纱，成为企业知识共享的实战沙盘，为管理者推开一扇"顶层视野看企业，于微深处挖效益"的窗口，实现了财务、审计与其他专业系统的深度合成，成为舞弊者的"克星"。

我们希望企业的管理者和内部审计人员也来编制一部适合自己企业的管理手册。我们在这里为大家提供的手册索引，是我们挖掘底层数据的维度，梳理企业命脉之流的数据库，旨在为量身定制企业实战沙盘"抛砖引玉"。

## 8.4.1 《管理手册》目录模板

| 序号 | 目录 | 序号 | 目录 |
|---|---|---|---|
| 一、 | 概论 | 2.3 | ××集团"十二五"发展规划的主要内容 |
| 1. | 我们的企业 | 2.4 | 进军世界一流，我们的路有多远 |
| 2. | 战略 | 2.4.1 | 企业重点技术改造工程项目 |
| 2.1 | 我们为之奋斗的产业强国之梦——中国××产业发展政策…… | 2.4.2 | "十二五"建设成就 |
| 2.2 | 我们的明天更美好——××集团"十三五"规划背景 | 3. | 信息流、物流、资金价值流 |

(续)

| 序号 | 目录 | 序号 | 目录 |
|---|---|---|---|
| 3.1 | 和谐的大家庭——企业组织结构 | 3. | 生产的保驾护航之旅 |
| 3.2 | ××集团主要产品生产工艺流程 | 3.1 | 设备良医——设备维修基地运作 |
| 二、 | 生产制造 | 3.2 | 凝聚科技创新的窗口——技术集团 |
| 1. | 产品的原料（生产的主要原料性能及用途介绍） | 3.3 | 实现企业腾飞的建设者——建设集团 |
| 2. | 原料的准备及处理（企业各个原料生产子公司的介绍，其细分内容同3.1~3.10） | 3.4 | 责任重于泰山的源头把关——质量检验工作 |
| 3. | 产品制造（企业各个生产厂介绍，各厂细分内容同3.1~3.10） | 4. | 主业生产的前卫与后援 |
| 3.1 | 概况 | 4.1 | 没有自主创新，无异于自我毁灭——××集团研究院及创新产品研发基地 |
| 3.2 | 投入产出的增值过程 | 4.2 | 人才储备的摇篮——企业院校 |
| 3.3 | 工艺流程图 | 4.3 | 企业的后勤 |
| 3.4 | 资产及装备 | 5. | 重组企业及采购、销售 |
| 3.5 | 明明白白我的账——损益计算 | 5.1 | 企业战略重组之路（各重组企业背景、章程，细分内容同3.1~3.10） |
| 3.6 | 上下工序链接及关联交易 | 5.2 | 兵马未动 粮草先行——我们的供应链 |
| 3.7 | 考核指标知多少 | 5.2.1 | 物资采购（采购的主要物料、流程、招标、核算、考核等） |
| 3.8 | 存在的困难及潜力 | 5.2.2 | 物流的信息化建设——产销资讯系统之物流供应链系统 |
| 3.9 | 友情提示：历年内外监管发现的问题 | 5.2.3 | 家有多少隔夜粮——存货的分布和记录 |
| 3.10 | 人员总数、结构、工资总额 | 5.3 | 酒好也怕巷子深——产品的市场营销 |
| 三、 | 企业的保产、研发、采购、销售 | 5.3.1 | 定价管理 |
| 1. | 制造生产的介质——水、电、风、气（企业能源系统子公司介绍，细分内容同3.1~3.10） | 5.3.2 | 销售渠道建设 |
| 2. | 生产的动脉系统 | 5.3.3 | 产品销售流程——ERP运用 |
| 2.1 | 借问船家欲何往——××集团的海运与水运 | 5.3.4 | 客户关系管理 |
| 2.2 | 大码头，真气派——码头体系 | 6. | 货出钱进的质变——物流管理 |
| 2.3 | 连通企业与祖国经济建设的纽带——××集团的铁路枢纽 | 7. | 物质平衡与物质不灭——二次资源的流向和管理 |
| 2.4 | 海陆空的并驾齐驱——××集团公路运输体系 | 7.1 | 二次资源知多少——二次资源的分类 |

(续)

| 序号 | 目录 | 序号 | 目录 |
|---|---|---|---|
| 7.2 | 生产废旧资源回收利用情况 | 10. | 企业诚信的名片——全面质量管理 |
| 四、 | **经营管理** | 11. | 企业赖以生存的土壤——设备管理 |
| 1. | 在其位，必谋其政——管理部门及职责 | 12. | 称星、准星和良心——公司物料的计量 |
| 2. | 商业秘密生死攸关——关于保密 | 13. | 百年大计——工程建设项目的管理 |
| 3. | 没有规矩，不成方圆——财务及相关管理制度 | 14. | 花钱买平安——保险管理 |
| 3.1 | ××集团主要财务制度 | 15. | 职工的利益大如天——薪酬福利管理 |
| 3.2 | 公司相关管理制度 | 15.1 | 工资构成知多少——工资总额概述（含社会统筹及国家新政） |
| 3.3 | 国家财经法规 | 15.2 | 以人为本——薪酬管理（各项薪酬计算方法、企业设置的基金） |
| 4. | 企业指标知多少 | 15.3 | 社会统筹 |
| 4.1 | 主要财务指标及计算 | 15.4 | 职工人数及工资水平情况 |
| 4.2 | 国家对××集团考核指标 | 16. | 企业改制（企业内部机构洗牌、改制过程、流程及评估） |
| 4.3 | ××集团与国际国内同行对标挖潜 | 17. | 集团金融——财务公司 |
| 4.3.1 | 知己知彼——与国际国内外先进技术经济指标的比较 | 18. | 企业生存的"血液"——资金管理（含资金管理目标、融资方式、开户与支付、外汇、股市） |
| 4.3.2 | 技术经济指标比较分析 | 19. | 国家与企业的双赢——资产产权管理 |
| 4.3.3 | 与国内主要钢铁企业主要产品制造成本对比 | 20. | 驾驭高风险的运作——对外投资管理 |
| 4.4 | 没有激励，就没有动力——内部单位考核指标 | 21. | 建设项目的接点管理——工程财务 |
| 4.5 | ××集团常用关键指标完成情况 | 22. | 国家利益与企业利益的平衡——税与费的管理 |
| 4.6 | ××年度生产经营预算 | 22.1 | 集团税费知多少 |
| 5. | 数字化集团带来的管理革命——信息化与财务信息化建设 | 22.2 | 税收筹划ＡＢＣ |
| 5.1 | ERP——××集团整体产销资讯系统 | 22.3 | 集团存在的税收问题和解决方案 |
| 6. | 未雨绸缪预则立——全面预算管理 | 23. | 多元主体利益攸关的注目——会计报表 |
| 7. | 成本连着我和你——成本费用控制 | 23.1 | 会计核算流程 |
| 8. | 亲兄弟明算账——关联交易 | 23.2 | 集团报表有多少 |
| 9. | 制造企业交响曲——生产技术管理 | 23.3 | 报表报送流程 |

(续)

| 序号 | 目录 | 序号 | 目录 |
|---|---|---|---|
| 23.4 | 合并会计报表编制方法 | 27.2 | 防范胜于查处，如何接受外部监督与检查 |
| 24. | 永远抹不去的责任——资产减值与账销案存 | 27.3 | 每个人都应该为自己设定职务禁区 |
| 25. | 现代企业"快速成长通道"——资本运作与企业并购 | 27.4 | 企业的经济良医——内部审计及方法 |
| 25.1 | 资本运作与企业并购简介 | 27.5 | 风险评估——关注变化、关注舞弊 |
| 25.2 | 资本运作实践 | 27.6 | 实现信息对称的撒手锏——穿行试验 |
| 25.3 | 企业并购的风险控制 | 27.7 | 腐败之源——小金库 |
| 26. | 我们的大家庭——队伍建设 | 28. | 地方与企业的和谐发展——目前需要各级政府协调解决的问题 |
| 27. | 监管是更高层次上的爱护——××集团监管体系 | 29. | 他山之石 |
| 27.1 | 风险不是游戏，如何利用七位一体的监督体系 | | |

### 8.4.2 身临其境、全真体验的"一盘三图"

我们在实战沙盘中构建的"一盘三图"，对企业现状一览无余，助力 IT 审计执行审计程序及挖掘底层数据。

#### 8.4.2.1 "一盘"：沙盘

沙盘就是我们编制的管理手册，直观展示企业全貌。

#### 8.4.2.2 "三图"

**1. 企业工艺生产流程图（见图 8-3）**

**2. 企业关联交易图（略）**

此图主要是对企业上下工序的链接，相互之间的产品提供及关联交易进行描述。

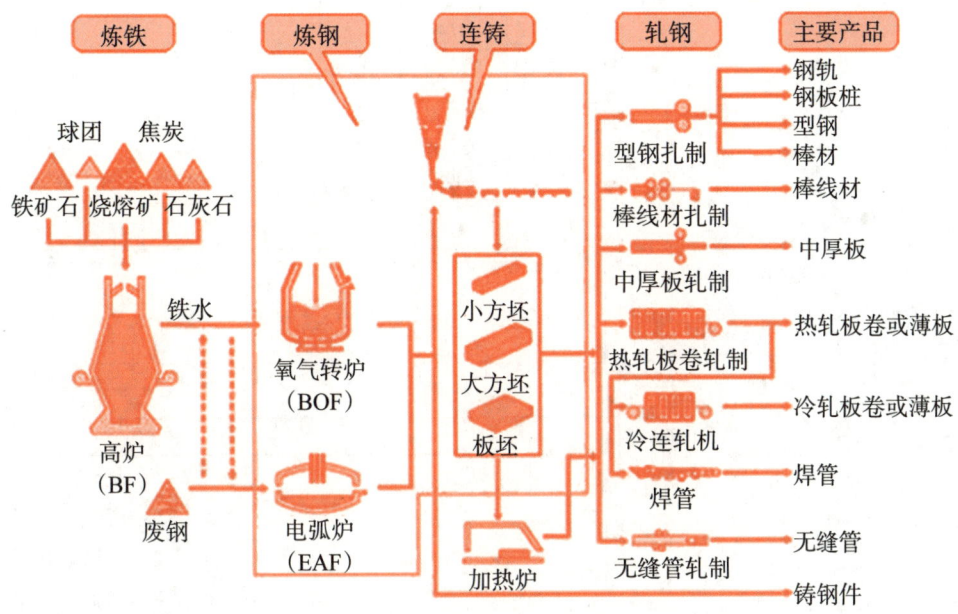

图8-3 ××钢铁生产工艺流程图

**3. 企业生产运营、会计核算、资金循环鸟瞰图**

企业生产运营、会计核算、资金循环鸟瞰图（见图8-4）将企业的运行过程、会计的核算过程、资金的循环过程三位一体完美关联，如通过展示企业在各个环节的料工费消耗，展示制造过程是怎样进行的？企业在哪些环节要交哪些税？在哪些环节提取薪酬及各种费？企业的损益是怎样核算出来的？折旧从哪些渠道提取，用到哪里？企业基本建设的工程造价是怎样构成的？企业各个部门的经济活动都能在这张图上一览无余。图8-4带给我们审计人员顶层视野和系统思维，审计进点前摊开这张图，犹如一张作战图，避免传统审计的"盲人摸象"和"乱枪打鸟"，对于IT审计尤为重要。

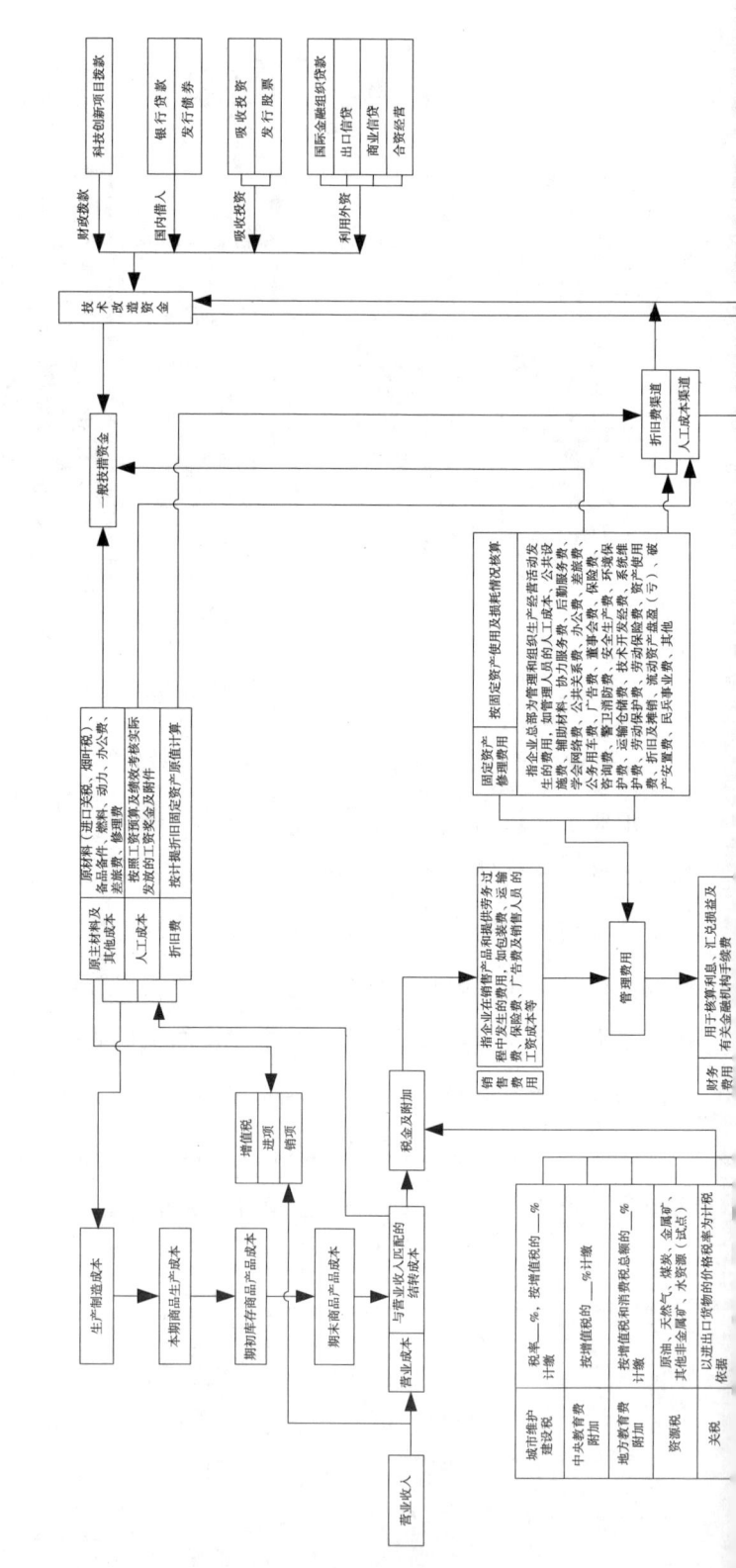

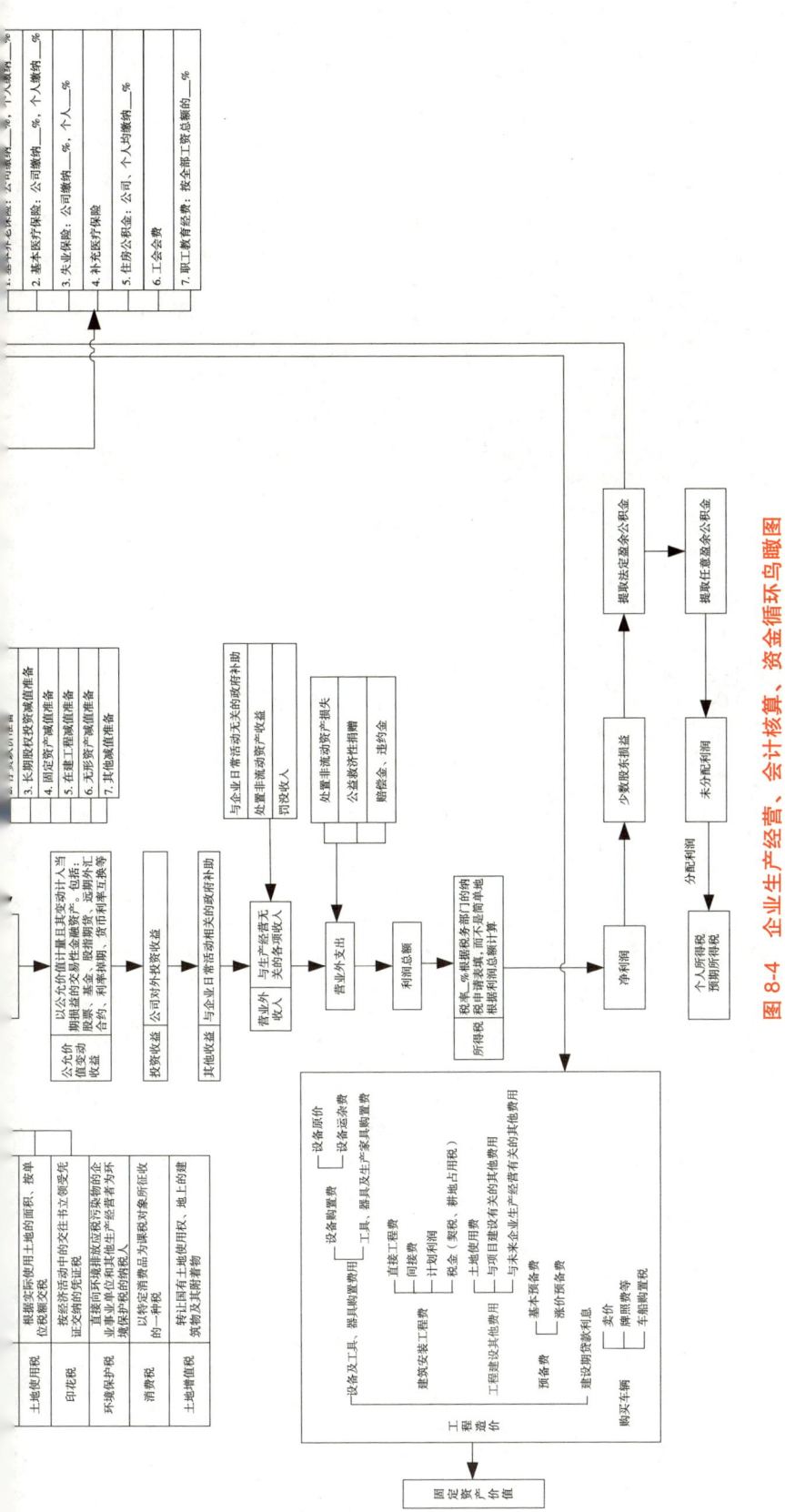

图 8-4 企业生产经营、会计核算、资金循环鸟瞰图

第 9 章

# 审计报告

一个好的管理者，首先得益于写作能力和表达能力的高强。一个好的审计师，必须能够写出一份有价值的审计报告。

我们可以简单地认为，审计报告就是一个文件。写审计报告就是有事说事，事情说完了，报告也就写完了。可是你千万不要小看这有事说事，有事说事不等于就事论事。

那么，如何写出一份有价值的审计报告？我们的经验和体会是什么呢？

## 9.1 写出一份有价值的审计报告

审计报告是我们审计成就的最好证据，是内部审计师获得管理层完全关注的一种机会。我们甚至把它看作是表明我们内部审计是如何帮助管理层的一种完美的过程，而不是一件郁闷的苦差事。

审计报告还是一个个扣人心弦的故事。这个故事，融入了审计人员的专业智慧，体现了内部审计对企业的忠诚、无私的付出、精湛的技术……

审计报告中的审计发现和审计意见，对于管理层来说是相当重要的。那些不带感情色彩的客观结论，可以增加管理层的信任，而审计建议可以提醒管理层需要改进的问题。

遗憾的是，一些内部审计师由于使用了那些非常苍白且格式化的术语，得出了那些经不起推敲且没有逻辑支持的数据主张，报告了那些没有提供解决方案的审计结论，从而丢掉了绝好的机会。这是一件非常可惜的事情。

糟糕的审计报告，是对审计团队的负面影响。在我们的团队当中，质量最差的那一份审计报告，将代表我们的审计整体水平，这就是短板效应。

### 9.1.1 审计报告首先要有客户体验第一的思维

审计报告的成功得益于审计人员是否具备客户体验第一的思维。你的审计报告是写给阅读者看的,一定要适合报告阅读者的偏好和风格。有的领导喜欢表格式的报告,因为他注重你数据的分析条理化;有的领导喜欢PPT格式的审计报告,因为他看着比较轻松。所以,撰写报告一定要关注你的阅读者的这些特点。

有一位审计部长,在此之前他当过董办秘书,别人觉得做秘书每天都要写那些枯燥的纪要,是一件苦差事,但是他却做得不亦乐乎。他觉得自己能够和那些优秀的人在一起,犹如每天都在读EMBA,他觉得很开心。他在整理领导会议纪要的过程中去感悟管理层的心路、思考问题的方式,处理问题的思维和智慧,逐渐地掌握了每位领导的阅读风格。后来当他做了审计部长之后,他就知道领导喜欢看什么样的审计报告,他通过报告再现内部审计一线场景,展示内部审计为企业创造的价值,因此他的审计报告就写得好。领导通过报告认同内部审计的价值,他连续三次上报审计报告,领导连续三次大幅度为审计人员加薪晋级。

你可能会想:我没有当过秘书,怎么才能知道领导在想什么,老总的思维是什么呢？请看下面这个案例，或许能给你启发。

【案例】

### 秘书也有"级"——储备老总的思维

有一位审计部长，在轮岗交流去做党委书记的时候，企业为她安排了一个小秘书（男）。这小秘书当年是通过应聘选拔到领导秘书岗位上来的，但是干了几年，觉得工作很枯燥，就一门心思地想换岗。

于是，这位审计部长每天和他共进午餐的时候，就给他讲故事，告诉他，任何工作都有评价标准，比如当秘书，也是有"级段"的哦……

一段秘书发通知；二段秘书盯确认；三段秘书发资料；四段秘书到会场；五段秘书做记录；六段秘书定责任；七段秘书做请示；八段秘书抓落实；九段秘书定流程、写总结。

部长告诉小秘书，"当你能做到九段时，你就具备了老总一样的思考能力和视野，那你距离做老总，哪怕是做一个主管的位子就不远了啊！"小秘书豁然开朗，把自己的工作一段一段设目标，部长也一段一段鼓励他，半年以后，他当上了这个企业的团委书记。

这个身边的真实故事，正是审计人员从下发审计通知，到现场、找证据、定责任、写报告、提建议、定流程、抓整改的一个完整的项目管理过程。在企业，会查问题和不会查问题的审计人员价值是不同的，会系统查问题和就事论事查问题的审计人员价值又是不同的。这是一种思维方式和工作能力的提炼。我们的一些审计人员用九段秘书的思维，培养自己的管理能力，他们把这个目标写在自己的笔记本上，就能看见自己每天进步一点点。

## 9.1.2 利用三段式报告，杜绝空洞化描述

今天是一个信息爆炸的时代，没有人愿意听空洞的套话。所以，要记住，审计报告里面一句空话都不要说，修改报告的时候，见一个就要灭一个。

我们要写三段式的报告。这三段式审计报告怎么写？不难！

记住，最重要的成果数据一定要放在第一句话里面。报告是以结论为起点的，我们写报告的目的就是让阅读者去接受我们的第一句话。千万不要戴帽子，否则老总看完第一句就不看了，你白写了，工作也白做了。

三段式审计报告结构（见图9-1）简明扼要，它是一个审计报告的导读部分，将一份审计报告中最有价值的信息，在最突出的位置向阅读者介绍，让阅读者可以花最少的精力在最短的时间内，找到自己最有价值的信息。

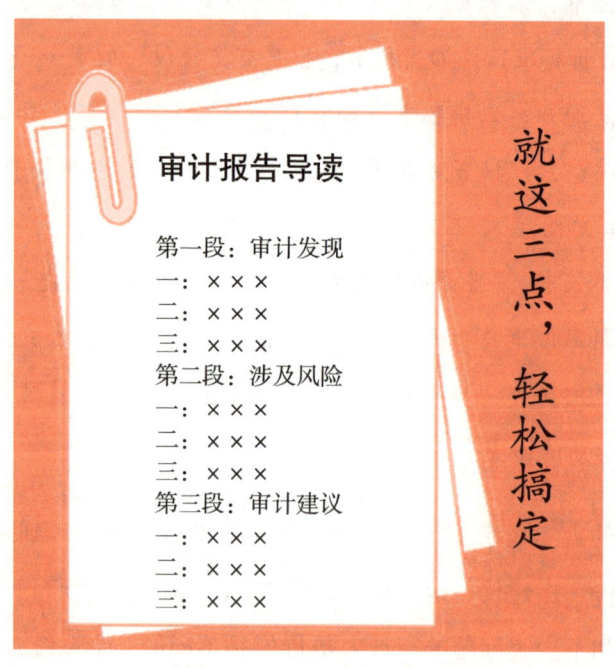

图9-1　三段式报告结构

这无疑是在提高审计报告的易读性。通过三段式审计报告引发阅读者的兴趣，那么接下来他就会去看审计报告的正文。如果阅读者对细节追根刨底的话，他还可以看你的审计报告附件、审计工作底稿。

### 9.1.3　评价审计报告质量的分水岭

审计报告必须写风险，这是我们最关键的一点。

审计报告写不写风险，是评价审计报告质量的分水岭，也是评价报告是否为审计部门设置安全防线的分水岭。

我们来说一个例子：承担粤海铁路项目建设的领导班子集体舞弊窝案是在粤海铁路公司第十四次审计时发现的。这个案件披露后，全国上下一片哗然，矛头直接指向审计。前十三次审计干什么去了？！前十三次审计报告未提及任何舞弊风险至今被业界所诟病。对我们的教训是：一份审计报告到底怎样写，才能让企业关注风险，让我们自己理直气壮面对外界质疑呢？——必须提示风险，才能减少自己的风险。

有人说，我写了风险，万一它没有出现怎么办呢？不要紧啊，我们审计本来就是和不确定性共舞的游戏，也许正是我们提示了风险，才规避和遏制了风险呢。我们提示的风险是我们眼睛里看到的问题加上分析后的提示，不是空穴来风。反之，如果我们不提示风险，那所有审计的风险就可能由我们审计来承担。

### 9.1.4 审计报告就是一个提炼了的故事

人们都不愿意听大道理，将审计报告提炼成一个个扣人心弦的故事去表达，这样的审计报告一定出彩。审计报告就是一个提炼了的故事，它以事实和数据来支撑，以分析和理由来支持，它一定是值得我们在适当场合不断地讲述的故事。

审计人员把自己最有成就感的审计项目写成故事，汇编成册，会终身受用。这就是我们的作品，甚至是绝活。

讲故事需要练。怎么练？我们围绕审计报告开展了练笔，练讲演，练习讲故事的活动。

【案例】

练习讲故事

我们审计部曾经在一个时期内，利用每周三晚上的业余学习时间练习演讲。谁能从容自信地讲好一个审计故事，谁就能让外界对自己刮目相看。一次成功，就会着魔。我们有一位审计人员，查找审计线索很内行，但是动笔能力往往力不从心。有一次，他在联合审计中的一项审计建议，为公司带来了较高效益，其他部门的配合者都获奖了，他却被遗忘了。后来我们为他多次补报请奖报告未果，他非常郁闷。于是，我们的练习讲故事就从他第一个开始。

那个晚上，他让所有的人刮目相看，他让我们听到了一个审计故事的魅力，同事们无比惊奇的赞叹：哇，原来他这么棒！为什么不早说出来？大家从他的故事中学到了他的独一无二的技巧。这一次演讲也让他判若两人、兴奋不已，几个月之后，他的职位连升三级。

一个好的审计故事得益于好的审计报告文案。

审计报告的写作是一段精神旅程。动笔之前，你必须在一张单调的纸上营销你的产品，你必须和这张纸进行沟通，没有声音，没有动作，只有文字。成功的写作，会综合反映出你全部的经历、你的专业知识、反映你对这些信息进行提炼加工，实现审计营销或服务的目的，以及将它们形成文字的能力。

如果将一篇审计报告比作一个金字塔，一个合格的金字塔是从上到下搭建起来的。塔尖是结论，塔尖之下的语言应该都是支持结论的信息化语言，是我们发现的事实和数据。没有下面的支撑，那个塔尖它永远只是个假设，而假设是说服不了任何人的。

我们从来没见过第一稿就十分完美的审计报告，试图写得快，就像企图一天瘦身十斤一样不可行。但是如果努力练习，坚持高标准、严要求，报告就一定能够越写越好。

我们审计部第一次练笔的素材，是一份被领导退回重写的某油料检查报告，整整17页纸，审计领导对这份报告的批复只有八个字：东拉西扯，自言自语。

看了这八个字，你有没有感觉说到了自己的心里？这种糟糕的写作能力必须改变。

我们在审计部开展了练笔比赛,要求领导干部带头练兵,比赛采取无记名交卷,由计算机随机抽出代号,全体审计人员对报告进行无并列的排序评比,以保持公正性。

通过开展优秀审计报告评选活动,为宣传学习这些好报告提供平台,营造撰写优秀审计报告的工作氛围,提升审计工作的质量和水平。

练笔比赛一定要有标准。为此,我们制定了审计报告练笔的六个评比标准:

在审计报告最终出具前,要经过复核审理工作。审计报告复核,是提高审计质量的重要环节,也是规避审计风险的重要措施,下面就如何做好审计报告的形式复核和内容复核,分享一下我们的控制要点。

> 1. **结构**。审计报告应当包括的基本要素有:标题、正文、附件、签章和报告日期。
>
> 2. **内容**。审计报告的正文内容应有五个组成部分:(1)审计概况;(2)审计依据;(3)审计结论;(4)审计决定;(5)审计建议。
>
> 3. **形式**。文图并茂,言简意赅。
>
> 4. **视角**。报告是对一定时期的管理状况及问题的提炼。
>
> 报告应体现撰写人对素材的理解、归纳、关联,以体现审计报告的广度;揭示问题的切入点应体现审计报告的深度;审计建议体现审计报告的可操作性。报告应当客观、完整、清晰、及时、具有建设性,并体现重要性原则。
>
> 5. **特性**。报告应反映油料管理领域的客观规律。
>
> 6. **成果**。报告是否能给阅读者带来新的思考和观念?审计建议是否具有较大的现实意义及推广示范价值?建议能否产生良好的经济效益和社会效益?

### 9.1.4.1 审计报告的形式复核

- ☑ 审计项目名称是否准确，描述是否恰当？
- ☑ 审计日期是否准确，审计报告格式是否规范？
- ☑ 审计报告收件人是否为确认的发送对象，职位、名称、地址是否准确？
- ☑ 审计报告是否希望获得被审计单位的回应？
- ☑ 审计报告是否有目录页，目录页的位置是否恰当，页码索引时前后是否一致？
- ☑ 审计报告中的附件序号与附件的实际编号是否对应？
- ☑ 审计报告是否征求被审计单位的意见？
- ☑ 审计报告的复核手续是否完整？

### 9.1.4.2 审计报告的内容复核

- ☑ 背景情况的介绍是否真实、语气是否适当？
- ☑ 审计范围和目标是否明确，审计范围是否受限？
- ☑ 审计发现的描述是否清楚？有无模糊词语？审计证据是否充分适当？批评性、建设性的语气是否适当？是否按照重要性进行排序并列入报告？用以支持审计发现和建议的各种信息（包括记录、说明和图表）是否真实、完整？
- ☑ 特别敏感的内容披露是否适当？包括：在报告中对于机密内容的披露程度；被审计单位对审计发现的可能性反应，以及内容政策等。
- ☑ 签发人是否恰当，签发人与收件人的级别是否相符？
- ☑ 参与审计单位的名单是否列示完整，排名是否准确？
- ☑ 报告收件人是否恰当，有无遗留，姓名与职务是否正确？
- ☑ 标题的使用是否恰当？
- ☑ 审计结论的表述是否准确？审计评价的依据引用是否恰当？
- ☑ 审计建议是否可行？

## 9.1.5 审计报告赢在关键词

互联网时代，人们更习惯通过浏览标题的方式从海量的信息中搜寻自己感兴趣的内容，富有吸引力或悬念的标题让人深入阅读。因此，选好审计报告的标题，选好标题中的关键词就显得非常重要。

审计报告应"专业术语通俗化，复杂问题简单化"。关键词得当，可以抓住问题的真相，帮助阅读者理解和判断，展示审计报告的深度。

举例来说，某企业对废钢小金库用于活动经费的问题，睁一只眼闭一只眼，后来发展到为了小金库肆无忌惮，把正品当作废品，虚构交易……为引起高层关注，一份题为《要想发财，必须胡来——废钢回收乱象》的审计报告送到领导手中，立刻引起领导高度重视，亲自布置紧急整改。

这样鲜活的关键词我们创造了很多，比如"近亲繁殖""靠山吃山""利益输送"，领导称这样的报告一针见血、直切要害。能够引起领导共鸣的审计报告，往往带来领导火速批示，迅速整改的效果。

## 9.1.6 审计报告三原则

审计报告三原则如图 9-2 所示。

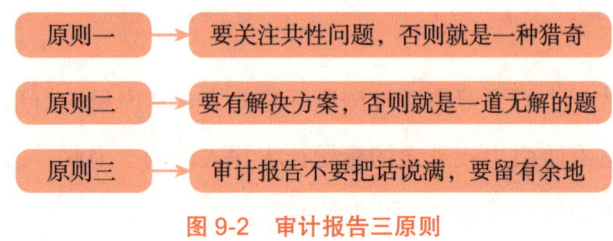

图 9-2　审计报告三原则

### 9.1.6.1　审计报告要关注共性问题，否则就是一种猎奇

审计报告必须营造一种环境，让阅读者身临其境，激活共鸣。

审计报告只有写出共性问题，才能引起阅读者的共鸣，让你的阅读者说"是"，把你的报告看完，对问题引起足够的警惕和重视。针对共性问题的审计建议才具有广泛性。

### 9.1.6.2　审计报告一定要有解决方案，否则就是一道无解的题

这个世界缺的不是提问题的人，而是能够解决问题的人。

审计报告要站在阅读者包括审计对象的角度体验感受，我们有三大方法：

方法一，给数据，给事实；

方法二，向上多迈一步；

方法三，向下多走一步。

向上多迈一步，是指你提出的建议是一种规律的提炼，是流程化的建议，让人信服，无可争辩。

向下多走一步，是指你的解决方案能够落地，体现行动指南的可操作性。

有了这三点，你的阅读者会情不自禁地阅读你的报告，他们根本无法停止阅读，直到他们阅读完所有的报告，就像从滑梯上面滑下来一样。

### 9.1.6.3　审计报告不要把话说满，要留有余地

要成为一个优秀的报告写作人，需要有足够的知识储备，第一种是很宽泛

的一般性知识，第二种是非常特殊的有针对性的知识。

管理往往存在灰色的地带，它不是非黑即白的，凡事没有绝对的对与错，即便审计发现是对的，审计报告中也不要把话说得太满。因为批评对谁来说，都不是一件让人愉快的事。如果你一味地指责别人或者简单说明你的看法，你将会发现，除了别人的厌恶和不满外，你将一无所获。

比如：某次审计结束后，被审计单位由于担心承担责任，拒不签署审计报告。如果审计人员直接在报告中提到，"被审计单位抗拒审计，拒不接受审计结果"，这种表达就是把话说满了。是不是你还有未了解清楚的理由，或者我们的沟通没有到位？有经验的审计人员会这样向上司报告："这件事情，我们跟他谈的结果是他对审计结果有些意见，不过我们相信他只是现在这么想，很快就会改变的，目前的想法也许有他的道理。"你要点到为止，留有余地，不要把话说死。

## 9.2 撰写审计报告应当避免的十个错误

1. 过多提及"根据领导要求进行审计"
2. 过度描述执行的审计程序
3. 过多使用"但是"之类的措辞
4. 使用带有主观色彩或鉴定式的语言
5. 将量化的问题全部使用定性的陈述方式
6. 使用似是而非的提法
7. 报告充斥着"审计无法验证"这类措辞
8. 撰写的审计发现没有价值
9. 专业味太浓让人很难读懂
10. 审计报告内容主次不分明

优秀的审计报告赏心悦目、如沐春风，糟糕的审计报告如同丈二和尚让人摸不到头脑；同样一件事用不同的方式表达，结果会大不相同。"良言一句三冬暖，恶语伤人六月寒。"

好的审计报告措辞和修饰必须注意，审计报告出现任何一个错误，别人都会看到，一百句话中哪怕只有一句是错的，大家也会忘记那九十九句对的，只记住说错的那一句。

所以，在撰写审计报告时要避免低级错误，要让审计报告客观而有吸引力。我们在实践中总结了撰写审计报告容易出现的十个错误，希望可供你借鉴。

### 9.2.1 过多提及"根据领导要求进行审计"

"根据公司领导要求，我们对××公司进行了审计"。有些审计人员在描述审计项目背景和目的时经常这样写。那么，为何不对呢？

你事事都扛着领导的"大旗"，带着领导的"尚方宝剑"，可能给人"害怕触及矛盾""被动审计"的感觉，醉翁之意是，"不是我想审计你，是领导要求我审计你，请你莫怪"，对不对？更何况公司是按照制度和流程运行的，不是个人行为，事事都是领导临时安排，长此以往，审计计划性在哪里？审计部门的权威性在哪里？这样的报告也折射出审计部门没有作为、没有地位，也侧面反映了公司治理上的缺失。

因此建议在写审计报告时，除了特殊审计项目可以写根据领导安排之外，其他类型的审计项目，建议大家写"根据经批准的年度审计计划，我们对某公司进行审计"。

### 9.2.2 过度描述执行的审计程序

有些审计人员在写审计报告的时候，会这样描述："事情的经过是怎么样的，起因、起源如何，疑点是什么，我们都找了哪些人，问了哪些话，对方如何回答的，然后我又执行了什么审计程序，运用了什么审计方法。最后呢？结论出来了，审计没有发现问题"，或者让报告阅读人看了一大段描述后，最后才看到审计结论。

作为审计报告使用者、阅读人，最想知道的是最后的结论、原因及解决方案，领导不可能看你审计的整个经过，除非领导很闲。

### 9.2.3 过多使用"但是"之类的措辞

审计报告切忌不客观。体现在对被审计单位取得的成绩极少提及，象征性地如同蜻蜓点水，整个报告内容充斥着发现的问题及缺陷，泛滥到如同滚滚长江水。人家笑答，请直接说"但是"吧。

有些审计人员在撰写报告时过多使用"但是"之类的词语，这样的报告让人很难接受。审计不仅是发现问题，还应当发现优秀的做法，对取得成绩的肯定也是一种鉴证内容，进而促进优秀做法的弘扬。

我们有一份审计报告沟通多次，被审计单位的老总就是不在报告上签字，因为第一份审计报告开篇就写："××项目存在诸多问题"，给人一无是处的印象。后来我们审计部长亲笔改写，"××项目在××集团信息化建设快速发展中起到了重要的作用，提高了工作效率。但是仍然存在一些问题。这些问题是什么，一二三四五。"报告很快就签署下来了。

### 9.2.4 使用带有主观色彩或鉴定式的语言

审计人员经历现场审计时，主观上经意或不经意地会受到一定影响，如不加以注意，很容易导致在撰写审计报告时不够冷静、客观，常见的错误是使用反映主观语气的形容词。例如："管理很差""问题极其严重"，或者"怎能管理到这样的地步？""这种解释怎么合理？"等反问句。你想，这样的审计报告让报告阅读者读起来明显感觉到审计人员是在生气时带着情绪写的审计报告，人家能信服吗？同样，要适度、客观表述被审计单位的主要业绩。避免使用比如："勤勉尽职""千方百计""大胆提出""科学研判""敏锐的洞察力和战略眼光""敢于直面各种压力"等鉴定式语言。

审计需要客观、冷静地在审计报告中陈述事实，好的审计报告应该水到渠成，引导报告阅读者主动得出结论，而不是直接说出审计的观点让报告者被动接受。

### 9.2.5　将量化的问题全部使用定性的陈述方式

有些审计发现，该量化的一定要量化，不要在审计报告中总是陈述被审计单位"存在严重问题"，到底问题有多严重，影响几何，这个报告让人摸不到头脑，3个、10个、20个，还是100个？可能人家就是365天偶尔出了一次错。能定量的绝不定性，这是审计人员写好审计报告应当坚持的一个原则。例如，将"被审计单位存在××问题"改为"审计抽查发现，占比为26%的被审计单位存在以下问题"……

定量的审计分析和审计结论使得报告阅读者认识对象由模糊变得清晰起来，由抽象变得具体。当然，没有定性的定量是盲目的，定性分析结论与定量分析结论应该是统一的、相互补充。

### 9.2.6　使用似是而非的提法

是非曲直分得清、还原事情真相是审计人员的本分。

有些审计人员经历过现场审计之后，收集了一大堆"道听途说"回来，"谁与谁可能有利益关系啊"，提出一些不确定、似是而非的结论。

凡此种种，都带有很大的主观臆造性，充其量勉强可以说是审计线索。如果审计人员确实感到审计线索是重要的，应该实施相关的审计程序，收集相关、适当和充分审计证据给出明确的审计结论，这是审计鉴证的功能所在。

因此审计报告撰写中，避免使用不确定、似是而非的用词，不得"强化""加强""改进""完善"连篇，却不知要做什么，做到何种程度、谁来做、怎么做、何时完成、如何考核兑现等。

## 9.2.7 报告充斥着"审计无法验证"这类措辞

"审计无法验证"用在审计报告中作为结论措辞,何错之有呢?如果一个审计报告中通篇充斥着这也无法验证、那也无法核实,那还需要审计人员做什么呢?

我们审阅过许多审计人员的报告,经常注意到此类错误。我们的审计人员在无法给出审计结论时,索性抛出一句"审计无法判断""审计无法验证"交差,问题是,你要清楚地知道,内部审计报告类型压根就没有"拒绝表示意见""由于条件受限而给出保留意见"等审计意见类型。

你出于条件的限制,可能会遇到暂时无法验证的情况,但这不代表验证这个事情就没有一点可能性。可能仅是没有找到更好的验证方法,或者是替代审计方法执行不够。此类措辞改为"现有条件下,审计难以核实或难以验证"可能更好,还能给自己的进步留出一些余地。

## 9.2.8 撰写的审计发现没有价值

有些审计人员明明做出了有价值的审计工作,但在审计总结时,不善于将审计发现表述成有价值的成果,不能引起报告阅读者的共鸣,使得审计价值大打折扣。

例如:在审计报告中提及"审计发现文件版本控制混乱,文件没有及时发放到使用者手上",这样的审计发现就没有体现出价值。报告阅读者可能觉得审计人员是鸡蛋里面挑骨头。

问题的发生总要产生一定的后果,对问题产生的后果进行评价,比如公司遭受的损失、影响的企业风气等,这是落实审计责任前提,也可以借此提高被审计单位对审计发现的重视。

## 9.2.9 专业味太浓让人很难读懂

审计人员撰写审计报告切记报告是给别人看的,要以别人看得懂为第一要务，常见的错误就是报告用词过于专业，别人很难真正理解。属于"用专业的语言表述专业的事情"的风格，这样的报告看起来很专业，但外人很难读懂，一个看不懂的报告也就无法发挥审计报告的效力。

因此，要让没有参加过该审计项目的外人也能明白审计报告的内容，就得用通俗简洁的语言表述专业的事情，把复杂的问题简单化，专业的问题通俗化，审计报告层次和效力自然进一步提升。

### 9.2.10　审计报告内容主次不分明

我们看到一些审计人员在写审计报告的时候，简单罗列自己的审计发现，想到哪里就写到哪里，东一榔头西一棒子，这种报告格式可以称之为"审计见闻录""审计流水账"，让报告的阅读者看起来很累，这种撰写审计报告的错误就是主次不分明。在实务工作中，审计人员应把握审计报告内容划分主次的三个标准。

首先，如果审计方案已明确审计内容和重点的归类和排序的，那么在审计报告中对问题的归类和排序就要符合审计方案的要求。其次，以定量金额大小为主次顺序。再次，根据有关法律法规和单位实际，分别确定各个问题的权重，从中筛选出性质严重、危害较大的问题，作为划分主次最后一个标准。

以上列举了审计报告撰写中常见的十个错误，这仅是我们在实践探索路上十个跌倒过的教训体会，而实际上远远不止这十个。总之，优秀的审计报告在撰写时应当反复锤炼，字字推敲，做到"文章不厌百回改，反复推敲佳句来"。

## 9.3　关于审计报告的 40 个最佳实践

在分享了如何写出一份有价值的审计报告以及撰写审计报告应该避免的十个

错误之后，我们想给你分享的是评估审计报告有效性和质量的另一个有效的方法。

请你拿出笔，对照英国内审职业协会专家菲儿·格林夫茨编写的"与审计报告相关的40个问题"自测打分（见表9-1），认为是的，打1分，否的不打分。这些问题与过去12个月内发布的审计报告相关，代表了最佳实践。

表9-1 与审计报告相关的40个问题

| 编号 | 问题描述 | 是/否 |
| --- | --- | --- |
| 1 | 是否超过95%的审计建议得到了完全、有效执行？ | |
| 2 | 审计报告是否提及组织目标，并提出审计如何协助组织实现目标？ | |
| 3 | 每份报告是否不多于6页？ | |
| 4 | 从现场审计完成到提交最终审计报告是否控制在两个星期内？ | |
| 5 | 所有审计意见和建议都不同于上次审计吗？ | |
| 6 | 报告包括图表、表格吗？ | |
| 7 | 报告中有照片吗？ | |
| 8 | 报告是以电子方式发布的吗？ | |
| 9 | 报告发布前是否与被审计部门讨论了所有问题？是否没有被审计部门感到意外的问题？ | |
| 10 | 报告是否着眼于未来而不是过去？ | |
| 11 | 管理层意见是真实承诺，还是为结束审计而摆脱你的一种手段？ | |
| 12 | 是否给出了具体的审计意见？ | |
| 13 | 客户接受并认可这些意见吗？ | |
| 14 | 意见、结论和建议是否真正代表了关键事项？ | |
| 15 | 是否只报告了重要事项，次要问题是否被单独处理？ | |
| 16 | 所有建议是百分之百切实可行的吗？ | |
| 17 | 组织是否认为审计项目有帮助，并与关键风险或机会相关？ | |
| 18 | 报告是否真实反映了使用的专业技能和知识？ | |
| 19 | 过去12个月内，是否有三次以上审计给出了增加价值的积极建议？ | |
| 20 | 是否定量分析每次审计的成本/效益？ | |
| 21 | 成本/效益是否在审计报告的封面予以公布？ | |
| 22 | 最终报告是否包括了具体的整改措施，而不仅是整改建议？ | |
| 23 | 每个整改措施是否均指定了责任人？ | |
| 24 | 被审计部门是否承诺了整改期限？ | |
| 25 | 是否有80%以上的整改措施/建议在商定的时间内完成？ | |
| 26 | 报告有摘要吗？ | |
| 27 | 报告摘要单独（也就是说，不包括主报告）发给高级管理人员了吗？ | |

(续)

| 编号 | 问题描述 | 是/否 |
|---|---|---|
| 28 | 报告在内部网上公布了吗？ | |
| 29 | 其他和审计相关的信息在内部网上公布了吗？例如，授权调查范围、最佳实践思想、工作底稿等？ | |
| 30 | 整改责任人是否有权整改而不需要进一步的批准？ | |
| 31 | 报告是否不用专业术语？ | |
| 32 | 报告是否包含了整改计划小结（一般在报告末尾）？ | |
| 33 | 审计委员会是否要求查看审计报告或摘要？ | |
| 34 | 首席执行官是否阅读所有报告（摘要或完整报告）？ | |
| 35 | 过去12个月里，是否正式要求管理层评估报告的格式、质量等？ | |
| 36 | 这是年度例行程序吗？有关信息是怎么收集的？ | |
| 37 | 在过去两年中报告格式是否有明显改变？ | |
| 38 | 如果你是报告的接收者，报告能否促使你采取整改措施？ | |
| 39 | 报告中是否添加了不必要的背景知识？ | |
| 40 | 你是否认为这是令人满意的审计报告？ | |

你自测结果是多少分？到了公布结果的时候了。

不同的分数代表你的审计报告水平，请看结果（见表9-2）。

表9-2　审计报告自测结果统计表

| 分数 | 得分说明 |
|---|---|
| 0～10分 | 需要彻底反思审计报告的形成过程 |
| 10～20分 | 审计报告质量有很多可以改进的方面 |
| 20～30分 | 报告考虑得较为周全 |
| 30～35分 | 显而易见你已经竭尽全力地撰写审计报告了 |
| 35～40分 | 你在开玩笑吗 |

显而易见，不能得分的项目，表示此项目偏离了审计报告最佳实践，得分的项目表明符合与审计报告相关的最佳实践。为了节省篇幅，我们将每个问题涉及的行为或衡量标准的逻辑依据，在备注列进行了概括解释（见表9-3）。

我们已将与审计报告相关的40个问题表当作是炼成优秀审计报告的指南，直到自测得分在30分之上，目标是接近满分。为了提高审计报告水平和质量，你是否也打算这样做？看完之后，自己决定吧。

**表 9-3　与审计报告相关的 40 个问题的相关解释**

| 编号 | 备注 |
|---|---|
| 1 | 审计建议执行的平均水平在 70%～75%，95% 以上的执行率是最佳实践，其他 39 个问题提供了实现这一目标的线索 |
| 2 | 风险导向内部审计理解业务目标是获得被审计部门承诺和支持的好办法 |
| 3 | 最成功的内审部门是那些一贯坚持使用简洁、一针见血审计报告的部门。6 页是平均数，但超过 12 页的报告的确没有必要（第 1 页报告摘要，第 2～5 页报告正文，第 6 页整改计划） |
| 4 | 最佳实践（这也是最成功的内审部门能否达到的）从完成现场审计到发布最终报告不超过两周，从现场审计工作完成到提交初步报告平均需要 7～10 天，最优秀的内审部门在 1～2 天内完成 |
| 5 | 如果相同，意味着上次审计没能说服管理层执行审计建议，重新审计、再次强调完全相同的事项，显然没有使用好审计资源 |
| 6 | 图表，比如表格、示意图、曲线图，是很好的拆分全文、使报告更易于阅读和理解的工具，尝试使用一些图形而不是数字式的表格或冗长附录，尝试使用趋势而不是数字本身 |
| 7 | 一张照片有时胜过千言万语 |
| 8 | 采用 PDF 格式发布报告值得所有内审部门推广使用 |
| 9 | 在那些一直存在争议或重大分歧的审计领域，最终报告发布前，应当和负责该业务领域的管理层进行简短讨论，从而避免或尽量减少这种意外情况的发生 |
| 10 | 审计报告过程的本质要使管理层专注于那些能够使自身职能得到改进的重要事项，如果审计问题在将来与组织收益无关没有必要在审计报告体现 |
| 11 | 要确保管理层收到明确承诺。管理层花时间做出经过深思熟虑的答复，那么整改措施很可能被采纳并按时完成 |
| 12 | 审计报告中应把明确的审计建议置于"审计建议或审计意见"标题下。审计意见通过评分（例如从 1 到 5，1 代表"糟糕"、5 代表"优秀"；或者使用信号灯——红色、黄色和绿色）往往是主观的，这种做法不鼓励 |
| 13 | 如上 |
| 14 | 审计发现问题和建议应当关注那些真正的问题事项，而不是按时间顺序列出你所做的事，去掉审计发现中不重要事项 |
| 15 | 审计报告仅包含那些重要事项，不重要事项向当地管理层通报并达成一致认识后不再具体上报。所有不重要事项列示形成单独清单，仅报告给当地管理层 |
| 16 | 执行该建议是否切实可行？这个建议是否太多复杂？对管理层来说这是个优先级较低且难以执行的建议吗？建议是否需要信息系统做出无法实现的较大变更 |
| 17 | 与其用"发现了以下控制弱点"，不如用"识别了一些改进机会"更积极 |
| 18 | 审计经理评估审计人员工作的有效方法是审阅审计报告初稿或终稿，可以从报告看出其专业技能和知识水平 |
| 19 | 评估审计收益用于证明一年内通过内部审计增加的价值 |

(续)

| 编号 | 备注 |
|---|---|
| 20 | 审计收益包括财务收益和非财务收益。非财务收益包括提高安全性、降低风险、提高防舞弊能力、反应更灵敏的系统、更好地管理信息、共享最佳实践、减少或去除不必要的控制、提高效率或员工使用率、增强意识。审计成本包括估算审计部门的总成本分摊到每个人天 |
| 21 | 如上 |
| 22 | 最终审计报告以"整改措施"和"即将执行的新程序"替代审计报告初稿的"审计建议",将对建议的执行产生重大影响 |
| 23 | 在整改措施旁标注整改责任人姓名能否有效引起管理层注意。在审计报告中不仅标明责任人头衔而且直接点出姓名有利于政策措施落实 |
| 24 | 应商定具体的整改完成期限,并写入审计报告,整改完成期限应由管理部门而非内审部门提议,内审部门可以质疑管理层提出的整改完成期限,并对整改情况进行后续跟进 |
| 25 | 如上 |
| 26 | 审计报告应有一个简短的(最好是一页)、强调审计重点的报告摘要,良好的审计实践是,将审计报告摘要单独发送给高级管理层 |
| 27 | 如上 |
| 28 | 衡量审计价值、宣传审计效果的一种最佳实践 |
| 29 | 如上 |
| 30 | 确保在交换意见会议时,与被审计单位经理核实,他们确实有执行整改措施的职权 |
| 31 | 避免使用专业术语,如果阅读报告的管理层不理解专业术语,他们不会来向你求教,只会简单地认定审计报告很失败 |
| 32 | 整改计划往往在审计报告的最后一页,可以单独使用,也可以作为后续跟进的基础 |
| 33 | 应向审计委员会发送所有或重要审计报告,一般只需发送报告摘要 |
| 34 | 应向总裁提交所有审计报告,除非他们认为阅读审计报告只是例行公事,而特别指出不需要向他们提交 |
| 35 | 修改报告格式或报告的提交过程,询问高级管理层是明智的做法。同时也应该征询他们对审计报告的评价 |
| 36 | 如上 |
| 37 | 如果过去两年间没有显著地变更审计报告格式,那么很可能需要变更了,使审计报告令人感兴趣和具有新鲜感是成功的关键 |
| 38 | 审计报告能否促使你进行整改?这是在提交审计报告前进行自我评估的好方法。如果不能做出肯定回答,那么很可能管理层也是这样,你需要再次审视报告,并做相应的修改 |
| 39 | 确保报告删除了所有不必要的和明显令人不快的信息,专注于管理层感兴趣的事项 |
| 40 | 完美的审计报告是不存在的 |

第 10 章

# 审 计 沟 通

沟通就是彼此相通。

石油大亨洛克菲勒说过:"假如人际沟通能力也是如同糖或咖啡一样的商品的话,我愿意付出比太阳底下任何东西都珍贵的价格购买这种能力。"

对于内部审计来说,沟通无处不在,无时不有。它远远超过理论上的审计沟通定义——内部审计部门与被审计对象之间针对审计依据、结论、决定或建议的沟通。

内部审计的普遍忧虑是不会有效沟通,所以这一章,我们来交流提高内部审计沟通技能的那些事儿。

## 10.1 审计沟通:重中之重

沟通是管理的浓缩,管理的本质是协调,协调的中心是人,协调的方法没有定式,多种多样。不懂沟通和协调,我们内部审计将寸步难行。

审计沟通的成效,在审计之前就潜伏着许多我们未知的变数。例如:我们给人的第一印象,审计在企业的地位,人们对审计质量的猜疑,以及企业文化等。

曾经有人做过统计,审计沟通与现场审计的时间比例几乎是 1 : 1,甚至更长。这个现象一方面说明沟通是审计重要的组成部分;另一方面也说明我们很多审计人员不善于沟通。大量低效、无效的沟通使审计成果前功尽弃,甚至不良的沟通还会起到反作用,给自己制造麻烦。

有效的沟通能降低审计风险,减少不良冲突,提高审计质量、效率、效果,有利于营造良好的审计环境,发挥协同效应。

美国著名教育学家卡耐基讲:一个人的成功,只有15%是由于他的专业技术，而 85% 则要靠人际关系沟通和他做人处事的能力。

审计沟通，重中之重。我们通过有效沟通实现审计沟通的四大功能。

### 10.1.1 实现审计沟通的四大功能

#### 10.1.1.1 获取信息的功能

我们内部审计对专业的理解远不如经营管理者，处于信息不对称、专业隔阂、监管冲突等劣势地位，审计风险非常大。在我们看来可能是完美且合理的审计建议，但在审计对象看来可能是不切实际的或存在严重副作用的"一厢情愿"。

沟通获得的信息与教科书相比，内容更鲜活、渠道更直接、速度更迅捷。随着沟通的深入，我们就能认识更多的人，听到更多的事，交换更多的思想，获得更多的有价值信息。

#### 10.1.1.2 建立信任的功能

我们人际沟通的范围越大，接触的人就越多，也就越能更多地"阅人""识人""识己"。

我们审计总是希望外界了解自己、理解自己、信任自己。要如何得知我们有什么优势与特质，有时是在沟通中从别人口中告诉你的。所以我们常常问我们的部门管理者，"工作进展得怎么样了？"，或者问"你有什么问题吗？"，这种"兜圈子式的管理"或者偶然到各部门的办公室拜访一下，以及非正式的聊天、打打电话、发发微信，都有助于我们审计师与业务部门的工作保持同步发展。

大家从互相认识到互相信任，这样，也可以避免可能出现审计与被审计关系紧张的局面。

#### 10.1.1.3 有效激励的功能

审计绩效的高低与审计负责人花在沟通上的时间多少成正比。

没什么东西比表扬更能调动人的积极性，有很多人不了解"赞美"这一词汇中所包含的巨大效益。我们在审计中发现，内部审计在组织大范围的内部控制评价时，与其揭示落后部门的短处，不如赞扬先进部门的长处。

具体、真实而有分寸的赞扬，可以产生我们意想不到的效果。可以激励组织建立他们的信心，发挥他们的潜能，实现他们的理想，并使他们成长。当众表扬一个组织，效果就会成倍增加。赞美是对别人付出的一种报偿，受赞扬的部门长告诉我们：我们都为这份赞美而感到兴奋不已。

同样，注重场合、态度温和而坚定、以认可开始、言辞客观地对事不对人的批评以及切实可行的建议，也能让被审计单位口服心服地接受"负激励"。

#### 10.1.1.4 协同管理的功能

协同管理的需求来自沟通引发的共鸣。

进行积极的人际交往，也是人们自身生理发展和心理发展的渴望。良好的人际关系和正常的人际沟通，能够培养我们的自尊心和自信心，提升职业价值感。

许多人际误会、矛盾乃至冲突都源于人际沟通障碍。比如我们在审计报告的讨论中，常常把合理的讨论变成不合理的争吵。只有表现真诚、相互尊重的沟通，才能在沟通时用心关注和倾听，发现对方的内在价值和潜能，营造一个良好的内控环境。

我们沟通后所得的结果，往往是自我肯定的动力，人人都想被肯定、受重视，从互动中就能找寻到实现"双赢"的部分答案。

### 10.1.2 做沟通表达中的"第四种人"

再好的沟通预案，也要通过每个人的习惯方式表现出来。

一个想法、一个信息，在传递、解释、理解中，如何让对方与你感同身受，达到妥协或一致的目的？这就是沟通的艺术。表达是将思维的成果用语言或非语言的方式反映出来的一种行为。

在人际交往中，非语言沟通具有非常重要的地位，我们的身体就像一个无法关闭的传送器，时刻传送着我们的心情和状态。非语言沟通正是以我们的表情、手势、眼神、穿着、摆设及与他人的空间距离为载体进行的表达。它可以表达难以用语言表达的情感、情绪及感觉。遗憾的是，现实中我们很多内部审计人员缺乏的恰恰是这种沟通与表达能力。

我们常给审计人员讲"四种鸡"的故事，希望他们从"四种鸡"的故事中获得感悟，学做"第四种人"。

第一种鸡：不会下蛋也不会叫的鸡。

第二种鸡：不会下蛋只会叫的鸡。

第三种鸡：只会下蛋不会叫的鸡。

第四种鸡：既会下蛋也会叫的鸡。

第一种鸡：不会下蛋也不会叫的鸡，比喻有些审计人员，既不会干工作也不会总结和表达。这种鸡一定是主人先斩为快，成为"盘中餐"的角儿。同样，属于此类的审计人员也一定是企业首当其冲淘汰出局的一族。

第二种鸡：不会下蛋只会叫的鸡，比喻有些审计人员工作干不好，表功劳争待遇却头头是道。爱哭的孩子有奶吃，这些人虽然有时还比较得势，但由于其夸夸其谈没有真才实干，所以也不会持久。

第三种鸡：只会下蛋不会叫的鸡，比喻那些只会工作，不会沟通表达、不会总结的审计人员，就像农民只问耕耘，不问收获一样愚蠢。

第四种鸡：既会下蛋也会叫的鸡，比喻那些既可以把审计工作做好，又会沟通表达，还擅长写报告的审计人员。我们希望审计人员成为第四种鸡。

常见的审计人员多像第三种鸡。就是那种脸朝黄土背朝天，不会发声、不会谈的人，很能干，但是沟通方面能力不行，而这种审计人员往往很吃亏。

让我们通过两个真实案例，看看不会沟通和表达会带来什么后果。

### 10.1.3 团队的恐慌：来自不会沟通

【案例1】

为什么一个团队在哭泣

请听我们审计部 T 部长现身说法：

我们公司实行干部岗位定期交流制度，那一年，我从 A 厂到 B 厂去当部长。

我人还没有到，就听说新上任单位的六位女同事集体痛哭，这消息很快就传遍了整个公司。大家都认为这是不舍得前任领导离开啊。还有一个原因，她们很可能不喜欢我，说我太厉害了。

可是等我上任之后，慢慢发现不是大家所想象的情况，六位女同事非常配合我的工作，我们相处很融洽，但是这个谜底到底是什么呢？直到有一天，大家熟悉地开起了玩笑，六位女同志围着我说："部长，我们好喜欢你啊，你是一个女的，比我们原来那个男部长还爽！"于是我也开玩笑地说，"那你们当时为啥一起哭呀？害我好郁闷哦！"

大家这才告我实情："我们哭的哪里是他（前任部长）呀。我们哭的就是你啊……我们没你这么能说会道，只会做不会写，我们连个通知都写不了，我们怕在你的手下丢饭碗。"

这一幕让我们这位部长刻骨铭心，于是她带的这支队伍就从练习写通知，练习到基层交流开始。一年以后，这支团队人人建功立业，成为公司的红旗单位。是沟通和表达的能力让她们成功。

【案例2】

不会表达差点丢掉一套房

来自我们审计部 D 部长的口述：

我们部有一位男同事，他是住房特困户，属于四户共用一个卫生间和一个厨房的"四团结户"。为解决他的住房,我们绞尽了脑汁,唯一的机会就是走职称晋升之道。有了中级职称,就能分到两室一厅的房子。而要获得职称需要三个条件:绩效考核中上,有成果,有论文。

绩效考核时,同事们齐刷刷把优秀的指标给了他。大家说指标有限,我们只能"雪中送炭",顾不了"锦上添花"。成果的问题不难,我们部人人有成果。论文也不难,我天天下班后指导他写论文,写出了一篇后来发表在核心刊物上的论文"国有资产流失渠道及对策"。

唯一谁也帮不上忙的事,是他要参加论文答辩。答辩前夜,我再次为他"开小灶",一遍遍指导他答辩的技巧,还为他押题。由于论文主题是"国有资产流失渠道及对策",所以押题"国有资产的流失渠道有多少?"我指导他回答这个问题时从结论开始,开篇第一句要自信地、画龙点睛般归纳性回答"国有资产形成的渠道有多少,流失的渠道就有多少",然后再按照论文里的叙述逐条回答。

结果到了答辩那天,评审组长果然上来就是这一题。而他是怎么回答的呢?他紧张地对着天花板,翻着白眼自言自语地说着:"国有资产形成的渠道有多少呢,流失的渠道又有多少呢?"评审组长说,你这是问谁呢?

由于紧张,他把一个清晰归纳的结论表达走样成一个面目全非让人费解的提问。因为这件事,评审组长给他打了58分。我都要急崩溃了,这一套救急的房子要丢了啊。其他评委看到我抓狂的痛苦表情,也许动了恻隐之心,他的平均分勉强及格。

## 10.2 审计先要学会和自己沟通

一个成功的内部审计部门,应该是一个能以自身的诚信、素质、影响力去改善人际关系和审计环境,迅速打开工作局面的团队。这一切都离不开有效的沟通。

说到审计沟通，它的范围非常广泛，我们不妨梳理一下！

### 10.2.1 审计沟通的分类与排序

理论上的审计沟通是指审计机构与被审计单位及相关管理层就审计有关事项进行积极有效探讨和交流的过程，具体针对审计依据、结论、决定或建议。

沟通的定义其实十分简洁：沟通就是彼此相通。

审计沟通，从时间维度来区分，可以分为审计事前、事中和事后沟通；从沟通范围来区分，分为内部沟通与外部沟通。

对内沟通分为与上级、平级和下级的沟通。

对外沟通包含与股东、客户、供应商、政府、公检法甚至是与不法分子之间的沟通。

不知我们是否注意到，在所有的沟通理论上，很少有人提出在审计中怎样和自己沟通？

难怪有人说企业是最粗糙的科学，最冰冷的艺术。企业无休止地教导我们无数有关考核绩效、检查质量、计算盈亏的技术，却几乎从未教过为什么人会一生投入工作，这样做意义何在，如何与自己沟通的学问。

倘若让我们为沟通的方式来排序，在以上的排序之前，放在第一位的一定是和自己的沟通，其次是和团队的沟通，最后是和环境的沟通。有了这个前提，其他的沟通才能实施。

有一个沟通的顺口溜，是这样讲的：

政府不和民众沟通，就会有民怨。

企业不和员工沟通，就会有纠纷。

父母不和孩子沟通，就会有代沟。

自己不和自己沟通，就会想不通。

## 10.2.2　与自己、与团队、与环境的沟通

### 10.2.2.1　与自己的沟通

这是心与心的沟通。先了解自己，再了解他人，自知者为明，知他人者为智。有效的自我沟通后才能做到自察、自省和自悟。如果你连自己都沟通不好，就不会有一个积极阳光的心态，那怎么和别人沟通呢？又如何通过沟通带给别人正能量呢？

一个人的强大，一定是他心理上的强大。内部审计工作注定我们要付出常人难以想象的情感上的伤害和误解，那我们的审计工作有意义吗？它的最高层次是什么呢？

在我们的朋友圈里，一位不曾相识的优秀审计人回答了我们的问题，她是因为听了我们的励志讲课而选择了审计……她告诉我们：教育是植入骨髓的高贵；工作是拥有生活动力最简单的方式。如果你工作不够优秀，认识谁都没有用。生命的意义是帮助他人的能力。内部审计是企业的经济良医，它是一份利人利己利企业的爱的职业。

我们问她："你做审计不怕得罪人，不怕树敌太多吗？"她说："感谢给我们逆境的人和事，我们不在意一时的伤害和误解，一个人能经得起多少诋毁，就能担得起多大的赞美啊……"听到这里，我们为这位审计人的阳光心态所折服，这是自我沟通的力量。她用这些观点帮助了很多人。

### 10.2.2.2　与团队的沟通

审计负责人是团队的灵魂和核心，是塑造团队基本的工作氛围、影响员工的工作积极性和创造性的关键因素。一个优秀的审计负责人一定是心系团队，能够给团队信念和激情，有追随者、有凝聚力和感染力的领军人，这一切都离不开沟通。

有凝聚力的审计团队首先是一支有忠诚度、敢于亮剑的团队。一位审计负

责人自豪地对我们说:"我就是一只狮子,我带的羊群可以打败一只羊带着的狮群!"团队沟通的要诀见第 14 章。

#### 10.2.2.3 与环境的沟通

营造一个好的审计环境是决定审计成效的关键。在整个 COSO 框架中,具体的控制固然重要,但往往看起来最虚的东西却是最实的,比如一把手对内部控制的看法、对信息化的态度,直接决定我们 IT 审计能否实施。

审计沟通在这里就显得格外重要。我们有一个企业对信息化建设太重视,于是我们举办了一个审计讲座。当老总听到我们说"ERP 条件下,独立的财务核算系统已经不复存在,我们以前能看到的账,仅仅是各方入了账,让我们看到的东西,就像领导人听到的信息往往是下级让他知道的信息一样"时,他坐不住了,决定把 ERP 当作企业的天字号工程来抓。企业信息化程度越高,审计的风险就越小。

我们许多审计部门写下的"我们爱企业的十个理由",就是成功的对外沟通,沟通的是我们对企业的信赖、热爱和依附,它让我们获得了关注度。我们看到,一个组织的知名度大,业绩不一定最好,却能吸引很多人关注这个部门,不断地认同它,认同价值会使一个部门更快地得到信任,更好地实现自己的目标。

### 10.2.3 与自己沟通的法宝

与自己沟通是今天一个人获得正确心态的必要条件。学会正确认识自己,反思自己,才能不断适应环境超越自己。怎样和自己沟通呢?总不会自言自语吧?

我们的心得是,写日记是一种非常好的自我沟通方式,是法宝。

这里指的是传统意义上的私密性日记,不是现在流行的发朋友圈的各种秀。

我们发现,身边坚持写日记的人往往很快乐,快乐的情绪是可以感染周围的,和他们在一起的人,也会很快乐。

写日记是一种心理疗法，是对心灵的净化。

有一个英国的小伙子，得了严重的忧郁症。这一天，他准备结束自己的生命。就在他对自己下手的一霎间，他的心灵突然被一种美妙的感觉所打动，那是去年的今天，他曾经在小镇上遇见过一位非常可心的女孩子，世界上还有这么多美好的东西没有去感受，为什么要自杀呢！他决定把去年的一幕当作节日一样来庆祝。这个小伙子开始写日记了，一遇到快乐的事情，就写在日记中。第二年的时候，他又有了许多可以庆祝的节日。年复一年，这位小伙子成了一个人见人爱的阳光青年。

当我们晚上打开日记本的时候，我们和自己的沟通就开始了，一幕幕值得去提炼、去记录回味、去反省自诫的情景像过电影般涌上心头。握笔之际，每天对自己都是一次激励和进步的体验。等到多年以后，回过头再看这些往日的日记，美好的生活片段带给我们更加阳光的心态，那些极具魅力的审计故事，见仁见智的博弈场景，灵感一现的审计感悟，已是一笔不可复制的无价的精神财富。

写日记不是信笔涂鸦，但凡举笔之前，是对一天的工作、生活的思路梳理和取舍，是对逻辑层次的安排，是对文笔能力的提升。一个人长期如一日地这样去做，思路就会清晰，而思想同时也得到了磨炼，变得锐利、细腻、敏感、有节。

## 10.3 有效审计沟通的七个诀窍

理论上的沟通方法层出不穷，但完全按照理论方法来做不一定管用。

沟通是和人打交道，人的思想是活动的，与人相处没有定式，只有更适合当事人的"具体情况具体分析"。

我们总结了审计沟通的七个技巧，我们希望通过分享对有效地提升我们的沟通能力提供启发和帮助。

## 10.3.1 沟通不准备，到时一定背

没有准备的沟通，无异于一次人际关系的冒险。

沟通的准备就是根据"跟谁沟通、沟通要解决什么问题"而做充分准备。

内部审计要和方方面面、形形色色的人们打交道。我们在和一个人沟通前，先要对他进行一定的了解，跟他周边的人了解一下他是什么样的人，要知道他的脾气、爱好、信仰、人际关系，了解个人活动规律、活动圈子，初步掌握其心理，还要看他的个人履历，了解工作内容、职务变化、社会地位，然后对想要沟通的事情做功课。

我们要制定一个沟通的大纲，还要针对沟通可能遇到的不同情景或沟通受挫多准备一些预案，这样我们的沟通就会有备无患、有的放矢、事半功倍。

以审计访谈为例，访谈前一定要准备，不打无准备之仗。

### 10.3.1.1 办公用品准备

1.使用公司统一文具（笔、笔记本、包、录音笔）。

2.带名片，递名片时要双手将名片倒拿、正面朝上递给对方。要主动递名片，不论对方是何等级别人员。

### 10.3.1.2 访谈提纲的准备

1.常规审计访谈前一定要写提纲。

2.提纲分"开放式问题"和"封闭式问题"。封闭式问题是只有"是"或"不是"两个回答选项的问题。封闭式问题要用表式问卷，逐条记录，不可遗漏。

3.访谈提纲要注意问题分类，每一类问题再分小项，提纲要细致。

4.要制作两份访谈提纲，一份列出主要问题，供访谈时据以提问；另一份是细致提纲，作为访谈提纲的说明。

5.访谈提纲未必全面或准确，访谈过程中要根据情况灵活变通。

6.访谈提纲要在项目组内充分讨论。

7. 访谈前要熟悉提纲内容，了解尽量多的背景资料，并熟悉所有概念。

8. 访谈提纲作为重要过程文件，要注意存档。

我们曾经和国际上某著名咨询公司交流，这个咨询公司要给客户推销它的产品或服务前，必须先绘制一个权力地图（人脉地图），将客户周围有哪些人，具体分工如何，周围的人更愿意听谁的，哪个人是客户的爱将，客户个人的爱好习惯及家人情况等都要绘制出来，据此评估工作难度。然后分析成功拿下订单的概率，值不值得请更高一级人员出面等，以此来指导他们的工作，简单有效。

【案例】

## 内部审计电话沟通提供资料预案

当审计人员给客户打电话索要资料时，可能遇到不同情形，应事前准备不同的沟通预案以供沟通时充分利用。

（甲：审计人员；乙：访谈对象）

甲：喂，您好。

乙：您好（哪位？）

甲：请问您是××公司××部门（可简化部门）××（刘总）吧！（吗）？

乙：是的。

甲：我是集团审计部审计经理××（人名），在前几天到××公司审计时见（找）过你。还有印象吧？（想起来了吧？）

乙：对，记得。

甲：是这样，有件事情需要简单和您沟通一下，请问您现在说话方便吗？我们大概要几分钟时间。

**情景一：沟通受到限制**

乙：现在在开会，不太方便。

甲：那么您什么时候方便，我们再联系您。

……

乙：下午5点吧。

甲：好的，那先不打扰您了，我们稍后再联系，再见！（再次沟通的时间，最好是当天完成）

**情景二：沟通未受限制**

乙：哦，方便，你请讲。

甲：好的，是这样，由于正在开展的某审计项目的需要，我们这边需要您帮助提供××资料、解释、说明、依据等，我们之前的审计通知书里面提到的那份审计资料清单，现在还没有从您那里获得。

乙：好，这个资料我知道了。

甲：那好，请问这个资料，您什么时候方便提供给我们呢？（根据我们的要求，对方可能的答复，要根据情况应变。）

**情景三：时间符合审计预期**

乙：今天下班前，我可以发给你们。

甲：那好，我们稍后将给您发邮件，再确认一下（确认资料及反馈时间），谢谢！

**情景四：时间回答含糊不清**

乙：我会尽快提供的。

甲：是这样，刘总。公司领导要求我们后天早上提报审计结果，没有您这个资料，报告就报不成了。您看，这个资料最晚在明天下班前提供给我们，好不好？

乙：好的，那我明天下班前发给你。

甲：谢谢了，我们稍后将给您发邮件，再确认一下，再见！

**情景五：时间超出审计预期**

乙：我过几天发给你好了。

**甲**：是这样，刘总。公司领导要求我们后天早上提报审计结果，没有您这个资料，报告报不成的。您看，这个资料最晚明天下班前提供给我们，好不好？如果时间还是不允许，那我和领导汇报一下，看能不能晚一天时间再提报，因为，我们理解您现在确实忙。

**乙**：好的，那我明天下班前发给你。

**甲**：谢谢了，我们稍后将给您发邮件再确认一下，再见！

看到了吧，内部审计人员通过电话索要资料的场景，可能遇到的五种基本情景，事前逐一做出了沟通前的预案，兵来将挡，水来土掩。

审计人员应就沟通的主题进行充分准备，知己知彼才会抓住问题的关键，充分的准备之后，不怕审计沟通不成功。

### 10.3.2 掌握沟通的黄金法则和白金法则

沟通有两个重要的法则，审计人员从中可以获得启发。

#### 10.3.2.1 沟通的黄金法则

《圣经·新约》里的一段话："你想要别人怎样待你，你也要怎样待人"，这就是沟通的黄金法则，它能够改变你的思想和行为，彻底翻转你的人际关系。这说明，我们在任何时候都不要抱怨别人，而要反省自己，然后由内而外地改变自己的一言一行。

沟通的黄金法则固然重要，但它往往仅凭自己的感觉猜测对方是否满意，而未必是对方真正的满意。于是，有人进一步提出了沟通的白金法则。

#### 10.3.2.2 沟通的白金法则

沟通的白金法则说的是："别人希望你怎样对待他们，你就怎样对待他们"，从研究别人的需要出发，然后调整自己行为，运用我们的智慧和才能使沟通轻松、舒畅。

简单地说就是，学会真正了解别人——量身定做彼此相通的方案，这也是当今互联网时代的思维。现今大家耳熟能详的"用户为王""顾客至上"其实就是这个道理。我们的用户是谁？你想和谁去沟通，谁就是你的用户。

无论对于哪一种人，打开对方的心锁是沟通技巧的重中之重。知道别人最在意什么，别人的意愿就会在你的把握之中。审计人员在和别人沟通的过程中，要牢记，你是说给对方听的，不是说给你自己听的。

怎么理解沟通要站在对方的角度呢？

举两个通俗的例子，你便容易理解了。

## 【案例1】

### 征兵标语

新中国成立前，同样是动员老百姓参军，我们来分别看看国民党与共产党是怎么沟通的。

国民党贴出的告示是：家有壮丁，抗日出征，光宗耀祖，保国为民。

老百姓看了之后有何感想？我们饭都吃不饱，保国为民与我何干？

而共产党贴的标语是：老乡，参加红军可以分到土地。

一句话，直指根本，效果不言自明。

这就是沟通的白金法则，别人希望你怎样对待他们，你就怎样对待他们。

## 【案例2】

### 老总的烦恼

前几年，成都一个知名民企的老总请我们给他们的审计人员讲课。老总提出的要求比较简单，业务怎么讲都不重要，要给员工一些正能量。老总还诉说了他的烦恼："我们的审计人员工资都不低，人均十多万，可是他们始终不开心，流失率很高，这是为什么呢？"

我们告诉这位老总："您要给他们自己想要的东西，而不是您觉得他们需要的东西。审计人员最怕没有方向，最怕不确定性的迷茫，如果您还能给他们一个梦，给学习力，给亲和力，那他们就很知足了。"

老总狠狠地点了一下头，说："你们讲得太对了"。

站在对方的角度去沟通，从对方的立场出发，设身处地为他人着想，这是审计沟通时值得推崇的观念。在与人交往时，倘若你也先行一步，转换立场，考虑对方的需要和感受，以对方期待的方式来对待他，那么你就多掌握了一个沟通成功的诀窍。

审计应学会换位思考。尤其是我们在审计时，是用对方的标准来审，还是用我们的标准来审？对方有时没有标准，有标准我们也不用，我们往往用自己的标准来审对方，这样就造成了对方的不服，造成我们的审计结论可能就是一道无解的题。

比如招标，我们的标准要求所有项目必须公开招标，而对方的项目技术既复杂又具有特殊性，只适合邀请招标。如果我们考虑了对方这一特殊情况，在邀请招标的条件下发现问题，提出解决方案，我们的审计报告就会有的放矢、切中要害，对方也会口服心服。

用审计别人的标准来要求自己，用理解自己的理念来理解别人，坚持真诚主动、平等待人。审计交换意见中应尊重他人，在坚持原则的前提下，心平气和地提出问题和意见，语言表达简练明确，绝不盛气凌人、颐指气使。比如，为了被审计单位能对审计认定达成共识，要充分考虑被审计单位人员的处境和心理。不妨在涉及焦点问题前，先肯定其成绩，并告知对方已整改的一般性问题未做书面反映，使被审计单位的相关人员在一种平和的心情中接受审计意见。

### 10.3.3　审计沟通要有目的性

沟通一定要有一个明确的目标，这是沟通最重要的前提。没有目标的沟通不叫沟通，那叫闲聊天。

所以，我们在和别人沟通的时候，一定要清晰地表达我们的意图，这个意图不一定开门见山，要根据我们准备的预案及具体沟通的情况来把握，在我们认为火候到了的时候适时表达，往往水到渠成，这是一种沟通技巧。

我们在审计沟通时，针对不同的对象、不同场合设定了整体的沟通目标。

> **对上沟通**：汇报真相，解决问题才是真本事。
> **平级沟通**：同心若金，互相照耀才是最大的赢家。
> **向下沟通**：人格魅力，用爱沟通才是最大的力量。
> **谈判沟通**：塑造价值，平衡共赢才是最大的胜利。

### 10.3.4　用心、用眼带着情感去倾听

沟通，我们不得不说说这个"听"字。一位研究中国文化的老外对听字的诠释让我们感到惊讶。他告诉我们，倾听的"听"字在繁体中是"聽"，听字里有一个"耳"字，说明听字是用耳朵去听的；听字的下面还有一个"心"字，说明倾听时要用"心"去听，能够心领神会；听字里还有一个"目"字，说明你听时应看着别人的眼睛，要观察对方的情绪表达；在"耳"的旁边还有一个"王"字，说明要把说话的那个人当成是帝王来对待，要充分地去尊重他。让这位老外最不可理解的是，今天的"听"字一个口，一个斤，那是斗嘴和斤斤计较，这哪里能达到听的效果呢？

为什么倾听如此重要呢？由于信息经常会被错误的解码，我们往往过于自信自己的直观感受而造成信息不对称。只有用耳、用眼、用心、带着尊重人的情感去倾听，我们才能让对方感受到：

（1）你对他这个人非常感兴趣，认为他的感受很重要，而且尊重他的想法（即使你并不赞同他的想法）。

（2）通过你的倾听，还能让对方感觉到你的确是一个值得信赖、可以坦诚交流的人。

这样，你既能鼓励对方继续说下去，又能保证你理解对方要说的内容。

如果在倾听的时候，你还带着本子，一边"眼、耳并用"关注对方，一边不时地记录对方说话的要点，那对方也一定会更尊重你。

善于倾听者具备如下潜质：

（1）总是十分专注地利用说话者透露的一切有用信息进一步获取新的有效信息，整理出要点并拟出自己的结论。

（2）暂时放下自己个人的喜好，站在对方的角度，避免先入为主或好为人师对说话者做出武断的评价。

（3）对于对方过于激烈的言语，能掌控自我情绪，不受负面的影响。

（4）不急于做出判断，而是感同身受对方的情感。询问而不辩解、设身处地看待人事物。

（5）不随意插话或打断别人的话，避免心不在焉、听而不闻或虚伪地迎合。

如果在倾听过程中，你还在记录中顺带标注了重点和编号。那么轮到你说话的时候，你无异于已经为双方整理好了一份备忘录，那编号就是量化的事项。你首先要肯定对方的谈话价值，用你这份"备忘录"复述对方的话，并提出积极的建议和方案。那么，这样的沟通一定是高质量的沟通。

## 10.3.5　通过写信使神奇的机会降临

现代通信手段让人们的交流越来越便捷，信息可以复制和群发，但也越来越肤浅。我们并不反对现代通信，只是想说明拿起笔来写信这种沟通方式的重要性。

写信是每一个人的权利，我们为什么要放弃呢？

你若真是站在对方的角度想问题，你会收到回信的。你可以给相关部门或者领导写信，这是最容易实现的一种参政议政；你可以向专家、学者、教授写信，他们对你的提问可能会非常热心的回答；你可以给你的上司写信，把你的想法和建议逐一表明；你可以给你的下属写信，给予表扬、鼓励或者慰问，这比盖着公章的函件更符合人性；你可以给曾经发生误会的人写信，这比电话里争执好十分，可以缓解当面认错的尴尬；你可以给正在伤害你的人写信，晓之以理，消除矛盾；你可以给自己写信，随时勉励自己，随地记录人生；你还可以在审计前、审计中、审计后用写信（审计沟通函）的方式，打破与相关利益方沟通的坚冰。

面对诽谤时如何沟通呢？我们有一位审计部长，在工程上查处舞弊遭到舞弊者的报复，诬告信满天飞。有人建议她去向领导解释一下，但她知道，这个时候的领导不会去听一个被告者的喋喋不休。于是，她决定给领导写一封信。

【案例】

尊敬的×总：

当您收到这封信的时候，我正带着团队奋战在施工一线，七位同志累倒在岗位上，连我的司机都累得吐血住进了医院，而伴随着这一切的，是一封封关于我的告状信铺天盖地！

我本不该把宝贵的时间放在写信上，然而我又唯恐对我信任有加的您和我的同事为此蒙羞，我不得不说……

1. 关于……

2. 关于……

对于这些蛀虫的所作所为，倘若我视而不见，或睁一只眼闭一只眼，他们定会视我为上宾，伴我为左右，奉我为财神，然而，疾恶如仇的我却选择了与其针锋相对，势不两立，哪怕遍体鳞伤，一身污水，谁让您把我放在这个岗位上？

领导看了这封信后,非常感动。他说:"好同志啊!在这么复杂的岗位上,如果风平浪静,没有告状信,那倒是一件令人费解的事情。每一状都告出了我们这位同志的闪光点,这样的好同志我们不重用谁重用!"

写信的秘籍还在于见字如见人,那是一种无法比喻的感情,是一种真诚的表达。写信将使你的工作、生活更加充实,感情更加丰富,思维更加活跃,精神更加积极。

## 10.3.6　共同参与审计,有助于审计沟通

我们有时遇到这样的情况:被审计单位在审计进点前不理解,猜忌;审计发现问题后,紧张;审计帮助整改后,建交。

我们称为"三部曲"。

在不影响审计独立的前提下,我们的方式是与被审计单位共享部分审计信息,共同参与部分审计环节,以便让被审计单位对审计结论有认同感。这时候再去审计沟通,自然会变得畅通而有效。

比如:常规审计之前告知审计目的及范围,讨论内控制度的制定与执行情况,要求被审计单位自查并完成调查问卷;审计进点告知实施方案的部分审计内容,要求被审计单位提供资料予以配合;审计实施中要求其参与对下属单位或部门的部分审计检查;审计交换意见时让被审计单位充分发表意见。

共同参与审计,在更快地了解被审计单位业务流程、顺利获得审计资料时,还可以及时就相关问题进行沟通,提高审计效率。有经验的审计师甚至可以从共同参与者对审计发现的第一反应中,去察觉问题的敏感度及严重性,及时调整审计策略,一举两得。

## 10.3.7　恰当选择沟通场所和形式

审计沟通离不开环境,所以选用恰当的场所和方式有助于审计沟通的效果达成。

审前调查、审计进点、征求意见及整改回访等正式的审计沟通，适宜前往被审计单位的会议室，以引起被审计单位的高度重视和严肃对待。既要用审计询问、讨论、座谈等口头协调方式，还要用到调查问卷、审计通知书、征求意见稿、整改情况说明书等书面的沟通。

审中了解情况，可在被审计单位或审计部门进行口头询问并辅以访谈记录。在被审计单位有助于现场进一步深入了解，在审计部有助于舞弊审计显示审计的威慑力。

收集审计资料等零星的交流接触，可选择电话、传真、电子邮件等快捷的传媒沟通方式。

同时，审计人员要具备端庄得体的礼仪，沉稳有度的气质，并对周围的事物反应敏锐。文明和睿智是审计人员赢得尊重，实现有效沟通的基础。沟通中，审计人员应该语言简练、目的明确、态度和蔼、谈吐文雅。

审计沟通要注重有效互动和交流，对重点问题要言简意赅，避免言不达意。提问时要注意用一般疑问句而非反问句，要多用肯定语气而非否定语气。聪明的审计人员通过语速、语调和身体语言的运用向对方表明真诚、获取信任。

## 10.4 良好审计沟通的十个问题测试

以上讲了审计沟通的七个秘诀，它们是我们在实务中总结出的思想结晶。不过，审计沟通的技巧远不止这七个。下面，我们来做一个沟通的测试，你可以通过这个测试，了解自己目前的沟通状态，以及从这十个角度检验一下审计沟通可提高的方面。

### 10.4.1 沟通测试

沟通测试表如表10-1所示。选择"是"得1分，选择"否"不得分。

表 10-1  沟通测试表

| 问题 | 是 / 否 |
|---|---|
| 1. 我每次沟通，都非常清楚此次沟通的目的 | |
| 2. 我会依沟通对象来调整我的沟通方式 | |
| 3. 我在与别人沟通时态度和悦、诚恳 | |
| 4. 言谈中我会尽量显示出对对方的尊重 | |
| 5. 与人沟通时，我会注意倾听，并适时做出反应 | |
| 6. 我使用简洁易懂的语言与对方沟通 | |
| 7. 在与人面对面沟通时，我会与对方保持目光接触 | |
| 8. 我会问问题以确认对方的真意，我也会确认对方是否理解我的意思 | |
| 9. 我与人沟通时有耐心，不会打断别人，或骤下断语 | |
| 10. 我会注意到对方的感受 | |

## 10.4.2  测试评分

你得了多少分呢？看看下面的结论吧（见表 10-2）。

表 10-2  测试评分

| 得分 | 结论 |
|---|---|
| 10 分 | 恭喜你，你已经是一个沟通高手了 |
| 8~9 分 | 你是个不错的沟通者，但仍有改善的空间 |
| 6 分~7 分 | 你拥有基本的沟通技巧，但有时沟通不成功 |
| 6 分以下 | 你需要好好学习沟通的技巧哦！不然，沟通可能会是你的致命伤 |

通过沟通测试结论，你很容易了解自己目前的沟通水平，那些没有得分的项目，就是你需要进一步提高的方面。

## 10.5  提高审计沟通能力的两种简单有效的方法

说了这么多审计沟通秘诀，可能有人会说了，我们做不到啊！

对，掌握了这些秘诀仍需勤学苦练，下面介绍两种练习沟通能力的简单有效方法供您参考。

### 10.5.1  练习演讲

我们有一位审计组长，在审计进场会上由于紧张竟然张口结舌，使会议无法顺利进行。这样的表现，怎么能被审计对象瞧得上呢？于是，练习演讲成为审计人员的基本功。

我们在很多企业的审计部开展了如火如荼的演讲比赛。

演讲有两重含义：一是"演"；二是"讲"。

拥有演讲口才的能力，是一个人成名、成功的快捷途径！

前英国首相丘吉尔说：你能面对多少人，未来就有多大的成就。

演讲有许多方式，举例如下：

**1. 照本宣科式演讲**：就是拿着事先写好的演讲稿向听众宣读一遍。一般场合采用这种演讲方式是不受听众欢迎的。我们内部审计人员如果要用这种方式演讲，不如不讲。因为人家在听你，不仅是用耳听，更是用眼、用心在听，"耳听为虚，眼见为实"。而你呢？你在看稿，人们怎么会听你信你呢！"信"字的写法是一个人字旁，一个言。首先要相信你这个人，然后才能够听你的发言。

**2. 脱稿背诵式演讲**：就是事先写好演讲稿，反复照背，背熟后上讲台，脱稿向听众演讲。这种演讲方式比照本宣科式要好，可以培养演讲能力。其缺点是不便于演讲者临场发挥，使听众觉得矫揉造作，一旦忘词，就要当场出丑。

**3. 自然发挥式演讲**：演讲者"手中无稿，心中有稿"，充分的准备让演讲变得流畅。简洁的语言，抑扬顿挫的声音魅力，极具感染力的手势举止，把听众带进一个个动人的故事中，再以自信和热切的意念，激发听众的共鸣，从而准确传达出演讲者的思想、观点和感悟。当演讲已经犹如一首昂扬的乐曲时，不想成功都难。

要坚信人人都可以成为一名优秀的演说家。只要不断练习，必然能够成功。

我们有很多方式进行训练，最直接的方法就是演讲比赛，简单一点的可以在早会上进行5分钟的演讲，复杂一点的可以练习表演节目，如相声、小品等。

练和不练是大不一样的，有了第一次演讲的经历，演讲对审计人员就会产生吸引力。

### 10.5.2 情景模拟练习

审计经常会遇到一些不熟悉的情况，除了要具有一定随机应变的能力外，最重要的是提前做好准备，否则在现场就会措手不及。一旦冲突发生又无法应对，或者没有抓住问题本质，可能我们的审计成果就会前功尽弃。

情景模拟练习的适用范围非常广泛。除了模拟各种审计访谈，还可以模拟向领导汇报、审计沟通会议、索要审计资料等，都是非常有效的练习沟通的方法。

例如，要练习和舞弊分子询问，就要用犯罪分子的思维来考虑问题，突破其攻守同盟的思维路径。这是一场"白刃战"，与位高权重、智商高、伎俩多的腐败分子面对面较量，既是对审计人员综合素质的全方位考量，又是与腐败分子意志力、智力的博弈。

比如，H集团审计部模拟演练了"如果不方便透露审计目的时应该怎么沟通""审计时间不确定时应该怎么表达""如何婉拒被审计单位的吃请""被审计单位简单寒暄时应该怎么说""索取资料时遇见难缠的对象应该怎么说""被审计人员面对拖延战术时应该怎么应对""资料提供时间不符合预期时应该怎么沟通"等十几种场景下审计沟通的方式，有的审计人员扮演被审计对象角色，专门提出刁钻难题，通过训练如何沟通应对，有效解决审计沟通最头疼的难题。有的扮演公司领导角色，通过训练减轻审计人员怕见领导的恐惧。通过情景模拟，形成了一部不可多得的审计一线沟通实战宝典。这些成功的做法曾连载于《中国审计报》，向国内同行推广。

好了，最后我们要说的是，沟通其实是一个无形的东西，最重要的是要学会如何去运用。

通过练习演讲，情景模拟的方式核心是培养起正确的审计沟通思维。一旦正确的沟通思维形成，你就可以做到以不变应万变，届时你自然而然地就会应对各种情景下的沟通了。

沟通是一种方式，沟通是一种手段，沟通是一个过程，而沟通的技巧是一门学问。掌握高超的沟通技巧，需要审计人员不断加强自身素养，不断在工作中总结和提高。

您还在等什么呢，赶快加入提高沟通技能的行列里吧！

第 11 章

# 审计营销

内部审计需要插上营销的翅膀，快速发展，顺势飞扬。内部审计不营销，前方的路只会越走越窄，最后无路可走。

你一定想迅速具备审计营销的素质，迅速掌握审计营销的技巧，顺利完成审计工作的各个环节，将优异的审计业绩展示出来，那么你到底该怎么做？

本章为你讲述内部审计营销的那些事儿。

## 11.1 成功的内部审计应当是营销大师

如果将审计报告视为内部审计最终产品的话，那么这种产品是需要营销的，不能期盼你的客户会主动问津。

什么是内部审计营销法？从广义上来讲，塑造良好的审计环境，对外提供培训，有效地与各方沟通都是审计营销。而更聚焦的内部审计营销是什么呢？就是我们通过各种媒介将审计宣传出去，让人家认同你、接受你、帮助你、成全你。如同人生最幸福的四件事情：有人信你、有人爱你、有人帮你、有人懂你。我们要通过营销来争取更多的人去爱审计。

### 11.1.1 不能做封闭的实干家

在现实生活中我们注意到，一些审计人员往往不善言辞，低调且谨慎，不愿意抛头露面，不喜欢出风头，内向、倔强、缺乏安全感、抱怨审计工作难做、人际关系紧张……

这往往是不擅长营销的表现。内部审计要低调，但不能低调到别人听不到你的声音。

内部审计的汇报对象一般都是委托方（董事长、总经理）或者是主要管理层。有的时候，为了查案件的方便或者有一些不光彩的事情不方便公开，甚至还需要专门做保密的工作，因此大部分人也就不知道审计到底做了什么。人们对审计结果的期待与预期成果的落空，就是他们眼中的审计失败。最后会得出我们公司内部审计不作为、无能的结论。既然人家都不知道你做了什么，怎么会理解你、支持你呢？你的无言和封闭，仅是孤芳自赏的谦虚。

所以，在信息本身就不对称的前提下，我们不能做封闭的实干家，要想取得更大的成绩，就必须学会宣传和推销自己。酒好也怕巷子深，不宣传，再实干的人才也会被埋没。内部审计部门通过营销，告诉周边的相关利益者，内部审计到底是什么，内部审计有所为有所不为。

### 11.1.2 消除对内部审计的曲解

尽管内部审计受到越来越多的重视，但不论是在国内还是在国外，内部审计的境遇总有不尽如人意之处，真正理解内部审计的人不多，甚至有人对内部审计存在许多的曲解，这常常会成为审计工作开展的绊脚石。

有人说，内部审计像海鸥，看到一艘船就在天空大叫一番，对船的航行、乘船人并没有实际帮助。有人说，内审人员就像走也走不动、跑也跑不快的平足者，专门寻事找茬。也有人说，内部审计报告是一些预料之中的陈词滥调式的指责，审计报告还没编报出来，就知道上面要写什么。还有人说内部审计很麻烦，和审计人员不能不打交道，但也不能打太多交道，打交道太多会招"麻烦"进门，因为他们的职业特性之一就是常常带着怀疑的眼光看问题。还有人说，内部审计是一个只产生耗费的成本中心，而不是利润中心或投资中心。

所有这些揶揄和指责都不无贬损之意，然而这种误解产生的原因是什么呢？当然，一部分原因是内部审计工作本身没做好，但是还有另一部分原因，那就是缺乏营销，导致大家不理解审计、误解审计。

内部审计人员要努力建立起健康的、正面的、积极的形象！内部审计人员对于公司员工而言，应当是咨询伙伴、亲密朋友、家中宾客的关系，并不应该是对立的！

### 11.1.3　不要害怕宣传自己的成绩

放眼全世界，我们看到的国内外成功的内部审计，无一例外都是营销高手。

世界上著名的 GE 公司，将内部审计打造成它的产品、营销它的企业文化，结果为 GE 公司带来无数的美誉度、巨额的经济效益和良好的社会效益。

其实，从另一个角度说，营销内部审计有时也是不得已而为之。内部审计不是在营销自己，而是在营销他所在的企业，宣传他的理念、宣传企业文化和公司领导的心智模式。

英国菲尔·格里夫茨在《风险导向内部审计》一书中写道：

"很多内审部门抱怨说，许多重大变化和积极改进是审计的直接结果，但没人知道。这正是审计需要自我宣传的原因，你告诉他们，否则没人知道。不要害怕宣传内审成绩，应该持续证明取得某项成绩是审计的结果。"

一个成功的内部审计人员，应当是营销大师。内部审计通过帮助组织或企业查找风险隐患、优化业务流程、防范舞弊行为、促进内部控制建设等来提高组织价值，本身是一种创造价值的活动。内部审计要把自己的审计发现、审计报告还有审计意见和审计建议，甚至是审计理念都当成自己的产品，去广泛地推介给你的客户和相关利益方。让他们愿意接受并购买这种商品，这就是在营销！

成功的内部审计营销所带来的，一定是更广泛的人去重视审计、理解审计和支持审计，从而实现内部审计的价值增值！

我们这里说的审计营销是指：

在审计前，要做局造势，营造良好的局面。

在审计中，要润物细无声地实现审计突破。如果在审计过程中你就高调、张扬，弄得鸡飞狗跳，是做不好审计工作的。

在审计后，你取得的审计成果，要尽快转化为生产力。

审计低调做人，你会一次比一次稳健；

审计高调做事，你会一次比一次优秀！

## 11.2 内部审计实施的 6P 营销策略

内部审计人员要使自己成为管理层的伙伴，就必须有效地营销其职能和潜力。内部审计大有作为与碌碌无为之间的区别就在于是否营销及营销策略的有效性。

### 11.2.1 审计营销对于内部审计生死攸关

内部审计人员应做好 6P 营销策略，促导企业变革方案顺利实施。

6P 营销策略组合，即产品（product）、价格（price）、渠道（place）、促销（promotion）、公共关系（public relationship）、政治权力（political power）。

### 11.2.2 来自审计一线的 6P 实战新解

#### 11.2.2.1 产品

内部审计就是产品。与众不同的是我们独特的卖点。

一份有价值的审计报告是产品，它将我们发现问题和解决问题的方案迅速转化为生产力。

我们绘制的风险地图是产品，谁拥有了它，谁就有了其职业生涯中防范欺诈与管理缺陷的安全屏障。

IT 审计是产品，它带给审计人员的技术威力，不再是传统审计的"乱枪打鸟"，而是大数据时代的火眼金睛。

《审计挖金宝典》是产品，它在常人看不到的地方，带给企业意想不到的巨额创效惊喜。

我们发明的专利《会计科目扑克牌》是产品，它架起了内部审计与外界快乐学习和联手管理的纽带。

我们审计人员的职业形象及学习型团队的整体素质也是产品，展示内部审计充满激情和活力的高质量服务魅力。

还有我们在审计技术上如数家珍却举不胜举的"企业经营核算与资金循环鸟瞰图""立体穿行试验模型""防弊CT""项目审计一点通""BIM技术""审计共建""百条法则""百佳案例"，这些都是我们审计营销的最有底气的本钱。

### 11.2.2.2 价格

价格是价值的体现。传统内部审计的价值是对差错纠弊的度量，现代内部审计的价值是无形价值与有形价值的结合。

内部审计已经成为企业极具价值的资源。有效的内部审计部门能够量化他们的工作成果，内部审计定位于防范风险、创造价值。每项内部审计工作介绍后，能够通过成果量化表梳理并总结审计工作的绩效，经济高效地开展内部审计工作，提高客户接受审计产品的满意度。

内部审计在高端敏感领域亮出的解决方案，如公司治理及战略规划的科学性，激励机制，全面预算的有效性，赢得高端审计服务的需求日益增长。

### 11.2.2.3 渠道

渠道，即审计产品和服务向客户以及管理层营销过程的具体通道或路径，建立直通高管的信息沟通渠道越通畅，可实现的审计营销效果则会越好。内部审计师要为每一个客户（病人）找到最合适的保健品（药），为每一个保健品（药）找到最合适的客户（病人）。

信息时代营销渠道四通八达，既有制度安排的交流渠道，也有口口相传的体验式渠道，更有网络的力量带来的滚雪球般的渠道。

我们在 OA 网上开辟专栏的审计营销不受时间和空间的限制；我们创办的微信公众号、审计刊物及 BBS 论坛，推开了对外交流的窗口。

我们创建的"参与式"审计，将内审的力量、职业价值、成就感，转化为能为企业创造价值的点线面的效益。

### 11.2.2.4 促销

促销，即吸引客户，刺激需求。内部审计应该把握时机、在合理的时点不遗余力地宣传自己，扩大内部审计的能见度和影响力。促销还是一种造势举措。我们举办的内部审计成果展示会及一年一度的联欢会，受邀者将此作为一种荣誉和褒奖。

我们提供各类审计培训，在查处舞弊后大力宣传内部审计师在预防和检查舞弊活动中发挥的作用。通过召开审计进场说明会、编制内部审计简报、发送审计风险提示函、主动联系客户等各种促销方式，向客户和管理层传递内部审计信息，引起他们的注意和兴趣，使得更多人主动接受内部审计，以此发挥内部审计更大的作用。

### 11.2.2.5 公共关系

公共关系，即内部审计人际关系的维护。内部审计中的人际关系既包括与组织内部主要负责人、被审计单位、其他相关职能部门人员之间产生的人际关系，也包括与组织外部审计机关、社会审计机构、税务机关、法律顾问、专家等之间产生的人际关系。

良好的人际关系是做好内审工作的前提条件。内部审计人员在工作中，应主动、及时、有效地取得良好的人际关系。

内部审计与外界良好的人际关系，既能促进彼此间理解与交流，又能及时获得外界可靠信息，提高效率。特别是与被审单位发展良好的、融洽的关系与协作，使被审单位认识到审计是一种帮助而不是一种威胁，这种关系可以使审计人员发现问题并出具恰当的审计报告，又可使参与审计工作的每一个人受益，从单纯的审计关系发展到携手共进的友谊，彼此信任，彼此谅解，这种感情增进有助于审计工作的开展，实际上起到了公共关系的作用。

### 11.2.2.6　政治权力

政治权力力量是市场环境不可缺少的一部分。充分利用政治权力力量，对内部审计的作用发挥极其有利，社会监督机构关注企业依法合规经营，履行社会责任，与内部审计目标不谋而合。内部审计作为资本市场的"企业良心"，在协调外围公共关系，树立企业形象方面发挥着独特的作用：

（1）我们与外部审计沟通的成效，会减少外部审计的实质性测试。

（2）与公检法机构沟通的成效，会提高我们打击内部职务犯罪的力度。

（3）与媒体沟通的成效，是弘扬国家监管要求与企业自身需求完美结合的最佳案例。

（4）与投资者、债权人、供应商沟通的成效，一方面是内部审计满足其对企业信息可靠性的确认；另一方是促进关联方对公司发展的支持及对企业制度的遵守。

## 11.2.3　要像研发产品一样，实施 6P 建设

6P 的建设，有利于营销内部审计的服务，对于提升内部审计整体水平、进一步发挥在促进组织变革方面的影响力都有着深远意义。

营销的最终目的是要将自己的产品卖出去，转化为利润。所以审计在营销的过程中，要不惜代价地通过各种手段来扩大我们审计产品的影响力。

过去，我们只顾生产、忽略营销，从制订审计计划、确立审计方案，到搜集证据、发现问题，直至审计报告的编制，如同在车间的流水线上完成生产任务。

今天，内审人员除让董事会及高管层认同审计的忠诚及实力外，还须通过营销手段让我们的相关利益方愿意购买、乐于接受我们的审计产品，提高客户满意度，实现内部审计的价值增值。

## 11.3 内部审计营销的十个最佳实践

那么，内部审计应该如何营销呢？看完内部审计营销的十个最佳实践，您会有所启发。

### 11.3.1 以需定产，提供适销对路的审计产品

审计产品要做到适销对路，首先要满足客户的审计需求。

比如，在做审计计划时，关注公司发展战略，关注标杆企业及竞争对手的运作，通过访谈调查问卷等方式摸清领导关心的重点、管理中存在的难点、职工热议的焦点、相关利益方关切的痛点，在审计工作当中吃透上情、体察下情、关注外情、洞悉内情，在形势研判上"跟得紧""抓得准"，这样做出来的审计计划，论证选择出来的审计项目，一定是大家所期待的！

（1）考虑关注公司发展战略要求做到怎样，相关领导期望做到怎样，具体执行人期望做到怎样，先进企业可以做到怎样。

（2）学会研读一把手的讲话精神、会议纪要，征求一把手的意见。

（3）通过访谈调查问卷等方式摸清领导关心的重点、管理中存在的难点，调查了解职工热议的焦点，相关利益方关切的痛点。

这就等于审计是挖掘了客户的需求，继而创造出适销对路的产品。这种产品客户愿意接受吧？答案当然是肯定的。

### 11.3.2 编制并定期发布内部审计简报

发布内审简报是一项很好的营销方式。H集团从2011年8月开始制作发布

内部审计简报，每月一期，至今已经成为内部审计对外交流的重要窗口。

筹办内部审计简报，最开始的初衷就是希望让大家去理解审计，把审计做了什么事情通过一种媒介宣传出去，让大家知道。内部审计简报是内部审计工作宣传的阵地和载体，经过多年的坚持和努力，它已经成为公司内部审计信息沟通的重要渠道，在提高内部审计的认知，突显内部审计增加组织价值的作用，促进内部审计与业务部门更好的交流方面发挥越来越重要的作用。

内部审计简报都包括哪些内容呢？

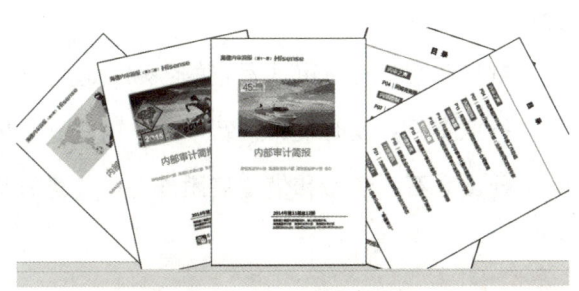

**第一期审计简报**

**导读**

我们今天创办内部审计简报，希望陪您一起在前进的道路上一起去探索。希望得到您的大力支持，我们对此表示衷心的感谢！我们希望得到您一如既往的关注、理解、支持和配合，为建设我们共同的家园，维护我们共同的利益而一起努力。

H集团内部审计简报有七个版块：内审之声、内部控制、审计披露、财税之窗、制度解读、行业资讯和他山之石。

我们分版块给大家介绍一下。

**内审之声**：主要发出内部审计的声音，大家重新认识审计是做什么的，一些先进公司的内部审计管理的经验，也在这个版块去披露。

**内部控制**：解读公司自己的内部控制应用指引细则以及披露内部控制风险管理案例。

**审计披露**：选择在审计当中发现的重大问题、典型问题以及值得预警的问题加以披露，适当曝光，以达到吸取教训、引以为戒的作用。

**财税之窗**：是应广大财税人员、财务人员要求新增的版块，开设这个窗口促进全集团学习准则、学习税务；遵守准则、遵守税法的良好氛围，全面提升会计税务水平。

**制度解读：** 宣贯审计发布的各项管理办法之背景、意义、内容及要求。

**行业资讯：** 及时发布最新审计、财税、集团相关行业有价值的信息。

**他山之石：** 学习和借鉴集团外部的先进管理经验。

【案例】

奉 献

"白云奉献给草场，江河奉献给海洋，我拿什么奉献给你我的朋友……"这是撰写H审计简报卷首语时，我心底油然响起的一支歌。12期简报，12道大餐，呈送给全体H人。

201×年《内部审计简报》让人耳目一新，如沐春风……其亮点在于人们都不愿意听大道理，简报努力讲述着身边和外边的审计故事。没有人会拒绝对他们讲内部控制的朋友，因为这鲜活的案例，发生在别人身上是故事，发生在自己的身上就是事故。

也许此时，孜孜不倦的领导人正翻阅着简报的导读，思考着内部审计的明天……也许财务人、审计人正在这资讯的海洋中，谋划着业财融合、审财融合的切入口。这是一台天平上的两尊砝码，懂得内外审计的财务部门，一头担起公司的运营价值，一头担起苦练内功的养生之道。面对内外监管，我们早已准备好了一张体检单。

您也许是审计披露中的审计对象。您可知道每一份审计报告的披露，都是审计"情"与"法"的煎熬选择。审计从来不认为揭示自己公司的痛点是一件光彩的事情。"防范胜于查处"是我们的目标；"遇到问题找方法"是我们的责任；"身怀利器，重而慎之"是我们的分寸。在一个充满人情味的国度里，披露是一种制度的安排。它解决了部门之间面对面的尴尬。

审计对象奉献的是"我们曾经在这里跌倒，这是一块绊脚石的警告"；公司收获的是国际内审热捧的"预警的口哨"。记住一个错误的教训，比记住一个成功的经验更深刻！

审计简报反映的是H决策者注重自律的坦荡和境界，是集团上下支持审计、管理得人心的诚信文化和风气。这才是一张万金不换的名片！

H内部审计简报承载着大智慧。它与微信公众号融为一体，一方面收获了外界无数的"他山之石"为己所用，无本万利地收个盆满钵满；另一方面，它又因为搭起了一方知识分享的平台，聚集了外界无数的目光和点赞，弘扬了公司的文化和美誉。

H带着互联网思维去做内部审计，成为"互联网+内部审计"的国内示范。H内部审计简报承载着一个学习型团队成长的风雨同舟。

从我们选择了拿起"喇叭"对外发声的那一刻起，就注定了我们断了自己的后路。逆水行舟，不进则退。办报的过程，是团队思维能力和应变能力的提升；是写作能力和表达能力的历练；是从实践到理论；更是一种团队精神的培养，一种集体智慧的享受；我们打造着一个人才培养的基地。比起付出的任何代价，审计人员都是值得的。

201×年春节来临之际，请接受我们的祝福：祝愿H集团经营发展蒸蒸日上！祝愿201×年审计简报内容更精彩！

集团审计部

办审计简报的过程，就是审计学会营销的过程。审计简报可不是审计报告，简报的受众群体并不是财务审计专业人士，也不喜欢听那些大道理。那我们应该怎么做呢？

我们必须努力地阐述自己身边发生的故事。所以，在写作的时候需要转换方法，把我们的审计发现转化为一个故事，以鲜活的形式呈现给大家，让大家更易于接受，更方便地去理解审计到底是干什么的！

### 11.3.3 在公司内网建立内部审计网页

内审部门应当在公司内网上建立内部审计网页，这不仅是营销内部审计的一个极佳平台，而且推动了内部审计服务的发展。内部审计师能利用公司的局域网向客户提供其使用信息的便利渠道。

在众多的网页内容中，H集团审计部在其集团OA系统上提供了该部门的职责条例，其中包括有关制度和如何遵循的宣贯材料、研究报告、审计通知书等。除此之外，该网站以编制审计预警、下达审计整改通知书、审计风险提示函为特色，还列出了全球内部审计工作最佳实务，允许管理部门用PDF（电子文本）格式浏览披露的审计报告。为了进一步推动审计工作，H集团将从审计事后调查中了解到的客户在审计过程中取得的正确经验，这样可以让全公司的人看一看审计服务如何使其部门伙伴获得好处。

总之，内部审计部门将竭力加强网站建设的特色，强调内部审计部门在该组织中不容忽视的作用并展示其成功的记录。

### 11.3.4 抓住宣传内部审计的时机

#### 11.3.4.1 开好审计进场说明会

客户对他们所不理解的东西常常感到不安，因为不知道内部审计是怎么回事，时常有种陌生感。因此，客户可能并不重视未向他们做全面说明的审计活动的价值。

为了减少对内部审计认识的混淆和错误观念，内部审计需要利用审计进场说明会的机会，清晰地向客户讲解内部审计如何开展工作，提供翔实的审计程序说明，包括制订审计时间计划、审计目标、解决冲突的程序，以及内部审计章程中授予的审计权限说明。

H集团审计部编制了《认识内部审计白皮书》（PPT电子版，至今已更新到8.0版本），在审计进场说明会议召开时，把涉及的被审计单位人员尽可能全部召集起来现场讲解，通俗易懂、简明扼要地介绍内部审计来做什么，有哪些价值、客户可能对内部审计存在哪些误解，内部审计可以提供哪些服务，如何帮助公司和审计对象一并成长。

通过展示内部审计流程示意图、审计工作步骤及每个步骤的意义，让审计对象看到内部审计严谨的运作模式后面，是审计人员为企业和部门筑防线、送平安、送健康、送财富的职业精神的坚守，以及关爱、诚信、客观、精湛的施治技术的彰显。帮助部门成功的内部审计师并不是"一名小计算员或公司的警卫"，而是企业极具价值的资源。《认识内部审计白皮书》作为一种营销增益型工具，有助于客户理解内部审计，消除内部审计程序的神秘色彩，他们更有可能将审计看作是积极、富有建设性的行动，从而增强内部审计工作的有效性。

当内部审计人员到达现场后，悬挂红色横幅"集团审计进驻某公司"于显著位置，同时制作一些明显的、展示性的审计标语放在审计办公地点和每个审计小组成员的台面上展示。这些显著的审计标识，从进场到审计现场结束期间，一直可以让客户看得见，以积极的营销方式促进开放的沟通。

如果内部审计悄悄地来，轻轻地走，挥一挥衣袖，不带走一片云彩，做个办公室达人，整日闷到凭证里面，不愿意和外界接触，这样的审计能发现问题吗？能对外形成威慑、预警的功效吗？能够提供增值服务吗？显然不能，这可不是一个成功的内部审计人应该做的事儿。

### 11.3.4.2 利用审计总结会宣传内部审计

慎始善终，有了审计进场说明会，也有必要开好审计退场总结会。

在审计总结会上应将重点从对问题的确认上转移出来，把向被审计单位提出审计结果的会议作为一种有利于改进工作的机会。如果可能的话，利用内部审计专业知识在审计结束交换意见会上制订一个能落实审计决定的行动计划。

这项计划在总体上应当事先预测到管理部门对审计结论的反应，以便于把审计披露的问题转变成一种积极改进的步骤，而不是连珠炮似的负面批评。这项计划还可缩短追查问题所需要的时间，这将有助于将常常对内部审计师与审计对象之间关系的损害行为降到最低程度。把审计结论当作一次解决问题的机会，这将鼓励被审计对象开始把内部审计作为"教练"而不是"警察"来对待，管理部门也会及时地开始评估审计过程，看它是如何真正地设计成用来帮助企业实现其目标的。

### 11.3.4.3 经常与客户保持联系

与客户发展牢固关系的最佳时机是在审计期间，但不仅仅局限于审计期间，审计期间后也应该经常与客户保持联系，建立信任的基础。

内部审计人员可以和客户聊聊上次审查以来已知情况的变化。另外，如果公司的政策允许，偶尔和客户们出去吃顿午餐，以保持并增进与客户关系的发展。假如时间有限，一封简单的电子邮件或打个电话也可以帮助保持打通关系的渠道。

你是否常常问客户，"工作进展得怎么样了？"或者问，"你有什么问题吗？"或者偶然到客户的办公室拜访一下，以及非正式的聊天，都有助于内部审计师与业务部门的工作保持同步发展，继续将审计关注的事项放在最优先的位置，这样，也可以避免可能出现审计与客户关系紧张的局面。

### 11.3.4.4 办公室外的口头营销

改变客户对内部审计专业的认识并不总是要求刻意设置环境场合，每天办公室外的合作活动就是一个消除错误观念和教育公众的合适平台。

人家问你内部审计是什么，你就反问："哎？我问你一个问题，为啥企业的老总和富豪的圈子里，格外青睐医生？'送金送银，不如送健康啊'，我们就是企业的医生啊。"

### 11.3.5 编制审计工作手册

内审手册最好有总裁题写的序言，以增强内审工作的重要性，并表示得到了最高管理层的支持。内部审计手册的发放途径既可以在内网上予以公示，也可以发布正式制作的纸质审计手册，确保员工能够从适当的途径获取该手册。

### 11.3.6　参加重要经营会议

每个月、每个季度举行的管理层会议上，审计部门都要争取列席会议，有理、有据、有节、有度地表达审计部门的诉求，并做一些必要的提示，发出审计的声音。

### 11.3.7　构建内部审计自媒体

创建并运营审计微信公众账号，成为内部审计在互联网时代的新营销实践。

例如，H集团审计部首创的内部审计微信公众平台，在传播审计理念、再现一线审计风采、分享内部审计经验、汇集国内外审计技术、助推审计成果转化方面发挥着重要作用。

建立审计微信公众平台，拓宽了内部审计与外界同仁沟通的渠道，审计人员利用每个周末去收集好文章，维护到微信公众平台，这个过程中可挖掘了外界无尽的资源为自己所用，这是一种无本万利的制度创新，不用付钱的。审计人员还利用周末将自己的工作心得，系统总结提炼成原创文章，这些来自实战的灵感和总结，通过微信公众号平台，分享给内部审计同仁共同获益！

通过首创的内部审计微信公众号平台，H集团审计部与国内审同行在这一平台上相互交流经验，将集团核心价值观、健全有效的内部审计体系得以宣传，给投资者、客户、监管机构、社会等利益相关方带来信任感，彰显公司和内部审计人诚实、正直的品格，帮助公司提升市场价值。

### 11.3.8　审计满意度调查问卷

定期向你的客户发放"审计工作满意度调查问卷"。通过收集民意与期望，找到审计需要改进的方向，这也是以此表达内部审计愿与部门同行，提升能力，为发展企业做出更大贡献的决心。

### 11.3.9 塑造和培养良好的职业形象

内部审计部门在公司所处的位置较为敏感。我们在检查别人的同时，审计人员的一举一动也被人家揣摩着，整个公司上上下下都在盯着审计人员，看我们怎么说、怎么做。甚至有的被审计对象会从审计人员的举止、神态中揣摩你对审计线索的把握深度！

内部审计人员不同于组织内部其他机构的人员，我们尤其要注重自身的言谈举止和行为规范，塑造和培养良好职业形象。

审计人员衣着应当是庄重严肃且整洁得体的，谈吐要时刻保持专业自信。让人一看，就会带动被审计对象尊重你的职业，自觉地去遵守公司的标准。专业的对外形象为审计人员创造了一种信任价值，如果审计人员形象邋里邋遢，衣着随意，不拘小节，这些形象与审计气质不相符，就会让别人对审计产生一种不信任感，自然也不愿意接受我们的审计工作成果。

俗话说"漂亮姑娘好办事"，内部审计人员通过礼仪培训、个人着装、言谈举止的层次提升，塑造和培养良好的职业形象，对于工作开展和职业发展是十分有利的。

### 11.3.10 积极参加公司活动

参加组织活动的内部审计人员是审计部门的形象大使。

比如，内审人员参与工会举办的各种活动、参加公司组织的知识竞赛或者内审部门主动发起举办一些趣味活动等，可以促进与其他职能部门的同事相互熟悉、相互理解、相互信任。这样，在以后的审计过程当中就能够尽可能多地得到他们的支持和配合。

实际上，内部审计营销方法远超过以上列举的十个实践，更广泛的营销，如审计培训、审计团队建设、审计沟通、塑造良好的审计环境等内容已在其他章节中阐述。

亲们，看到这些方法的想不想试一试呢？可别光羡慕嫉妒恨呀！一定要把想法转化为你的实际行动。

第 12 章

# 审计培训

培训是一种爱!

你要是真正爱你的员工,就应该亲自对他们进行培训。

你要是真正爱你的企业,就应该承担起企业培训的使命。

在培训中,给人金钱是下策,给人能力是中策,给人观念是上策。金钱买不来观念,而观念却能带来财富。这是一个"远超传统审计"的范畴。富有成效的审计培训首先营销的是观念,这是能给企业创造价值的资源。

## 12.1 独具特色的360°全方位审计培训

### 12.1.1 培训成败来自客户体验

一提到审计培训,您是不是仅仅想到,这就是咱们审计内部的培训?

告诉您,远非如此。

我们这里介绍的审计培训法,是全方位的。

既有怎么给咱们审计人做内训,还有怎么对上、对下、对同级、对内、对外,对同行的培训。

我们把审计培训看作能为企业创造价值的产品,把我们培训对象的感受看作客户体验。客户体验是所有商务成功的根基,它就像是一个大雪球,如果我们的产品做得好,不久就会口口相传,知道的人越来越多。若产品很烂,不久便会骂声一片。在现实中,虽然我们每个人的力量都很微小,但积少成多便会集聚出强大的能量。

## 12.1.2　培训的雪球效应

打铁须得自身硬。内部审计首先要吸取丰富的知识养料，成为一支用知识武装起来的铁军。我们请来公司主要部门的"大咖"，把自己的内训作为分享和传经授宝的盛宴。

我们在对上级、下级、同级的审计培训中，高管给了我们睿智的顶层视野，下级给我们真实的身临其境，同级给了我们资源链接的"业审融合"。

我们在对内、对外、对同行的审计培训中，企业给了我们做经济良医的"临床"，外界客户、供应商给了我们触摸供应链的感悟，同行给了我们"他山之石"的豁然开朗。

当同行间的思想在交流中碰撞、同行的案例在交流中借鉴、同行的资源在交流中分享的时候，这势头便形成一种巨大而持久的潜力像雪球般地滚动和积累起来，这是中国内部审计整体向知识化、职业化的伟大进军。

## 12.1.3　培训的宝藏挖掘

审计培训就是营销。我们有心将课题组近年来提炼的审计工作法集中对外发布，与更多的同仁分享资源，同时搭建一个平台，吸引更多的人加入我们探索的行列。

我们的这次审计营销顷刻吸引了实战界的目光，它缘于我们发自内心的独特的广告词：

请到我们这里来，这是一次新常态下的别样培训！

因为真正能为您解决问题的，一定是那些遇到过同类问题的人。

当您怀揣企业内控与内审的棘手难题，带着团队苦苦辗转各地却取经无门时，一个由国内知名审计团队组成的《内控与审计实践创新》课题组，将多年来在实践中形成的内部控制与审计经验和方法技巧，分门别类进行总结和提炼后，第一次全面对外集中发布！

这是一个"高大上"的论坛，由中国机械工业审计学会、致同会计事务所协办，中国内部审计权威专家将亲临现场，指点内部审计的今天和明天。

这是一部再现一线审计场景、弘扬内部审计人员精神风貌的画卷；

这是一场凝聚课题组集体智慧、受到市场青睐的速成体验式交流；

这是一次课题组的年会，它将助推大批审计成果尽快转化为生产力；

这是一个独具匠心的专家阵容，它为学员提供有求必应的联合会诊机遇，共商对症立策之道。

看到了吧，我们把年会、研讨、交流、专著修编、培训融为一体的互动式体验，让我们收获了满满的正能量。

这次培训犹如芝麻开门，它让我们学到了教科书上没有的职业生涯感悟和标杆企业的独门经典；获得了有求必应的解决方案及"有为才有位"的内部审计工作法；取得了可操作、接地气的企业挖金秘籍，验证了外行变内行的跨界"一点通"；参与了高端平台的交流互动，链接了外界无尽的资源为我们所用。

这就是我们审计培训的一大特色。

360°全方位培训示意图如图12-1所示。

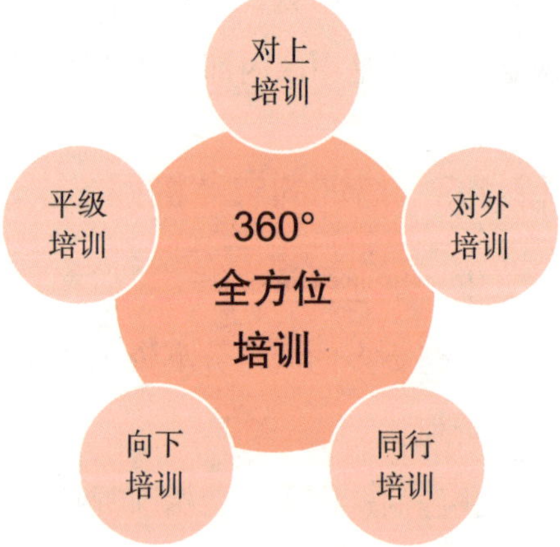

图 12-1　360°全方位培训示意图

## 12.2　独当一面地构建以审计部门为中心的培训体系

### 12.2.1　责任重于泰山的审计内训

构建以审计部门为中心的培训体系，前提条件是审计部门是企业认同的学习型团队，是一所培养精英的学校。

冰冻三尺非一日之寒。新常态下审计队伍面临最大的恐慌是本领恐慌，最大的危机是能力不足，最大的挑战是人才匮乏，特别是高端人员匮乏，这将会制约和阻碍内部审计发展。

所以我们审计人员学习目的已经从简单的学技、谋生，向求知、充电、提高人员素质、一岗多证、一岗多能、超前跨岗，向培养复合型人才的前瞻性目标发展。

学习方式从纯课堂填鸭式教学，向采用多种方式如网络、互助互动式、多媒体、举办沙龙、讲座、走出去请进来，包括联手同行共同发力方向发展。

建立内部审计培训体系，培训我们的干部和员工，基于两种责任。

### 12.2.1.1 没有培训的员工，是企业最大的成本，而培训是最大福利

一个好领导，首先是一个好教练。只有培训，才能让人提高；只有压担子，才能给人机会。

上级培训下级的充分必要性是上级必须学在团队之前。上级不可以随意让外人培训自己的团队，盲目的委培会带来不同的文化。审计负责人对下级疏于培训，就是对失败的麻木不仁。

### 12.2.1.2 "世界上多一所学校，就会少一所监狱"

内部审计对内部控制和廉政教育的培训，意在解决领导者和新入职员工无知无畏的问题，解决天使变成魔鬼的问题。

谁应该首先接受内部控制的培训呢？是领导者，是制度的制定者们。

为促进领导干部将学习与工作融合，我们采取"述学""考学""评学"机制。

"述学"就是把学习到的知识复述出来，培训自己的周围。

"考学"就是通过考试的方式检验学习效果。

"评学"就是把领导干部的学习能力作为绩效考核的重要内容。

有关造就学习型团队的具体做法见本书第14章。

### 12.2.2　审计培训与能见度提升

没有人会拒绝向他讲内部控制的朋友，就像没人会拒绝了解防范信息诈骗的知识，这是内部审计吸引外界的纽带。

我们的许多审计部在成立之初是默默无闻的，没有声望也没有权威，有人调侃我们是"姥姥不疼，舅舅不爱"的角儿。但是，自从搭建培训体系之后，我们立马就赢得了尊敬的目光。

记得2007年的时候，我们给老总写了一封信，表明我们想搭建一个以部门为中心的审计培训体系，这个邮件得到老总第一时间的回复，老总说："你们的想法很好，这是我一直想做而没有做的事，全力支持啊！"

当时我们就想点子。我们从哪里开始呢？2007年正值新旧会计准则转换，这是一个很好的议题，我们就先做这个培训，自己先培训自己。

刚开始我们给每名审计人员分配不同准则的讲课任务，目标是要培训就必须做好，不能干巴巴地讲理论，必须接地气、解决问题。

我们设计的准则培训要讲六大方面：

一是新准则制定的背景。

二是新准则的主要内容。

三是新准则与现行准则的差异比较。

四是新准则与相关国际财务报告准则内容解释和差异比较。

五是新准则与税法的差异比较和税收筹划。

六是新准则对企业的影响。

这个培训的广度和深度适应了我们的初衷。当一个审计人员讲完之后，大家就开始提疑问，课题负责人进行解答，审计部长再点评，培训效果非常好。再后来，集团财务部的同事过来问我们，他们也想听，可不可以来听讲呢？我们说非常欢迎。然后财务就来了。财务听完课之后，审计部又借助企业大学的课堂给整个集团财务授课。

我们的审计课程被口口相传，讨教我们的电话多了，登门的领导和专业人员也多了，审计人员的颜值高了，幸福指数也高了。大家理解、支持、重视审计良好审计环境营造起来了。

当审计不知不觉地成了部门的良师益友，在沟通中就加深了感情，大家像尊敬老师一样尊敬审计人员。老师去审计学生，学生有啥就说啥，审计过程中配合度也加深了。

随着企业对内部审计的咨询需求日益增长，我们培训内容日益丰富多彩。

【案例】

### 内部培训清单

| 序号 | 内部培训内容 | 序号 | 内部培训内容 |
| --- | --- | --- | --- |
| 1 | 如何做好离任审计工作 | 13 | 营销公司内部控制系统系列讲解：销售业务 |
| 2 | 如何做好年薪审计工作 | 14 | 营销公司内部控制系统系列讲解：控制环境 |
| 3 | 如何完善与推进公司管控体系 | 15 | 中国内部控制改革与发展 |
| 4 | 采购业务舞弊手段揭秘与防范技巧 | 16 | 易经与内控 |
| 5 | 内部控制管理层自我评估技术的应用讲解 | 17 | 舞弊审计程序、方法与报告 |
| 6 | 营销公司三包机业务内部控制讲解 | 18 | 舞弊的防范与识别 |
| 7 | 营销公司工程机业务内部控制讲解 | 19 | 企业会计准则：收入讲解 |
| 8 | 营销公司政策活动内部控制讲解 | 20 | 企业会计准则：存货讲解 |
| 9 | 营销公司资产管理内部控制讲解 | 21 | 企业会计准则：资产减值讲解 |
| 10 | 营销公司促销工作控制讲解 | 22 | 企业会计准则：政府补助准则讲解 |
| 11 | 营销公司内部控制系统系列讲解：资金业务 | 23 | 企业会计准则：现金流量表的编制与分析 |
| 12 | 营销公司内部控制系统系列讲解：采购业务 | 24 | 企业会计准则：合并财务报表讲解 |

这份鲜活的培训清单在我们的朋友圈企业中得到分享。让我们欣喜的是用了这份清单的企业，有很多都进步了，当上了先进部门，收到立竿见影的成效。

### 12.2.3　审计培训的线路图

对于审计来说，我们是企业的经济良医，是管理的专家。我们自己的审内训已经跨界，"企业战略""经济附加值""海外子公司的设立体系""信用风险管理""品牌管理""全面风险管理控制"都是我们培训的内容。

在我们的许多企业，联合开展了"推荐好图书"和"读书竞赛"活动。我们审计人员读什么书，将决定我们的未来。这一年，在我们的团队，88部图书被推荐。我们把《索耶内部审计》《公司治理与内外部审计》作为必读的书；《思维导图使用手册》成为我们最大限度地开发大脑潜能的终极指南；《如何阅读一本书》提升了我们的阅读方法和技巧；《金字塔原理》让我们从麦肯锡公司得到审计咨询的启示……

全世界每年出版大约12000部管理类图书，我们的时间资源是有限的。因此除了我们业内口口相传的好书之外，我们还通过互联网的各种资讯，企业的情报检索及智囊机构为我们选择好图书，充实我们的智库。

在此基础上，我们制定了《企业风险及内控培训线路图》，把我们每一个审计人员培养成讲师，让他们像火种一样播撒内部审计思想的火花。

【案例】

### 风险及内控培训线路图

| 序号 | 培训对象 | 培训内容及课程 | | | | | | | | | |
|---|---|---|---|---|---|---|---|---|---|---|---|
| | | 企业文化与诚信教育 | 管理者风险意识与内控举措 | 风险与内控的基本原理 | 内部审计的增值价值 | 寓教于乐学习会计与内控 | 舞弊防范及举报程序 | 梳理企业的命脉之流 | 审计头脑风暴沙龙 | 学习改变命运知识创造未来 | 代理商风险管理 |
| 1 | 公司高管 | √ | √ | | √ | | √ | √ | √ | √ | |
| 2 | 新任命干部 | √ | √ | √ | √ | | √ | √ | | √ | |
| 3 | 潜力班 | √ | √ | | √ | | √ | √ | | √ | |
| 4 | 审计共建单位 | √ | √ | | √ | | √ | √ | √ | √ | √ |
| 5 | 职能总部 | √ | √ | | √ | | √ | √ | √ | √ | |
| 6 | 普通员工 | √ | | √ | | √ | √ | | | √ | |

### 12.2.4 公司内部业界大咖来助阵

把企业各个部门的业务大咖请过来给审计培训，是一种极好的知识共享。

让专业人做专业事，很多管理的奥秘、诀窍、信息，都掌握在业务部门那里，我们要通过培训了解他们，学习他们，融入他们，服务他们。

比方说，请法务部负责人培训审计人员必备的合同管理知识；请采购部门、销售部门来讲他们的管理重点，他们最知道风险点在哪里；请 IT 部门来讲课，他们把握着企业的神经系统，最清楚真实的底层数据如何取得；请业务部门给审计上课，我们视同这是一种审计共建的方式。

我们审计从这个视角可以学到很多知识，审计人员由于并不亲自参加经济活动，更无舞弊与欺诈的经历，处于信息不对称、专业局限、监管冲突等劣势地位，尤其是采用现代技术实施的舞弊行为，其幕后多有一个强大的关系网及潜规则。审计风险非常大。而内部审计在审计披露中是绝对输不起的，所以我们必须向一切内行的人们学习，通过培训交换思想、交流观念。

搭建以部门为中心的内部审计培训体系，还有一个特点就是边干边培训，在实务中一级培训一级，以审代培，学以致用。审计如战场，实践出真知。实践是最好的老师。

## 12.2.5　外部取经效果最大

大家可知道，许多有效的思想交流渠道并不是来自我们抬头不见低头见的同事和亲友间的"强联系"关系，而是"弱联系"，是那些并不经常见面的人。他们可能是已经不怎么联系的老同学或同事，甚至可能是您根本就不怎么认识的人。他们的共同特点是都不在您当前的社交圈里。

整天跟我们在一起的这群人，很可能做得事都差不多，想法也很接近。他们很愿意跟我们交流，但是话说多了就没有新意了。最有效率的交流，也许来自弱联系。

"弱联系"的真正意义是把不同社交圈子连接起来，从圈外给你提供有用的信息。

所以，我们派骨干员工到财经院校、高等培训机构参加培训，去优秀的企业"取经",这也是我们搭建以部门为中心内部审计培训体系一个补充方式。

我们出去培训是要银两的,那花钱就要花到刀刃上。审计一贯的抠成本思维告诉我们,一定要"以一当十",设法使培训效果最大化。我们要取得一个人去培训,相当于十个人都去培训的效果。怎么做到这样的效果呢?

我们培训前对培训内容先行研究、带着工作上的疑惑去参加培训,在培训期间要检查自己的疑问是否得到解答。培训后要求这些审计人员在第一时间整理出培训的录音文字资料,这个工作量很大,也很辛苦,但很有效。整理一遍的过程就是再次学习一遍的过程。最后参加培训的审计人员就是大家的老师,在内部给大家培训一次,将整理的资料无保留地分享给审计部每个人。我们就是通过这种方式,把外界的好观念、好经验变成审计部的共同资源。每个同事都可以从中获益,最终转化为集体、团队的智慧和经验。

## 12.3 情有独钟的新常态下,别样的培训,别样的作为

### 12.3.1 对上培训:引发启示,将内部审计作为极具价值的资源

对上培训就是给我们的领导培训。许多人认为这是最难的,一是很多人怕见领导;二是领导比我们懂行,担心讲不好。

这是一个误区。给领导培训,是我们内部审计千载难逢的好机会。有多少部门能有这种机会呢?很少啊!我们来分析一下:

(1)没有哪个"好为人师"的审计部门敢强行要求日理万机的领导来听他们讲课。

(2)对领导进行培训的动机,正是来自领导自身的需求。领导一旦看到了内部审计的作为,认识到了审计的重要性,引发了新的思考,领导就会产生对这个领域探索和学习的需求,同时他也需要在班子内统一思想。

给领导培训一定是班子的集体学习。集体学习不是纯粹务虚,而是提升履职能力的术业专攻,有的放矢。在集体学习中,领导的潜意识里是把我们当内

行的。我们没有理由不自信。对上培训的关键是把领导当作我们的客户，这里的关键词是"量身定做""客户体验"。

以下讲课的内容一定能围绕领导的需求，领导关心的重点。

（1）"一流的企业，需要一流的内部审计"，这是一个永恒的话题。我们为领导开启一扇来自外界的窗口，用大量的客观事实介绍内部审计是企业极具价值的资源，为企业高层和内部审计树立共同努力的目标。

（2）"欺诈，无所不在的陷阱"，这个主题一定能解开领导的心病。企业在快速增长的时候，切莫忘记经济领域的欺诈和管理的缺陷也在蚕食着企业的利润。领导工作在信息不对称的环境中，他们听到的汇报往往都是汇报人想让他知道的东西，这些信息已经经过了别人的总结，重要细节被过滤掉了，范围也是狭隘的，而且还很过时。而我们有方法来链接信息孤岛，揭示高管舞弊。所以审计对上培训的一个重要内容就是汇报真相，解决问题。

（3）"内部审计的增值价值"，这一主题是领导最关心的问题：审计能为企业创造什么价值？

我们会介绍内部审计的十大价值，我们能看到别人看不到的地方，算别人算不清楚的账，做别人做不到的事。审计部门正是通过讲课让领导对审计刮目相看，给审计提供更大的舞台，进而转化为对内部审计环境的十大投资，将内部审计视为极具价值的资源，实现审计增值、企业创效，共长双赢。

你可能还会问，有什么办法让领导主动请我们给他培训呢？当然有啊，我们给领导编写小册子《我愿做您的经济良医……》，采取问答式的方式，其中充满知识、情感和正能量的语言艺术犹如"心灵鸡汤"，这些快餐式的文本，无须动脑就可灵感迸发，深受企业喜爱。

**【案例】**

审计能为您做什么

1. 管理中的最大风险是信息不对称，谁能当您的"千里眼""顺风耳"？

2. 您主导的流程信息化工作即将全面铺开，如何排查风控点，谁能为您绘制风控地图？

3. 在风控中，怎样让我们的员工都有一个"雷达"，把风险降至最低？

4. 如何把五个指头握成拳，解决监督重复和缺位的问题？

5. 什么情况下必然会出现舞弊，我们怎么查？

6. 怎样找到企业的"挖金秘诀"，把我们忽略、流失的巨额效益挖出来？

7. 世界上最伟大的管理原则是什么，怎样去量化责任心？

8. 新的商业模式带来哪些机遇？

### 12.3.2 平级培训：换位思考，共筑企业的风险防线

换位思考，同心若金。然而，在现实的企业，每个部门在制定方针政策时，都出于一个类似的动机：怎样最大限度地方便自己。

很多工作看起来好像都有人负责，但是，没有一个人站在全局的观念上对整个公司的体系负责。大家使用着各自的专业语言，外人很难介入，没有全局观，只有碎片化。

于是，各个部门之间呈现出信息孤岛，这孤岛是一个个不断地误事甚至是误大事的定时炸弹。而内部审计正是面对这些碎片式的管理，只要一关联，就是审计大成果。

这些成果对于我们是痛苦的，它是以企业管理的缺陷为代价的。怎么把这些孤岛联系起来，共同筑建企业的风险防线和创效益的协同效应，这就是我们平级培训的目的。

风险及内控培训线路图中介绍了我们培训的内容。我们更需要在财务和非财务领域间搭起桥梁，我们需要告诉我们的职能部门：在部门管理的接口部位藏着什么，接口的部位你怎么去链接，通过换位思考，为部门提供解决方案，唤起我们之间的互动，在管理的接口形成合力。在这个互动的过程中，我们是部门的同行者。

我们在企业的各个职能部门留下了培训的脚印，采购部门、销售部门、人资部门、制造部门、研发部门、信息中心……每次培训都是异常火爆，没有人会拒绝一个给他讲内部控制的朋友。

教学互长，我们在培训中从同级那里收获的案例和系统思维让我们受益匪浅。

### 12.3.3　向下培训：问计基层，方案在一线制定

如果您不懂得基层和现场，那么，所有的管理都是空洞的。

在公司里，首先看到警报的人，往往是那些没有权力采取应对措施的处于第一线的工作人员。而那些有权力的高管却注意不到这种警报，公司真正重要的关键性变化，发生在距他们很远的下面，是真实世界的最底层。

如商业情报的泄密，欺诈行径的得逞，客户偏好的突然变化，竞争对手的优惠，真实的小道消息，所有这些都是多数高级管理人员最后才知晓的事情。事实上，在所有公司中，没有权力的人比有权力的人知道得多。

睿智的内部审计通过对基层的培训，信息在一线收集，智慧在一线聚集，方案在一线实施，提升了基层员工"效益连着我、你、他"的视野及责任，促进员工主动学习内控的套路，琢磨管理中的异常现象。让舞弊行径人人都可识别，可防控，可举报，可查处。舞弊成为人人喊打的过街老鼠。

审计人员融入基层，服务基层，更重要的是学习基层，问计于基层，基层员工是流程的执行者，他们最知道公司的痛点在哪里。

【案例】

基层核算

我们推行班组核算要求班组记账，基层说这是花拳绣腿，中看不中用。工人说："能把我们的领料单整明白就是一大笔效益。"

原来领料单大多是在班组长手里，到底领了多少，用了多少，工人很难说清楚。于是我们与工人一道创造了"唱票法"。唱票法就是每个月开一次班会，

让班长像唱票一样把当月的领料单给全班组公布一次。这一举措使该厂当月的物料成本直接降了 500 万元。

后来工人给我们打电话说这个办法是挺好的，但是每个月都有一个班下夜班不能按时回家睡觉，于是他们提出不如把那个领料单贴墙上让我们签字，叫"上墙法"。

这个案例教育了我们：工人不是机器的附庸，他们是变革的推动者，他们最具有发言权。

我们对新入职的员工进行审计培训，告诉他们什么可为、什么不可为。现身说法如何一专多能，尽快成为行家里手，给他们更多的正能量。

### 12.3.4　对外培训：塑造形象，创造价值才是最大的作为

对外培训包括对同行的培训，也包括对客户和供应商（承包商）的培训。

同行的培训体现了我们"快乐审计"团队的现身说法，我们在本章第一节"培训的宝藏挖掘"中做了详细的介绍。《内部审计工作法》见证了我们成长的过程。

培训供应商和客户，是我们对外界的集体沟通，是一次平等的交流，人们更愿意接受这种方式。审计是去帮助他们的，从而解决了过去审计去找供应商、找客户落实审计线索被拒之千里之外的窘状。

我们与客户、供应商之间都是产业价值链上的战略伙伴，一荣俱荣、一损俱损。怎样才能齐心合力在供应链上创造管理效益？我们亮出了从研发、采购、质检、商情、精益生产、物流、服务、支付等 16 个环节向供应链要效益的管理秘籍，培训受到上下游企业的热捧，因为我们的采购正是上游的营销，我们的降本增效直接受益于下游产业。让我们感到欣慰的是，多方协同共赢的经验成了上下游企业各自的经典案例，从而赢得了更大的市场份额。

通过对外培训审计知识，我们还可以获得更多的审计线索。有供应商对我

们说："我们佩服你们审计线索的突破，但是，你们审计成果评价'切断了流向不明渠道的财路'的背后，有一部分正是你们企业的'内鬼'所为。我们的物料本来是物美价廉的，'内鬼'非要我们把价格抬上去，有他们的干股我们才能进来。"

有时一句话就可以点醒梦中人，通过培训交流信息建立信任，我们得到许多有价值的线索。

## 12.4　独一无二：寓教于乐的速成培训法

激情和兴趣是学习之本。把专业知识模拟成游戏规则，把毫无关系的一堆枯燥术语变成朗朗上口的顺口溜，就会使学习这个苦差事变成妙趣横生的乐事。

### 12.4.1　萌翻外界的游戏：《会计科目扑克牌》

各位可听说我们会计和审计人员也有自己的游戏吗？

目前正在业内走红的一款专业培训产品《会计科目扑克牌》，就是来自我们团队的一项国家发明专利，这种寓教于乐、极具创意的培训方式顷刻受到业内业外的青睐，一见钟情的玩家们惊叹：啊，会计就是这么玩！于是人们给了它一个荣誉称号"会计一点通"。

会计游戏的规则其实很简单。这副扑克牌是以会计科目名称作为每张牌的牌名，以记账方法作为出牌规则的一种游戏。游戏者轮流起牌，而每出一手牌，就是做一笔账（既一笔会计分录）。就像中医，把每一味中草药作为扑克牌的牌名，把治疗疾病的处方作为游戏规则。医生每出一手牌，就是开一副药方。比如：治疗湿疹有两味药，一个叫薏仁，一个叫红豆，医生就可在他的牌中打出这两张牌。

扑克牌还设置了不同的游戏规则，满足个性化的学习需求，具有自学、培训、比赛、游戏等多种功能。

小小扑克牌带给我们的不仅仅是快乐，更重要的是能带着我们走出了我们的办公室，和企业各个部门的管理者及基层的员工交朋友，帮助他们去理解我们的业务。财务只有和业务相互融合，我们的管理才有成效。

我们在帮助周围的管理者学会计的同时，也练习了我们的沟通和表达能力，培养了我们的自信和成就感。沟通和表达能力正是我们会计和审计人员需要训练和培养的能力之一。

随着这款游戏的不胫而走，它更深层次的意义是在会计与非会计之间，理论与实践之间搭起了一座桥梁，它帮助了无数会计初学者和非会计专业人士，如企业的经理，投资者、工程师、管理者及员工们，更好地了解会计思路和核算流程，从而能更有效地与会计人员进行沟通，并通过这种有效的沟通，实现他们各自的目标。

这份喜悦超出了我们发明专利者的初衷，于是我们在《会计扑克牌》的培训中，把企业供、产、销各个环节的核算通俗地表达成让人身临其境的故事："钢铁，是这样炼成的"，"泵车，是这样制造的"，我们将企业信息孤岛的风险——与听众分享和交流。

这个过程带给我们的是一份责任：我们会计和审计人员懂会计，是底线；让周围的人包括领导者懂会计，是责任；让所有懂会计的干部和员工都理解会计，识别财务风险，形成合力，提升企业的竞争力才是境界。

在中国最大的工程机械企业三一重工，决策层从来自一线的优秀研发人员、工程技术人员中选拔管理苗子，用会计扑克牌去培训他们，半天时间他们就能做一些基本的会计分录了。在会计知识的考试中，研发人员与财务人员同堂共考，一位叫丁大伟的工程师竟然拿了头名。听说湖北省每年都会举行会计扑克大赛，于是他从三一重工的北京总部来到了我们的比赛现场，代表三一重工参加表演赛，再次夺得名次。

在今天，《会计科目扑克牌》已经成为一些院校的必修课和选修课，目前已经在筹备全国性的比赛了。每次比赛的场面都会让我们非常开心，各行各业都在打我们的会计科目扑克牌，连解放军都派出了代表队参加我们的比赛。财经学校的校长拉着我们的手说，"你们做了一件天大的好事，颠覆了传统的教学模式，学生们只用了2～3天就会编制概念上的会计报表了。"

看了我们的介绍，你也想速成吗？请上网找到这个会计科目表演的视频，网址是http://www.tudou.com/programs/view/FArt27gKtq0。

【案例】

主席打牌忙

周末的下午，路过武钢管理学院2号楼407教室的人们，被教室内一幕幕奇异的景象所吸引：有三五成群打牌的，有忙忙碌碌模拟会计人员记账的……人人忙得不亦乐乎，好奇的人们不禁发问：这是什么样的培训班？

原来这是武钢审计部派驻子公司监事会培训班，监事会成员们正在进行速成会计的互动式教学实践。刚刚开学几天，大家明确了监事会的工作是以财务监督为核心，纷纷要求增加会计原理基础课，大家自逛书店，自拜老师，一股如饥似渴学财务的学习竞赛悄然拉开序幕。

会计扑克发明人亲自授课，用独创的速成教学法——《会计科目扑克牌》，即刻把大家带入寓教于乐的学习之中。学员们出一手牌，就好比是做一笔账，第一天就掌握了基础会计科目的运用。

最让人折服的是，监事会的主席们竟成了学习财务会计的排头兵。他们是一批年逾55岁，刚刚从公司重要岗位上卸任又被选拔走上监事会主席岗位的处级干部。上课带头举手发言的是他们；笔记做得最认真的是他们；打会计牌最多的赢家，还是他们……为了尽快进入角色，学员们废寝忘食。官教兵、兵教官、兵教兵的岗前培训热火朝天，经过两周的培训，全体学员不但掌握了会计基础知识，而且人人都考取了会计证。

看着聚精会神打会计牌的主席们和模拟记账的监事们，管院的领导和老师不胜感叹：这真是"主席打牌忙，监事做假账"，全为练真功啊。

### 12.4.2　让故事照亮未来

古往今来，人们都乐于用个人故事、寓言和轶事来帮助听众有效地吸取信息、知识与策略。

丹麦作家爱莎克·迪内森说："一个人就是一段故事。"我们说，我们经历的每一个审计项目，背后都有一个扣人心弦的故事。所以，花点时间努力成为一个会讲故事的人，我们改变的将是自己的未来。因为所有伟大的演说家、作家、企划专家都是讲故事高手。

于是，我们把每一个审计案例写成一个个扣人心弦的故事，人们会记住故事并分享故事。哪怕忘掉你的数据已经很久了，他们仍会记得你的故事及其中所隐含的智慧。我们的审计案例，就好比是用语言去画一幅画，然后把这幅画送到对方的心头，让他看到的也是一副同样的画。

我们用《猴子吃香蕉》的故事，诠释了企业文化的形成；用《不拉马的士兵》的故事，告诫人们制度和标准必须定期评估的道理；我们用《动物园新来的小袋鼠》警示企业的风险无处不在。

故事讲得精彩，还需要下功夫练习细节。

（1）故事包括何时、何事、何地、何人、何故五个要素，我们在讲故事的时候，要时刻牢记：故事是为最终结果服务的。

（2）故事中间不要插进自己个人的见解。相比你的见解，大家更想知道故事的情节。

（3）分享我们鲜活的案例，切记故事的结束一定要用观念来总结。

训练讲故事最佳的两个方法：第一，每天写日记或博客，用讲演的口吻来写，慢慢就会成为高手；第二，见人就分享，把我们的故事、听到的新闻给周围的人分享。

讲故事让我们学懂了一种有效的沟通方法，我们量身定制地融入了我们的阅历和案例的故事是他人很难模仿的。让故事照亮未来，我们培训的内容就更加精彩。

第 13 章

# 年终总结

庄稼人收获的时节，是十月的金秋，而我们内部审计收获的时节，却是在年终总结的日子里……

每当我们提起笔准备写总结的时候，总是按捺不住激动的心情，眼前是一幕幕再现一线审计人员捷报频传的画卷，这画卷的背后是一个个扣人心弦的审计故事。我们如何让这幅画卷原汁原味地呈现给我们的老总和周围，让其与我们一样感同身受呢？这便是我们的年终总结。

有作为的内部审计，在年终总结的日子里，犹如在筹办一顿丰盛的年夜饭。这除旧迎新的年夜饭吃的是充实和喜庆，是团圆和亲情，是感恩和祈吉。人们对年夜饭的渴望，是人的本能驱动下的团圆愿望，更代表着对家庭履行传统义务的责任。内部审计的年终总结也始终体现着这份对企业、对自身发展的责任。

就像年夜饭不仅仅是一桌佳肴，还要看着春晚，包着饺子，放着鞭炮一样，年终总结也是一系列好戏连台的节目，包括开好各种形式的总结会、成果展示会、联欢会，评选我们的先进人物、学习外部标杆，提出明年的奋斗目标及实现目标的线路图。

这系列大餐体现着我们收获成果的充实和喜庆，更是聚集了团队的激情和士气，我们在这种氛围中感恩企业，感恩团队和同事，甚至感恩我们风风雨雨的坎坷阅历，这一切都是为了一个目标，愿我们的明年更美好！

所以，内部审计的年终总结不仅包括写好一份工作总结。

## 13.1　内部审计年终总结的十条关键铁律

### 13.1.1　时效性：年终总结要"抢先"做

年终总结是收获的季节，而不是行政的负担和纠结。总结报告是我们耕耘的成果，自己种的庄稼不去收，别人在收割的时候，当然就会顺带收了去，谁都知道浪费粮食是可耻的。审计人员常常抱怨自己做的工作，怎么变成了其他部门的嘉奖，这时你再愤愤不平也无济于事。请记住一个职业的真谛：在工作中，你如果没有写下来到底做了什么，那就等于你什么也没有做。所以年终总结不但要做，而且要抢先做。

我们做年终总结不是在公司发文后，而是日常工作的积累，切忌平日不烧香，急时抱佛脚。每逢期末必总结，这样，我们的业绩就像会计永续盘存的流水账，看得见摸得着。"问渠那得清如许，为有源头活水来"，年终总结对我们是一件喜庆快乐的事情。

### 13.1.2 合力性：年终总结要上下互动"齐上阵"

说到年终总结报告，审计负责人既不能大包大揽，更不能请人"捉刀"。这两样"毒品"让你丢失的不只是年终奖，还有你的责任、人品和诚信。年终总结就像办年饭，一定是家人齐上阵才有"年味"。

"人多好种田"，年终总结是集思广益、群策群力、凝聚团队的好机会，让员工参与其中，是对员工最大的高看和关怀。

每到年末，我们的审计负责人都会为每一个同事量身定做新年红包，那是一封独一无二的"家书"。这巨大的精神奖励，是激励下属的灵丹妙药，这份礼物凝聚着领导对员工的爱，赢得的是员工对企业的"倾心回报"。我们每年都会开展一项全员推荐审计部十件大事和十件趣味片段的活动，不需大篇幅，只需一句话，我们按命中率设奖。大家都非常乐意做这件事情，就像筹办年夜饭，要吃什么爱吃什么由吃年饭的家人来确定一样。这样形成的年终总结是刻在老百姓骨子里的记忆，荣辱与共的团队文化超过写总结本身的意义。

### 13.1.3 精练性：年终总结要"简短"

一份好的年终总结报告应该用"短""命"二字来概括。"短"，就是简短；

"命",就是直奔命题。

言之有物的总结报告就像一座金字塔,塔尖展示你今年收成的分量。老总看到这分量自然会问,"你怎么收获的?这收成能长久不?"你回答这些问题就展开了金字塔的第二层,第三层……,你要用简短通俗的信息化语言来让老总信服。信息化语言体现三个特点:一是用事实和数据说话;二是不停留在事实的表面,而是把零散肤浅的感性认识上升为理性的规律性认识;三是给出可操作的行动指南,而不是鸡汤。

简短的审计年终总结有三大优势:领导能带着愉悦的心情欣赏和肯定我们的工作;上级部门在撰写年终总结时录用率极高;审计在开展营销、推广经验时有了现成的文案。

### 13.1.4　层次性:年终总结要"关联大事"

年终总结是审计部门交给企业的一份答卷,我们面临的赶考远未结束。在林林总总的审计过程中,要交出一份思路清晰、策略严谨、求真务实、战术得当的年终总结,我们要消灭的敌人就是素材的复杂和混乱。

一份能把我们自己整懵的总结报告,打死也不能交出去,不可坏了自己的名声。解决这个问题的有效方法就是分类。我们不妨列出一个提纲或者勾画一个思维导图来完成这项工作。

分类的第一要务是关联公司大事,要和领导最关心的事情挂钩,体现全局视野;二是关联本职业务;三是团队建设。

在公司大事和领导的关注中,要体现审计的履职履责及绩效,老总最关注的是你为公司创造的价值,而不是你的具体运作。

在本职业务中,可以按时间轴分类,审计成果以时间顺序列示,以体现审计不断进步的过程;按项目类型分类,如内部控制审计、绩效审计、信息系统审计、舞弊审计、经济责任审计等,以体现将每个专项打造成精品的故事;按审计咨询和确认的职能作用分类,以体现内部审计在咨询领域价值创造的魅力。

## 13.1.5 客观性：年终总结要找出差距

年终总结三个关键内容"业绩、问题和改善计划"缺一不可。谁的心中都有一杆秤，总结报告一忌对成绩好大喜功，芝麻说成了西瓜；二忌谈问题轻描淡写，大事化小，小事化了。

有经验的审计人员会重点写自己的经验方法，甚至展示这个经验方法能否用到明年的工作，能否推广到别的团队。这样一来，我们的这份年终总结意义立刻不一样了，总结出来的经验方法会带给老总新的启示。

年终总结也要分析问题和教训，这对于今后工作的引以为戒也是宝贵的。不摆问题的年终总结容易给人不够内省的反感，但问题怎么提，很有技巧，既要提出问题，还要勇于担当分析问题，并拿出解决问题的办法。

年终总结是审计与阅读者的沟通，客观真诚是关键，因此，我们讲进步不要忘了上级，讲本领不要忘了员工，讲成绩不要忘了配合部门，讲缺点不要忘了自己，讲现在不要割断历史。如果我们在展示成就之后写上，"这些成绩的取得，得益于公司的严格要求和领导的言传身教，得益于××部门在××环节的配合"，那一定是一份人见人爱的好报告。

## 13.1.6 可信性：年终总结要用数字说话

工作做得好，总结更要写得好。

年终总结尽量少用形容词，一份与众不同的年度总结一定要用数据说话，并持之有据，否则，那是不会有人相信的。同样的数据，关键在于神解读，数据离不开环境，离不开分析和对比。比如我们内部审计人员参加资质考试通过率70%，光看这个数字是没有意义的，如果写上"在全国平均及格率不足10%的高门槛约束条件下，我们一次性通过率达到70%"，这就比出了高度。但是这段总结还不算完，你审计人员的考试通过率再高，与企业、与总结的阅读者老总有何相干？所以，你得写上："这一素质实力将释放在提升内部审计为企业创造价值的创新实践中。"

### 13.1.7 引导性：年终总结要写出思想

内部审计的年终总结容易给人带来偏见，有人说我们的成绩是建立在被审单位的痛苦之上，这使得内部审计的年终总结有了特殊的意义，我们不仅是在写文字，更是在写思想。

那么如何在我们人不出现的情况下，让领导和外界直接被我们的文字所说服？这需要我们进行审计思想的营销。

没有哪个审计部门愿意在自己的年终总结中开出一堆审计对象的问题清单，这只能给老总和阅读者添堵。我们更愿意表达一种新型的医患关系，这就是病人对医生的信任和对健康的渴望，与医生救死扶伤、视病人健康为天职的完美结合，体现在审计总结上则是：企业对高质量的审计需求日益增长。

年终总结报告最好用被审单位的亲身感受来评价更有分量。例如：××公司借力内部审计提供真实信息的价值，在××投资项目中识别供应链重大风险，避免了投资失误；××公司领导为审计部请功——审计部在对外交流中帮助××公司打开最难进入的 SD 市场，带回产品订单，让企业看到了内部审计用管理思想换市场，为企业创造利润的战略价值。

年终总结报告我们用心、用激情去写，文字越客观，报告越被高看。

### 13.1.8 远见性：年终总结要提出攀高目标

内部审计对未来工作的展望是基于挑战之上的。审计人员干事业做工作体现在年终总结上就是有一种抓铁有痕、踏石留印的精神状态。

不想当将军的士兵不是好士兵，而将军和士兵的一步之遥就是会不会总结每一次战役。敢为人先，敢于亮剑，敢担责任，务实地提出新的目标，是建立领导信任和支持的机会。所以年终总结的过程不仅是我们在实践中增长才干的过程，还是我们不断寻找标杆、追赶标杆的过程，知己知彼，方能百战不殆。

在年终总结中，我们会看到对比标杆的两种结果：一种是以己之长去比他人之短，这种自娱自乐的总结，效果是适得其反。只有用别人之长比己之短，才能看到目标，激发不服输的劲头。这样的目标根植于团队文化之中，既要体现目标的前瞻性，又要有可操作性，同时量化目标，勾画出实现目标落地的线路图。比如，我们制定的"攀高计划"和定期评估制度，一定体现在我们的月度计划和督办的议事日程中。

### 13.1.9 美观性：总结报告排版布局要"漂亮"

人靠衣装马靠鞍，同样一篇总结报告，排版布局不同，就会有不同的阅读效果。

每一位上司在面对下级部门整版的文字总结时都会头痛。如果我们凸显出引人入胜的小标题，排列出漂亮大气的段落，就会让人在阅读时有一种轻松愉悦的感觉。

排版没有定式，一份能给你带来意外欣喜的年度总结，页面设置看起来美观的要点是文字间隔要错落有距，格式、字体、段落、行间距、字体是否加黑等都要多次完善，直到满意为止。

你想想，总结报告中郎朗上口的小标题、标新立异的关键词，就像大珠小珠落玉盘的感觉，让人耳目一新，这是一种什么样的成就感？

### 13.1.10 系列性：年终总结要"好戏连台"

年终总结不仅仅是一份报告，就像过年不仅是一顿年饭一样，看灯会，闹元宵，有的上班族要到正月十五单位开了"收心会"才算年忙完。

内部审计的年终总结就是过年"好戏连台"的系列大餐。比如我们评选出的"十件大事"，上连公司发展及审计的今天和明天，让审计人员坚信我们的明天更美好；我们评选的"十大年度人物"，聚集审计正能量；评选的"十个趣味片段"，下连为老百姓办实事谋福利，让我们期盼的年终奖不仅仅是一个货币的符号，更是审计人员有为有位的荣耀和自豪的象征。尤其是我们举办的成果展示会暨联欢会，是审计人员翘首以盼的除旧迎新的最高潮，我们还会邀请部分子公司领导参加我们的"家宴"，他们是我们授予的"审计之友"，我们的老总也一定亲临会场与我们分享"痛饮庆功酒"的同乐。

这一系列的活动，最终赢得了员工将企业的振兴视为己任的情感交织。

## 13.2 年终总结好戏连台的系列大餐

### 13.2.1 评选十件内部审计年度大事

我们每年上下互动评选十件大事。我们把它制成"微电视"，配上解说词，一幕幕激动人心的情景再现，释放着内部审计的软实力，构成年终总结的主要内容。请伴随着我们的解说与我们分享20××年的"微电视"……

#### 13.2.1.1 审计环境越来越好

随着时任审计长李金华当选为中国经济年度人物，审计受到空前关注。公司良好的审计环境，是制度的保证和决策层的整体共识。这是公司党委组织领导班子成员学习现代内部审计知识的场景，学完还要考试；这是总经理主持审计委员会，连续六个小时吃着干粮听汇报的片段。在刚刚召开的年度工作会上，总经理提出打造增值型审计作为公司发展的重要战略。

#### 13.2.1.2 审计力度越来越大

审计力度越来越大，体现着企业的执行力。审计要情、审前公示、审计备案系列措施的实施，促使企业举起了问责之剑。审计披露所到之处，是风险防线的构筑，管理效益的增长，是支持审计、管理得人心风气的树立！

#### 13.2.1.3 审计效果越来越强

20××年，电机舞弊审计，迅速推动了公司协议保产，净化了电机市场。

任何一次整改，都没有这次审计行动产生如此主动、如此迅速、如此广泛的效果。它使得电气公司利润提升××%，产权厂降低电机维修成本××%。审计共建使我们发挥了管理的联动效应。一年来为公司创造利润×亿元，挽回损失××××万元。

### 13.2.1.4　审计领域越来越宽

20××年，我们进入辅业改制审计领域，维护了国有资产及广大职工的根本利益；进入生产技术领域的ERP信息系统审计，使我们得以探索电子化条件下的风险防范体系；在产品研发领域，铁路××器材的试制成功，使审计成果迅速转化为生产力。

### 13.2.1.5　审计精英越来越多

审计部成为培养干部的摇篮，英模人物层出不穷。一大批干部成长起来，一大批专家树立起来，6人在处级岗位上得到提拔，5人在科级岗位上得到提拔，12人取得教授级和高级职称。

### 13.2.1.6　凝聚工程越来越实

优秀的内部审计需要高忠诚度、高职业素质和高亲和力的凝聚。公司靠学习型企业的创建，赢得了员工将企业的振兴视为己任的情感交织。审计人员自我设计的54项素质达标计划全部实现，我们打造"凝聚工程"的经验在公司得到广泛推广。

### 13.2.1.7　知识管理越来越新

学习型组织的竞争力在于学习如何学习？我们的技术运动会凝聚着我们与国际先进水平的挑战，我们创办的审计网站，是面向全国的窗口。在这里，我们宣传企业，宣传我们的学习型团队，通过我们的知识管理，把个人的人力资本转化为组织的结构性资本，把来自实务界的成果推向国内外，为行业的振兴做出贡献。

### 13.2.1.8　审计培训越来越火

20××年，我们大规模的审计培训，使风险与控制的理念深入人心。我们先后应邀对中海油、中国电信、中钢及企业内部设备战线、财务部门、炼铁、热轧、矿山等十余家单位进行内部控制培训，提高了全员风险防范意识。

### 13.2.1.9　成果与鲜花越来越艳

20××年，审计部人人有成果，个个立功受奖。我们的《大型企业集团增值型审计》获国家现代化管理成果一等奖，我们是国家六部委联合表彰的六家全国经济责任审计先进单位之一，我们被授予"湖北省内部审计先进单位""公司红旗单位""红旗党总支"等荣誉称号。

### 13.2.1.10　审计影响越来越广

20××年，国资委和省内审协会先后在公司召开学习内部审计推介会。我们应邀在国家会计学院，为国资委举办的中央企业负责人讲课，为中央企业的CFO讲课。中组部、国资委已将公司审计经验作为经典案例，入选即将对全国200万处级以上领导干部的培训教材。公司的审计创新之路，是国有企业在可持续发展道路上，建立激励与约束机制的健康发展之路。

我们将不负企业重托，在上级审计部门和公司的领导下，发扬光大，将我们的聪明与才智回报给我们的企业！

## 13.2.2　评选十个内部审计精彩段子

我们每年评选来自基层审计人员编写的十个精彩段子，那是我们工作生活的真实感受，很淳朴，感召力很强。

#### 13.2.2.1 体现审计环境的优越

审计奖励设基金,又怕招风又开心;
审计人员办保险,防了意外防非典。

#### 13.2.2.2 体现审计办公条件得到极大改善

查账人员配"康拜",又有实力又有"派";
十部小车送现场,只要能想就能办。

#### 13.2.2.3 领导为审计评定职称搭桥铺路

职称申报官教兵,工作实践促学习;
领导带咱做成果,名利双收好欢喜。

#### 13.2.2.4 和睦的大家庭

每逢佳节好开心,发了元宵发月饼;
2月14过"洋节",又送玫瑰又"煽情"。

#### 13.2.2.5 称赞领导"利为民所谋"

帮完个人帮家庭,补贴快餐补通勤;
员工利益无小事,干出业绩双方赢。

#### 13.2.2.6 称赞审计出业绩

种瓜得瓜收获忙,记者也来做采访;
出彩中央电视台,又见世面又争光。

#### 13.2.2.7 感动华丽转身人人成主编

只会工作不会说,好比种地不收割;
如今人人当主编,编辑部里故事多。

### 13.2.2.8　赞扬审计部做了报告卖了股票

学术交流走海外，内部审计创品牌；
我们台上做报告，学员疯抢咱股票。

### 13.2.2.9　审计人员享受领导订报待遇

两报两刊订到家，待遇不比领导差；
读书竞赛比学习，领导学啥咱学啥。

### 13.2.2.10　表达大面积通过资质考试的喜悦

CIA 考试成就斐，领导为咱当"三陪"；
陪学陪练陪考试，取证的喜报满天飞。

## 13.2.3　评选十大年度人物及颁奖词

年终总结离不开对审计人员的业绩考核和评选先进。

先进的尺度没有绝对的标准，发挥每一个审计人员优势，就要让每一个审计人员拥有一份自信，他在团队是独一无二的。我们的评选立足评选出特色，评选出士气，通过评选，让审计人员发自内心对自己说："哦，这些先进代表着我呢！"

以下是我们审计部评选的十大年度人物，审计部长亲自为他们写下颁奖词。

### 13.2.3.1　副部长徐京桥

你是审计部英模人物的代表，两次荣获公司标兵。你也是我最得力的助手，你有权不争权，有才不显才，默默地为我补台，尤其是我每每外出的时候，都是审计任务最重，你替我挑土忙得你不亦乐乎、焦头烂额的时候。你知道我此时的心情吗？我不是担心，而是开心，开心得很！就好像是在看一场必胜的球赛！一年来，你把荣誉都给了我，却把辛苦都揽给了自己，我不知道该怎样感谢你！

### 13.2.3.2　经营审计处长杨艺玲

你是审计部优秀审计项目的代表，我们省内部审计先进个人。你带领着一支最年轻、学历和职称层次最高的队伍，把经济责任审计做得有声有色。你代表公司参加全国经济责任审计表彰会，你的左右是市长和中央企业的老总，你感到了不自然，其实大可不必。我们代表着公司，代表着公司的审计，你要像我一样的神气！今年你的发型有了变化，起初我不太能接受，但实践证明，我现在感觉这发型很美。但明年你要加强普通话的训练，这样，在你走出公司，走向全国做报告的时候就更有魅力。谢谢你！

### 13.2.3.3　刚刚退休的老领导黄国桢

您代表着已经离任的领导干部们。一个人的年龄、岗位和任职时间是有限的，但是一个人对事业的忠诚和激情，积淀的经验和能力及留给周围的精神，却是无限的。正是你们这样一批具有政策水平及高度责任心、具有丰富管理经验及恪守党性原则的老领导们，给我们留下了宝贵的精神财富，也影响着我的领导生涯，使我终身受益。我祝你们健康、快乐！审计部永远是您的家，常回家看看。

### 13.2.3.4　从审计部输送的干部乐文斌

三年来，审计部一大批干部培养起来，一大批专家成长起来，你就是最好的代表。你是从审计部第一个走出去的老总，是在我之后的审计部第二个教授级高工。因为割舍不下这份离别之情，我曾几次掉泪，但细细想来，你和我的所有同事都尽快成长起来，尽快超过我，又何曾不是我最高兴的事？我希望你能带走审计部的精神，审计部的希望，我们等待你成功的捷报！文斌，我祝你成功！

### 13.2.3.5　审计部优秀大学生的代表何畏

你是集团五年一度评选的优秀大学生代表，在我眼里，这个称号比我这个劳模还带劲！因为年龄是你的金牌！这块金牌把刚刚做主持人的那位女大学生赵晶吸引到你的身边，你们从互相认识到互相理解、互相信任，发展到互相欣赏。在内部审计这片热土上，你收获了业绩也收获了爱情。希望在今后的日子里，你给更多的大学生做榜样，希望我们每一个领导干部都像关心自己的孩子一样关心大学生！为他们搭起宽阔的舞台，让他们大显身手。

### 13.2.3.6　工程审计处长翁晋安

你是刚刚荣获的公司十大杰出青年创新奖的代表年轻工程审计处长。你年轻而好学，聪明而谦虚，务实而创新，使我们这些过来人见了你们就开心！你的确很"创新"，你在学习两个极端的技术：一方面，你这个年轻人，把我的"母鸡理论"活学活用，带着一支比你年龄大、辈分高的队伍，却像"母鸡"一样呵护着他们；另一方面，你要我教你"炸坝"，敢于去碰硬，这使得一向憨厚的你在邪恶面前竟是"翻脸不认人"的"铁包公"。这爱憎分明告诉我，我们的审计一定赢！我希望你更快地成长，让公司的工程审计永远走在全国的前列！

### 13.2.3.7　善查舞弊的审计人员周丽娟

你是审计部敢于审计、善于审计的代表。许多人拿你没办法，你既懂业务，又软硬不吃，还是一个女性，无法让人摸清你的爱好，诱惑的"鱼钩"无法向你靠拢。你的问责之剑使数名处级干部受到问责，你好比中纪委的查案高手，我为你的胆量喝彩！但我更为我们身后有撑腰的公司领导，有管理得人心的企业文化而感动。我们当不负企业众望，让企业为有我们而放心！

### 13.2.3.8　自学成才的审计人员桂美华

你是审计部终身学习的代表，是我们公认的公司凝聚工程十大新闻人物提名奖获得者。你这位从安环部科长岗位上退下来的高级工程师，为了适应审计工作需要，不畏"隔行如隔山"专业沟壑，却在跨界的专业悟出了"隔行不隔理"的真谛。年过半百的你先后考取了会计证、审计证，审计技术能手，竟然还考取了高级审计师。学习是快乐的，是学习型团队让你心想事成！我祝愿你在新的一年，还能收获更多的"证"，祝你心想事成！

### 13.2.3.9 通过 CIA 考试的代表彭朝辉

你是 2004 年通过国际内部审计师资格考试的代表。在组织自学中，我是班主任，你是班长。这好比你是总经理，我是董事长！你当班长很出色，在组织自学中，行政手段也运用得很得体，尤其是思维观念美国化的答题要诀，使我们的审计人员走捷径看到了外面的世界，迅速与国际接轨。尽管许多同志只差几分未能通过考试，但是知识的力量已经融入大家的素质中，体现在工作质量中，亮剑在我们的审计报告里，我为所有的参考者喝彩，即使没有考过，你们也虽败犹荣。我要向大家承诺的是：明年继续考！我们的奖励政策不变！我就等待着好消息！

### 13.2.3.10 IT 审计人员黄兵

你是审计部高新技术的代表，你的信息审计小组荣获了公司青年文明号。信息审计将是我们面临的最大挑战，没有你们，我们将无法打击电子化条件下的经济犯罪和会计信息的失真与造假。你们不断带给我们新的启示，传统审计的"盲人摸象""乱枪打鸟"将在你们的身上结束，你们无愧于信息时代的火眼金睛，我希望你带动更多的审计人员加入 IT 审计的行列，实现我们内部审计的"全覆盖"。我要成全你一个愿望，给你一个最大的奖励，让我热烈地拥抱你！

## 13.2.4 为内审人员播下希望的种子：我们的"家书"

辞旧迎新之际除了要写年终总结，别忘了赶紧播下团队人际关系的种子，给你的同事发出一份贺卡吧，字不要多，要体现他的特点，哪怕一件事足以。我们的种子播撒完之后，效果非常好！

俗话说："你把老百姓放在眼里，老百姓就把你记在心里，你把老百姓记在心里，老百姓就把你高高地举过头顶。"每到新年来临，我们的审计负责人都会为自己的部下发出一份特出的"贺卡"，一封为每一位审计人员量身定做的"家书"。

这是一种巨大的精神奖励，是激励下属的灵丹妙药，也是免费的精神大餐。所以诸位一定要好好地加以利用，举一反三，用最简单也是最有效的方式激发整个团队的活力，将大家工作的激情全面带动起来。

我们抛砖引玉地给大家举两个例子：

（1）一个业绩不菲却受了不少委屈的审计小组长，特点是受了委屈还能微笑着工作。

【案例1】

亲爱的××：

新年到来之际，请接受我的祝福！

你是我们审计部的一张名片。今年，你带着精干的审计小组辗转各地，你以系统扎实的审计专业知识、以做事的韧性、认真和吃苦精神，做出了不菲业绩，在我们这支年轻的审计团队中，如果没有你的加入和付出，我们的业绩是不完整的。我们都得感谢你！

你的工作我看在眼里，记在心里，是你的阳光、快乐和智慧的正能量，让你的小团队富有活力。你的微笑让任何困难、压力、误解化为乌有，这正是你的魅力所在，我希望常常看到你的微笑，真正的勇者，不是没有眼泪的人，而是含着眼泪依旧能微笑奔跑的人，您无愧于勇者的称号。

新的一年，我希望你把自己的审计案例写成扣人心弦的审计故事，让更多的人来分享，我还希望帮你实现你的愿望：成为内部审计专家，具备全球审计视野，成为一名优秀的职业经理人。我们挺你！愿你未来的日子锦上添花。

衷心感谢一年来对我工作的支持和理解！

祝你节日愉快！

你的同事：××

（2）一个有事业追求，却苦于实践经验不足，经常参加应聘却落选，担心领导有想法的年轻审计人员。

【案例2】

亲爱的××：

新年到来之际，请接受我的祝福！

你是一个在事业上有追求的年轻大学生，不想当将军的士兵不是好士兵，我理解你的志向。

你有勇气炒我的鱿鱼，说明你敢于改变现状，这是好事。我是一个开明的上司，成人之美也是我的品行。

内部审计是当今最具挑战和最有活力的事业，是培养高层次人才的摇篮，这一年，你在进步，我都看到和听到了。我希望你在今后的工作中多拜几个师傅，每做一个项目，便总结一次得失。我告诉你一个秘密，将军与士兵的一步之遥，就是将军每打一仗一定总结。我希望你在审计部这个摇篮中长壮一点，翅膀炼硬一点，那时再飞，就会飞得高一点……

衷心感谢一年来对我工作的支持和理解！

祝你节日愉快！

你的同事：××

我们的审计同事们收到贺卡后，非常开心，特别感动，有的当时就哭了。通过这种方式，我们不但收获了真诚，同样还获得了将感动化成追求审计成功的宝贵动力！

## 13.3 来自企业的年终总结

下面是来自我们快乐审计团队的年终总结,不是最好,但一定是最原生态的,希望抛砖引玉。

### 13.3.1 以内部审计的"十个第一次"写总结

1. "一流的企业需要一流的内部审计",我们公司审计委员会第一次按照国际标准对公司内部审计发展进行战略定位。展示公司审计创新实践的成果《增值型内部审计》获得全国内部审计成果一等奖。

2. 服务中心与改革。我们第一次修改《审计工作条例》,实现了对国有资产监督由以往的点式辐射向网络式全覆盖的转换。

3. 创新审计技术。我们第一次试行了"审计公示",使我们以最简捷的方法收到最大面积的成效。被基层誉为"难得的机会、难得的教育、难得的交流。"实现了联手管理的协同效应。

4. 将职业发展视为己任。我们第一次承担编写的《建设项目内部审计指南》重任,列为中国内审协会向全国颁布的第一部行业指南。

5. 公司上下学习审计知识蔚然成风。我们第一次在全公司范围内组织千余人参加全国《内部审计工作规定、准则》百题有奖知识竞赛,获得中国内审优秀组织单位称号。其中56人获得个人幸运奖!

6. 思路变成职业发展之路。我们第一次在"爱厂爱岗,发展公司"献计献策活动中,实施部长点评机制,使得人人有建议,件件有回复,奠定了本年人人投入审计创新实践的选题目标。

7. "凝聚工程"得人心。我们第一次组织个人素质达标竞赛活动,利用"善待职工"数据库进行动态管理,69名职工,围绕提高个人素质的105项达标计划全部实现!

8. 深化创学习型群体的实践。管理课题人人立项,乐此不疲,我们的成果第一次突破20项,全省、全市50%的一等奖来自公司审计部。95篇论文在国际、国内刊物上发表,成功地将来自实务界的理论推向国内外。

9. 良好的审计环境是培养我们的摇篮。"三八"期间,我们优秀审计人员第一次以武汉市民最多的选票当选"十大女杰",参加了全国巾帼创业事迹报告团,提升了企业的美誉度。

10. 成果丰硕,捷报频传。在中国审计成立20周年之际,省审计厅第一次正式发文,在全省范围内开展学习××公司内部审计的活动,与此同时,公司总经理也第一次签署了向审计部门学习的批示。本年,审计部获得集体荣誉××项,其中全国性荣誉××项。

省厅和公司对我们的奖励将化为我们知恩图报,回报企业,发展职业的巨大动力,我们在制度建设、投资审计及人员能力提升方面与公司要求还存在较大差距,我们将更加努力,为公司的发展和内部审计事业的发展奉献全部智慧和力量。

### 13.3.2 以标新立异的小标题凸显总结报告

奋发有为　与时俱进

再创内审工作新局面

——H集团20××年审计工作总结

20××年,是H集团公司内部审计工作适应公司转型要求,抓住机遇,开拓创新,不断探索的一年。

一年来,我们完成各项审计××项,纠正违纪问题金额××××万元,提出审计建议×××条,促进公司增收节支××××万元。公司各级领导及部门对审计工作的支持,是激励全体审计人员求真务实做工作的动力,审计部先后被××省、××市授予内部审计先进单位称号。新年伊始,又从北京传来佳音,H(集团)公司被国家审计署授予全国内部审计先进单位。

## 一、主要工作

### ▶ 一个宗旨

20××年，H（集团）公司提出了"进一步加强审计监管力度"的宗旨，总经理×××在公司机构改革之际做出了"进一步扩大审计队伍，增加审计力量"的批示，集团以高于审计部原有人数2倍的配置扩充队伍。集团把内审工作视为企业持续健康发展中极具价值的资源，并在审计环境、组织建设及资源配置中建立长效机制。内部审计工作正是在这一环境下得以健康发展，使国家加强企业监管的要求成为企业内在的需要。

### ▶ 两条主线

新组建的审计部，集内部审计和向全资子公司派驻监事会两大职能于一体。形成审计监管的两条主线。其优势体现在全覆盖监管中的专业沟通和协调，带动对××个职能部门的同级审计和×××个子分公司的监事会评价。

……

### ▶ 三大建设

为提高审计成果质量，我们努力推进"人、法、技"建设。

#### 1. 狠抓作风建设

我们以"创建学习型群体，促管理上台阶"为发展战略，用不断学习和进取的方式团结人、教育人、提高人，开展了多种形式业务培训，新组建的审计部在近三个月的封闭式培训中，被培训院校誉为创造了班风、学风最好、学习渴望度最高、刻苦学习精神最强、学习效果最佳的示范班级。我们在培训中实施的速成会计互助式教学实践，掀起了审计人员如饥似渴学财会的热潮。监事会主席们以身示范，成为培训的排头兵和考试状元，为迅速进入角色，带领监事会开展工作提供了业务技能准备。

审计部创学习型群体的经验已在各级主管部门的关注下推向全国。

#### 2. 深抓制度建设，实施精细化管理

我们从完善制度入手，对外全面清理了审计计划下达、实施审计、落实审

计决定等有关制度。对内：建立了包括管理制度系统、职责条例系统、工作流程系统、岗位业务程序系统在内的标准系统。这一措施使本部的专业管理行为和职工行为都处于精化管理的有序、上进状态，并与企业目标始终一致，形成对企业目标快速响应的制度保障机制。

### 3. 以信息化建设提升审计质量

我们把开发运用审计信息技术作为审计团队可持续发展的核心竞争力。一是实现了审计办公的无纸化；二是业审融合，进入集团信息网络的底层数据层面，进行数据采集、抽样、分析和汇总；三是逐步建立系统、完整、多维度的审计数据库，实现在线审计；四是针对各子分公司信息化建设参差不齐，信息孤岛问题提出整改思路，以实现企业各数据库的互联互通，形成企业"信息一平台，数据一个库，监督一张网"全覆盖IT审计。

### ▶ 四位一体

20××年，伴随着公司体制的转型，H集团逐步建立起四位一体的国企监管体系：一是加强纪委监察工作的力量；二是提升内部审计层次，增加内部审计力量；三是向全资子公司派驻监事会；四是完善会计委派制。这四大支柱所辐射的监管范围覆盖了企业所有资源投入的领域。

四位一体的监管机制以联系会方式拉动，审计部在集团内发起的风险问卷涉及公司产、供、销、人、财、物等××类×××项问题，形成公司风险地图，明晰的职责划分加快了法人治理结构的进程，而配套的人事政策和实务则提升了监管部门的地位：

公司在人员任用、培训、政治待遇、业绩考核及个人报酬方面给予大力支持，以保证审计人员在执行公司政策和程序方面具有胜任的能力和正直的品行。

公司不惜代价保证了监管力量的人力及队伍的稳定，表明了公司加强自我监督的决心和力度，对于建立一个有效、有利的控制环境起到关键作用。

### ▶ 五项重点工作

**1. 经济责任制审计**

20××年，我们共完成内部经济责任制审计××项，其中现职审计××项，离任审计××项，累计纠正违规违纪金额××××万元。我们所做工作的特点：一是专门建立了对H集团所属单位现职经理、厂矿长的年度经济责任制审计制度及方案，由事后审计变成事中、事前审计，克服了事后算总账的弊端。二是根据各单位的不同特点确定经济责任制审计的侧重点和评价标准，使其更具科学性。三是坚持"一果多用"的做法，即把各年度对负责人现职审计、单位的财务收支、会计决算报表审计以及其他专项审计调查的成果，运用到离任经济责任制审计中来。四是本着对离任者高度负责的态度，认真抓好审计评价这一重要环节，严格划清各类经济责任界限，使评价尽量做到客观、公正、全面、准确。

**2. 内控制度审计**

……

**3. 工程项目审计**

……

正是我们深化内部工程项目审计，20××年，我们已经完成××项标的总额达××××万元的大修、改造等工程预（决）算的审计，核减工程支出××××万元，为H集团的技术改造及持续健康发展提供保证措施。

**4. 审计调查**

一年来，我们围绕审计中遇到的焦点和疑虑开展了12个课题的审计调查，对我们把握全局、弄清问题、对症立策、提高审计报告质量创造了条件，也对我们落实"全面审计、突出重点、抓住典型、跟踪落实"的要求提供了素质。

《××位领导干部离任审计情况剖析》为公司选拔任用干部提供了有说服力的依据。

……

5. 创学习型群体的队伍建设

……

▶ **六大变化**

1. 监管出效益，有为才有位

20××年，我们全面完成审计任务，促进公司增收节支××××万元，审计质量不断提高，由于在专业管理中的成就，我们荣获了国家、省、市"内部审计先进单位"称号，而且第一次跨入公司"双文明"评比先进单位的行列。

2. 监管出成果，思路变生路

以××公司为代表的一批子公司将审计成果化为转换机制、提高市场竞争力、向管理要利润的巨大回报。

20××年5月在××召开的内部审计经验交流会上，中国内部审计学会××会长对H集团的经验给予了高度的评价。

3. 监管出威力，管理得人心

……

4. 监管出合力，联手防风险

……

5. 监管出真知，创新出动力

……

6. 监管出素质，压力出机制

内部审计人员最终应当成为企业的中高级管理人才。

一年来，我们审计人员中有××名同志参加了研究生及注册会计师的报考，工程审计处全处取得注册造价工程师执业资格；××人获得公司优秀科技人员，××人被评选为享受政府津贴专家。

我们之中撰写的十余篇论文在国际、国内刊物和学术会议上交流，成功地将来自实务界的理论推向国内外；多项课题获得国家、省、部、市企业现代化管理成果奖。我们之中获得国家、省、市、公司各级表彰及各类荣誉称号近20余项。

## 二、存在问题

回顾一年来的工作，我们清醒地认识到内部审计工作发展仍存在差距和不足，主要是：

（1）审计人员能力、审计队伍素质与集团要求有差距。

……

（2）全集团各子分公司内部审计工作发展还不平衡。

……

（3）审计数据分析及基于审计的大数据应用技术亟须改进。

## 三、明年审计工作总体要求和重点任务

20××年，我们将围绕公司20××年的生产经营目标，重点要抓好以下工作：

……

## 四、结束语

实践将证明：内部审计是不断创新的阳光事业，我们将以优良的工作作风，奋发有为的精神状态，不断推进审计工作上精品、上层次、上水平，以我们的努力，为公司的发展做出新的贡献。

第 14 章

# 审计团队建设

在这个飞速发展的时代，谁拥有一支有实力的内部审计队伍，在企业的战略意义上，谁也就同时拥有了一笔注重内控、诚信经营、致力于公司治理及价值创造的品牌资产。

如何打造一流的内部审计团队？

## 14.1　打造高素质的审计团队是我们的唯一选择

国内一流的内部审计；企业有作为的职能部门；绝对不当落后的职能部门。

打造一流的内部审计团队需要优秀的领导带领。

什么是领导？领导就是能够带领自己的团队，从"现在待着的地方"到"没有去过的地方"。

"千人同心，则得千人之力；万人异心，则无一人之用。"内部审计应该是一支高忠诚度、高亲和力、高职业素质的铁军，为什么我们这样说呢？

因为我们许多内部审计人员并没有亲自参加企业经济活动的阅历，更无舞弊与欺诈的经历，处于信息不对称、专业局限、监管冲突等劣势地位，尤其是采用现代技术实施的舞弊行为，其幕后多有一个强大的关系网及潜规则，审计风险非常大。

我们内部审计只要进入程序，就被无数双眼睛所盯住，想刹车都刹不住，不是我们去治理管理的缺陷，便是被管理的缺陷所征服，没有中间的道路可走。一个项目到底有没有问题？是什么问题？你得披露，你不披露也是披露，是对管理缺陷视而不见的态度披露。而我们内部审计在审计披露中是输不起的，因为这是一场真正的较量。它是真实与谎言、规范与缺陷、诚信与舞弊甚至是正义与邪恶之间的较量，我们如何输得起呢？

我们输不起，然而，我们靠什么去赢？

唯有打造一个高素质的审计团队去迎接挑战，这是我们唯一的选择。

审计团队建设要有目标，正如中国内部审计协会发言人在亚洲内部审计大会上的致辞："力求把内部审计打造成与时俱进、道德高尚、实务规范、层次较高、质量优良、顾客满意、享有盛誉、富有竞争力的职业"。

我们的审计团队建设的线路图是：高线是成为国内一流的内部审计；中线是成为企业里面有作为的职能部门；底线是绝对不当企业落后的职能部门。

然而，如何带出一支有实力的好队伍，在这个一切都在变化的时代实现审计的增值价值？

## 14.2 树立学习型审计团队的愿景

学习力是组织唯一持久的竞争力。那什么样的组织称为学习型组织？

彼得·圣吉在其著作《第五项修炼》中说："一方面，是通过学习使组织获得生存和发展的机会；另一方面，通过学习实现个人与工作、个人追求与组织愿景的真正融合。"这就是学习型组织。

这个想法很好。但是我们每一支队伍都有不同的血型，那我们的团队要靠什么来实现这个想法呢？靠什么去凝聚一个团队呢？是靠行政的权力吗？如果不是，那又是一种什么力量呢？

在一个组织内，一个人有正确的主见，他是一个专家，那么他的影响力只占5%。谁的权力好像比较大一些呢？是领导，对不对？他可以决定你的工资、职务、升迁等。

的确，领导有行政权，但是这个权力不是持久的，它是一个行政指令，它是一张任命书，他在这个位置有这个权力，他不在这个位置就没有了这个权力。

持续的影响力是参照权。你不在这个岗位上仍然有追逐者。人家愿意和你在一起，以你为镜。你不在这个岗位上，一样可以收获鲜花和掌声，所以这个参照权非常重要。

如果一个领导既有行政权，又有参照权，那你肯定能赢。

凝聚力是一个中性词。你看，领导如果爱应酬，上有所好，下有所趋，大家都陪你去喝酒，这个部门一定有一群食客；领导要是沉溺牌桌，你一定培养出一批赌徒；你如果是一个爱学习的人，你的下属一定会效仿你爱学习，从而成为学习型团队中的一员。

所以，学习型组织是一种愿景的规划。

而学习型审计团队的愿景不是理论上的一些说教。

为什么呢？你看大家都说学习型的团队好，那为什么没有大量创造这样的组织呢？这一定是领导的问题。领导并不知道创立学习型组织要有什么样的承诺。

下面这个故事非常好。

【案例】

那是六年前，我们内部审计以神速构建网络。

当时，我们的审计工作已经被树为全省的典范，现场会不日将在公司举行，我们急需建一个内部审计网，这在当时是一项领先行业的创新。

当小组成员们一致决意奉献于开发这项截然不同的新项目的愿景后，最后竟然只花了三天的时间就投入运行了。当时我们并不明确会做成一道什么样的大餐，但是，一旦方案被具体化之后，小组开始以一种不寻常的方式进行工作，大家的活力和热忱似乎可以触摸得到。每个人都把这项工作视为己任，而非只顾做好自己分内的工作。大家突然变得对于新的想法非常开放，阻碍进展的技术问题也都获得解决。连我们请来的网络设计师都对我们的效率惊奇不已，"天啊，这真是奇迹！"

我们突然发现，过去我们所采用的行政领导行为，在这里显得格格不入。

因为奉献于自己愿景的人，是自然会抗拒领导者命令他们奉献的。当团体有了一个学习的明确愿景时，便能够自我引导，聪明的领导者这时是融入他们中的一员。

## 14.3　开启员工心灵之窗的领导者角色

领导怎样开启员工的心灵之窗，让他能够按照你的愿景去行动呢？

领导者应该是一个设计师，而不是一个改革者，领导是一个公仆，是一个教练，引导并服务于自己的员工来做这件事情。

学习的第一条规则是：人们学习自己想要学的，而不是别人认为他们需要学的。他要想学的话，他得有兴趣。

因此，我们在想，怎么才能让大家喜欢学习呢？

每个人都愿意实现自己的价值，愿意有尊严，愿意名利双收吧？快乐的学习和工作，这都不是累赘吧？员工在这些前提下认为做这样的事情就是他们的尊严，能够实现名利双收，能够带给他们快乐，他们就会支持这件事。

建立审计的学习型组织团队，要靠审计部门领导的以身作则。

部下学习的是上级的行动，上级以身作则是最合算的投资。我们传递给员工的不仅仅是目标，还需告知实现目标的方法。示范，是一种极为有效的途径。

你是不是一个这样的人呢？如果不是，你就别想去带别人，别人是不会听你的。

说一下我们身边的故事，你也许更容易理解。

【案例】

我们有位审计部长早些年岗位交流到工程预算处当处长，一上任就撞上了公司机构改革，而工程预算处要"减员25%"。部长的第一次施政演说，竟然是减员25%的动员会。

员工最怕没有岗位了。面对台下80多双不安和期望的眼睛，部长深感责任重大，她认为善待自己员工的最高境界不是给予，而是引导，要为大家找到一条光明的路子，还要给人以人格尊严。所以她对员工说的第一句话就是："如果今天要我在这里宣传发扬风格，把岗位让给别人，我认为这是一种愚昧教育。21世纪是学习的时代，'精一门，通两门，会三门'才是真正的资本。要想有安全感，再学习，有技能才是最大的保障。"

她没有空洞的说教，而是利用四个晚上的时间写故事，写下了一篇后来被中国三大媒体评选为走进人民大会堂捧杯一等奖，并被多家报刊连载的报告文学《嫂子们，走好……》，真实记录了她在财务处如何带出一支高素质群体的亲身经历，她的同事含着眼泪读完了这个故事，也懂了她……

她通过故事向同事们袒露了带队伍的追求、思想和要求。这支队伍在三年以后成为一支有理想追求、有素质实力、为企业创造丰厚的投资效益的标杆团队，成为行业的一面红旗。

不要认为你的员工是不好教育的，没有落后的群众，只有落后的领导，关键是看你能否走进员工的心灵。

## 14.4　自我超越的素质达标

不断地创造和超越是一种真正的终身学习。我们开展的素质达标就是给自己设置一个个的标准，一步一步地来。不可以好高骛远，但是你要不断地去超越，每天进步一点点，它就是终生学习。

但是，没有人能够被强迫去发展自己的自我超越，一定是他要自愿去做的，那么我们对他能做些什么呢？

比如我们的审计部开展了一项和自己员工共建职业生涯的活动。其实很简单，鼓励别人追求"自我超越"最大的力量，便是领导者自己先认真地追求"自我超越"。在这个过程中，最重要的就是引导员工的价值观。

我们激励员工投入自我承诺、自加压力的素质达标活动。员工根据自身的实际情况，结合工作需要，制定切实可行的短、中、长期目标。比如，你想入党，你想当先进，你想参加哪些竞赛，你想在学历上面、职称上有哪些提升，想参加什么培训，你要写什么论文，你要取得什么职业证书，甚至是你想身体更好一点，包括你想结婚等这些愿望都算，都可以在我们这个素质达标申报表（见表14-1）里面写上。

表 14-1　素质达标申报表

| 内容 | 目标以及预计实现的时间 | 需要领导创造什么条件 |
| --- | --- | --- |
| 入党 | | |
| 评优 | | |
| 竞赛 | | |
| 学历 | | |
| 职称 | | |
| 培训 | | |
| 论文 | | |
| 证书 | | |
| 健康 | | |
| 婚姻 | | |
| …… | | |

我们以两种方式增强这种自我超越的氛围。

首先是搭台。

只有员工的素质提高，才有企业的发展。我们不希望在我们的团队中有一个人掉队，我们要的是整体的素质。

我们为职工搭起广阔的职业舞台，并告诉大家，一个人一辈子只有两种痛苦：一是为努力而痛苦；二是为后悔而痛苦。后者的痛苦是前者的 $N$ 倍！所以，你成才，我搭台。你致富，我铺路。你若自暴自弃，我也将你抛弃……

其次是员工响应。

我们搭台之后，员工们你要上啊，你要响应，你不响应就是白搭。那怎么弄呢？我们把实现每个人的愿望，形成我们一个个行政任务的重要日程，实施跟踪管理，定期评估。

比如这个月员工要发表论文，到哪个刊物上去发表，领导都要过问和操心，帮助员工落地。比如哪些同志还没有参加培训，我们就设计出一个路线图出来，哪些同事的职称今年要着手申报了，都是我们的一桩桩心病。我们各级领导把每一个员工的意愿深深地映在脑海里，纳入重要工作议程。说到底，我们就是要帮助员工实现他们的愿景和梦想。你说员工高不高兴，开不开心呢？对于有心自我成长的人来说，没有什么比一个愿意支持这种发展的环境更为重要。

## 14.5 以人为本的"凝聚工程"

你可能已经好奇了，给员工树立愿景里面怎么还包括生活方面的内容呢？难道团队建设还涉及工作以外的生活方面？

是的，我们一直这样认为。我们在参观德国工业巨头蒂森克虏伯集团公司时，发现他们也是这样做的，和我们的做法不谋而合。

蒂森克虏伯集团公司把教育员工如何健康、快乐地生活作为一项重要的教育内容。他们认为人是最重要的，人的身心健康对提高生活质量又是最重要的，一个员工，他在你的企业工作，你用他，不仅仅是为了生产的需要，还有人文方面的需要。所以，关心员工工作之外的生活也是他们团队建设重要的一部分。

实际上，这就是以人为本的"凝聚工程"。

优秀团队的标志是能够燃起员工们的工作激情。我们建立了以"善待员工"为文件名的数据库。这个数据库就是对员工素质达标的任务一个个地落实，然后在激励政策上快速跟进。

在审计部，我们记录每一个员工成长的历程。

我们为每个员工量身定制努力的目标，为其发展提供资源条件。人人提合理化建议，主要领导件件回复，集中点评，交办落实。员工把自己的思路和经验写成论文，领导篇篇进行修改，推荐发表和参加学术交流，让员工一个个走向成功。

【案例】

我们创建了关爱职工每一天的"十个一"活动。

（1）居岗乐业，给每一名职工以安全感。

（2）部务公开，给每一名职工充分的知情权。

（3）搭台铺路，为每一名职工设计职业生涯。

（4）以人为本，为每一名职工身心健康开辟论坛。

（5）有张有弛，为每一名职工身体健康创造条件。

（6）凝聚人心，为每一名职工解决工作、生活困难。

（7）职工维权，把每一名职工应得的利益争取到手中。

（8）知识管理，给每一名职工真正的资源。

（9）名利双收，为每一名职工打造晋升的平台。

（10）创建小家，让每一名职工快乐每一天。

以人为本的"部务公开"、"民主管理"、十件大事评选、十件平凡小事精彩回放、全员成果展示会、干群同台文艺表演……，赢得了员工将组织的振兴视为己任的情感交织。

## 14.6　上下互动的团队学习

组织的每一项进步都是通过学习实现的，"工作学习化，学习工作化"，上下互动。

我们工作再忙，也一定会抽出一段时间走出去"闭关出思路"。我们还用参加各类考试的方式检验我们学习的成效，领导和大家一起学，官兵互动，官教兵、兵教官、兵教兵。

共同学习具有令人吃惊的潜能。集体可以做到比个人更有洞察力、更为聪明。团体的智商可以远大于个人的智商。

我们提炼了来自我们之间的28种学习方法，并在业内得到推广。

（1）**身先士卒法**：领导者对个人业余时间的支配，决定群体的风气和素质，"一级带着一级学"是无形的动力和压力，是组织业余自学活动成败的关键。

（2）**资源共享法**：组织集体学习，将学习内容分片包干到人，整理出重点，相互交流，是一条走捷径的好方法。我们还可以把公式汇总在一起，把同类的问题整理成有规律的表格，学习起来易查易用，可以大大提高学习效率。

（3）**四不怕法**：一不怕难，别人能考我也能；二不怕繁，掌握方法繁能变简；三不怕苦，有苦才有求知乐；四不怕丢面子，不耻下问受益深。

（4）**源于准绳法**：以原著为准绳。有试验表明：教师在备课时，对教材的理解会打折扣，再通过口授又要打一个折扣。成人自学串讲的环节越多，折扣越大，所以不要轻信串讲，一定要以原著为准绳，这样才能做到万变不离其宗。

（5）**纲举目张法**：提纲挈领抽出书中的主要线条，形成贯穿全书的基本线索。高屋建瓴把握精神实质，不被枝蔓所纠缠，则层次清楚、思路分明，书籍也由厚变薄。

（6）**标新立异法**：对于成人学习，有些知识并不需要循规蹈矩去掌握。我们在学习会计知识时，首先推出的内容是看"利润表"，介绍会计数据流程，再介绍会计科目和分录。这样仅用了不足一周的业余时间学习，不同专业背景的管理者90%通过会计证的考试。

（7）**循序渐进法**：由浅入深，由表及里。每章先读一遍，整理一遍笔记，再学后一章。

（8）**不求甚解法**：不必花很多精力研究没有价值的东西。我们在自学中对纠缠不清的争议，互相矛盾的历史沿革不去深究，我们关注的是：当前我的专业学术前沿在何处？

（9）**耳读法**：俗话说，"看书十遍不如读一遍，读十遍不如听一遍。"把重点知识高声朗诵进行录音，"随身听"可以充分利用时间，而且这种对感官刺激的强化记忆有时可以达到终身受益的效果。

（10）**学以致用法**："纸上得来终觉浅，绝知此事要躬行"，知、行统一，相得益彰。我们在学习工程造价知识中，边学边用，身临其境将国际FIDIC条款、承包商投标策略、报价技巧、索赔与反索赔运用于项目工程，大幅降低了工程投资。在学习计算机中，我们边学边用，事半功倍。

（11）**心得体会法**：好记性不如烂笔头，读书当平心静气，有正确的目的，高尚的欣赏情绪。从心理学角度讲，读书时情绪越好，越有助理解。每当有新的体会时，必然兴味无穷，记下来则受益匪浅，惠及他人，点点滴滴汇集成河，便能将知识的火花星火燎原。

（12）**忙里偷闲法**：挤出时间读书。古人欧阳修有"马上、枕上、厕上"；我们有会前、睡前、就餐前、车中、工闲中、家务中、节假日中……

（13）**无师自通法**：没有老师和学友并不是坏事，学术上没有绝对的专家，凭借相关专业的知识和实践经验，自我琢磨，举一反三，自学成才。

**（14）编《错题集》法**：人们从错误中吸取教训要比在顺利时取得经验更深刻，考试之前，把每次自己出错的习题归集起来，记一遍错误比记多遍正确更有效。

**（15）重复法**：重复是学习之母。信息经常重复刺激大脑，能增强记忆和理解。读书一遍，趁热打铁再读一遍，比隔一段时间读多遍更有效。

**（16）回忆法**：人脑是一个大仓库，里面储存着别人拿不走的东西，但是请记住，不要把你碰到的各种各样破烂杂碎一股脑儿装进去。这样，你的仓库就会井井有条。你要不时地清理它，你的脑海就会如数家珍浮现你已经掌握的知识。

**（17）比较鉴别法**：读书遇到的最大烦恼是那些前后矛盾，似是而非的知识点。最好的方法就是：遇到一个就如获至宝一样记下一个，一个也不放过，归纳在一起进行比较，一个个拦路虎就随之被清除。

**（18）质疑否定法**：学则须疑，尽信书则不如无书。读一切书籍都是如此。第一，读通它；第二，用批评的眼光审视它，不迷信任何东西；第三，错误之处要否定它。这样，才能把原著的知识化为自己的知识。

**（19）寓教于乐法**：激情和兴趣是学习之本。把专业知识中的一些程序模拟成游戏规则，把毫无关系的一堆枯燥术语变成朗朗上口的顺口溜，就会使学习这个苦差事变成妙趣横生的乐事。

**（20）彩色记号法**：用色彩笔在书中勾画重点对记忆的强化作用早已被实践证明是行之有效的。但使用由浅到深的不同的色彩分别勾画第一遍泛读，第二遍略读，第三遍精读的重点，会使重点逐渐减少，且这些更加突出的重点色彩更加分明，达到有层次读书的目的。

**（21）批注法**：一边读书一边做批注，可使你开动脑筋、促进思考、加深印象、便于记忆。自己独特的感受和思想火花、重要发现、新观念的产生就在这稍纵即逝的一念之中。我们许多学以致用的创新成果都来自这些灵感。

（22）**标签法**：分类是入门的向导。读书时，先按章节在书眉贴上标签，整理笔记时，也按归纳的内容贴标签，这样即易读易查，又提纲挈领，提高学习效果。

（23）**捉迷藏法**：复习的时候，对于急于知道的答案遮起来，故意考自己，然后再核对，这能激发兴趣，调节大脑，比单纯读一遍书深刻得多。

（24）**各个击破法**：这是一种题海战术，对需要掌握的题目，第一遍全看，有难点的做记号△；第二遍，专看带"△"的，没过关的题再加上一个△；第三遍专看带"△△"，仍过不了关的，加进第三个△，以此类推，△最多的就是最难啃的骨头，集中精力打歼灭战。

（25）**记账法**：对于职业应考教材，每读一遍，在书后记下读过全书的起止时间，作用有四：一是均衡安排读书节奏；二是心中有数，增强考试自信心；三是可以定向浏览重点；四是考察自己勤奋程度，激励自己："啊，你真行！"总之，读书记账，好处多多。

（26）**好为人师法**：教别人，这是你学习理解的最佳方式。把自己所学的知识向别人讲一遍，一是印象更深刻；二是教学互长。无怪考试前，同事们都喜欢凑在一起"扯一扯"。我们自发举办的沙龙，对某一问题探讨的头脑风暴法都是这一方法的延伸。

（27）**思维导图法**：把整本教材的内容分章节层次，提炼关键词，制成思维导图。这张图是你阅读时的思想上的那些火花的连接，这些火花用我们自己的关键词体现，一看到想到这个词，就会浮想联翩，这张图会映在自己的脑海里，给你自信的暗示，用来"表达、学习、回忆、发展"，效果非常好。

（28）**有的放矢法**：为了一个特定的专题潜心攻读。

## 14.7 学以致用的创奖平台

创现代化管理成果奖是培育知识型员工的摇篮，是优秀审计团队建设的重要手段。

学以致用，在游泳中学会游泳，是最有效的学习方法。

我们开展了以查问题为切入口的"五个一"的课题创奖活动。

【案例】

"五个一"课题创奖活动

（1）提出一个问题并摸清原因（为其成立课题组）。
（2）学习一批好书并讨教高人（创造内外交流的条件）。
（3）制订一个预案并记录过程（有了心动就行动）。
（4）形成一项制度并落地和评价（任何事情，没有评估，意味着放弃）。
（5）写出一篇论文和成果并奖励提升自己。

"五个一"课题创奖活动的内涵：

一是我们引导员工将自己工作中遇到的棘手问题提出来，然后为其成立课题组，对症立策寻找解决方案。

二是我们为其推荐好书和标杆，引荐高人，给下属创造一个内外交流的环境。

三是指导这个课题组一起研究解决方案。咱们有哪些想法，再把这些想法一步步去实施。在实施的过程中，我们把过程一点一点地记录下来，直到把这个事情做成功。

四是我们对成功的成果所创造的效益要进行评估，你给企业创造了多少效益。先进的做法要固化到制度中去。

五是这些案例就是你日后的论文，就是你工作的成果。企业对创效的成果有许多激励政策，你得去申报。过去你的阅历表中的论文、成果数可能一直是空白，但是现在不再是空白，谁不乐意做这个事情呢。

这是寻找问题、解决问题，并对全过程进行设计和评估的过程。做到这一步，每一个同事便有了独立实施一个项目运作的阅历，这对他们，是终身受益的。

管理成果课题人人立项，乐此不疲。创奖的过程使审计人员感到获益匪浅：它是工作成果的总结，是教训的反思，是逻辑思维能力和应变能力的训练，是写作能力的历练，是从实践到理论，再用理论指导实践的认识飞跃，是管理者名利双收的回报，更是一种团队精神的培养，一种集体智慧的享受。

学以致用的创奖平台硕果累累。审计人员在赢得企业激励的过程中，回报企业的是团队素质的迅速提高，管理创新迅速见效，企业效益迅速提升。

## 14.8 打造竞争优势的知识管理

我们把审计部每一个人打造成讲师，培养成像火种一样的讲师，然后把他们输送出去。

我们把知识管理起来，使每个员工在最大限度地贡献出其累积的知识同时，也能享用他人知识。

审计部通过知识管理把个人的人力资本转化为组织的结构性资本，实现知识共享，发挥知识的最大功效，最大限度地避免因为人员的离职、离岗造成组织知识的流失和断档。

第一是健全知识文件管理，及对已完成的审计报告进行归类及科学的文档管理。

第二是将创新成果，包括员工的技术方法、诀窍等隐性知识，提炼成组织的结构性知识并"内在化"，用组织的智慧提高应变和创新能力。例如，我们审计部在实践中总结的近百种审计的工具和技术在国内得到推广。知识管理真正唤起了员工对创新的需求，而这种需求的启动，又促进知识管理向更深阶段发展，加速了知识的扩散及应用。年轻、新手审计人员在审计时，就会有一个强大的数据库在为其提供支持。

第三是将知识管理融入组织文化及制度，凭借内部审计是一个知识最丰富的部门优势，以学习型组织的机制促进知识的再生，将知识作为产品生产。

审计部造就了一批知识管理创意的推动者——"火种"，从而拥有了一批来自创新实践一线的专家及内部讲师，把知识从本部门推向外界，使知识的管理成为利用无形资产创造价值的艺术。

第 15 章

# 快乐审计团队的实操案例

这一章是我们快乐审计团队带给大家的实操案例。

有句谚语说得好："假如你有一个苹果，我也有一个苹果，我们彼此交换，仍然是一个苹果；但是，如果你有一种思想，我也有一种思想，那我们彼此交换，就是两种思想了。"

内部审计每天都在变化，我们需要思想火花的碰撞。我们希望来自我们中间的这些带有共性的案例，能为同行带来启示，因为能为我们解决问题的，一定是遇到过同样问题的人……

## 15.1　营造审计环境的"魅力审计联席会"

如果有人问我们，内部审计最需要的是什么？我们一定会说：是良好的审计环境。

审计环境对我们内部审计的职能发挥产生强烈的推动作用。良好的审计环境不是与生俱来的，它是企业和内部审计互动的过程。明智的领导看中的是内部审计的"增值"预期，他们把营造良好的审计环境视为对内部审计的战略投资。让我们走近海澜集团分享案例——"魅力审计联席会，聚集审计正能量"。

### 魅力审计联席会，聚集审计正能量

海澜集团是国内著名的以男装为主业的大型企业集团。中国的服装行业在2015年的大浪淘沙之后，经过多年市场搏杀而生存下来服装企业，比任何时候都更加重视品牌的影响力。在海澜集团，决策层把内部审计当作极具价值的资源，像爱护品牌一样，促使内部审计的重要作用日益彰显。

尤其是由海澜集团董事长亲自设计主导的集团审计联席会这一核心机制，培育内部审计成为企业变革的排头兵，构建了创效型的审计架构，有效控制了风险，内部审计用大数据成就大事业，实现了企业增值。

### 15.1.1 魅力审计联席会的运作

海澜集团审计联席会分两个层次，一个是由董事长亲自主持的集团季度审计联席会，各事业部总经理、内控中心以及审计部全员出席，由审计总监做工作报告，董事长主持、评价并亲自协调解决审计提出的问题，确保审计建议100%落地。

第二层级的是月度"采购审计联席会"，专司集团采购审计，参加人员包括各事业部内控中心负责人、各原辅料采购部，以及各服装品牌设计、采购人员。审计部与各采购部分别汇报当月工作，由审计总监主持互动交流，就存在的问题进行联合会诊，另外还设置了成功案例分享、失败案例讨论等环节，促进采审工作双向提升。

集团审计联席会从2010年开始实施，每季度一次，五年如一。刚起步的时候，参会者带着各种复杂的心情聚集在了一起，大家不知道董事长和内部审计要唱一出什么样的戏。而最大的挑战是审计部自身，怎么开？拿什么实力载起这份重任？审计要写自己的故事，这故事没有结局，没有重播，一集比一集精彩，这又是多么大的压力，这条路审计能走多远……

压力就是动力。刚开始推行审计联席会时，非常艰难，审计与各事业部及各业务部门，发生了多次矛盾和争吵，在纠结和碰撞中，审计一度面对各种各样的质疑，甚至流言蜚语、明枪暗箭，但最终支持审计团队走下来的力量是企业一把手的信任。是审计人的信仰，以及审计用事实和依据支持的审计结论和解决方案，是有为才有位的业绩挺直了审计人的脊梁。

每一次联席会都是内部审计的一次营销。通过审计联席会，在披露问题和落实整改的同时，审计人员也不断传播审计正能量。通过一次次的总结和分享、分析和讨论，审计将一系列正面积极、系统性的管理思想灌输给各业务部门，例如："四个凡是"——凡事有章可循、凡事有据可查、凡事有人负责、凡事有人监督；"四项管理方略"——制度化管理、流程化操作、数据化考核、跟踪式监督；"六个不放过"——标准没有找到不放过、现状没有查清不放过、原因没有查明不放过、影响没有弄清不放过、责任没有落实不放过、整改没有落地不放过，等等。

### 15.1.2 有为才有位，勇当企业变革排头兵

无论从事哪种职业，只有工作上出色、出彩，才能得到上级领导的信任和重视，也才会有进一步展示才干的机会，这一道理对内部审计来说更加适用。通过审计联席会机制，及时跟进乃至推动企业的每一步转型，在一次次的企业变革中留下了深刻的审计烙印，并且每一年都能有新举措、新成效。

#### 15.1.2.1 审计职能迁移，全面推动招标采购

2010年，针对当时采购价格不合理、审计频繁提出核减的问题，审计及时将事后审计向事前审计转变，避免秋后算账。根据抓大放小的原则，审计确定了年采购额10万元以上的物资统一采用招标采购，将审计职能前移，在前道实施对采购价格的规范。据统计，自2010年至今，集团每年通过招标的降本节支效益均超过3000万元。

#### 15.1.2.2 搭建比价信息系统，实现物资采购审计全覆盖

对于年采购额10万元以下、众多零散的物资，审计部在2011年联合集团信息战略中心，定制开发了操作便捷、功能实用的比价信息系统。

系统将采购前的询比价责任落实到每一位采购员头上，内部审计从以前的死盯账本到关注人的行为，这样就可以看别人看不到的地方。通过系统限制，没有进行"货比三家"的采购订单，将无法继续流转到后续的采购流程。同时，

审计部每月会对各采购员的比价情况进行百分之百全面审核。比价信息系统，以信息化手段，实现了对零星采购比价工作的常态化跟踪、系统化监督和公开化披露，结合规模采购运用的招标谈判，双管齐下，从而实现了对集团采购物资审计的全覆盖。

### 15.1.2.3 积极推广网上招标，创新采购招标模式

审计的每一个进步，都会给决策层带来新的启示，都会在审计联席会上发出声音。

2012年，海澜集团引进了"一采通电子采购平台"，通过实施网上招标，给集团和供应商带来了不断的惊喜。随着公司应用网招的产品范围越来越广，各事业部也越来越认可网上招标带来的降本节支、公开透明、提高效率等好处。审计部组织开展了一采通网上招标平台的供应商操作培训，共有50多家单位，73人参与培训，为各部门网上招标工作的有序、高效开展提供了贴心、周到的服务，将审计工作落到了实处。据统计，2015年，海澜集团共开展网上招标122次，实现降本节支约780万元。

### 15.1.2.4 正式推行成衣审计核价，实施成本与销价审计

为有效控制和管理成衣采购成本，实现供应方、品牌方与消费者的互利共赢，海澜集团审计部从2012年开始，充分运用集团二十多年的服装行业经验，以及集团内外大量的服装专家资源，逐渐渗透到各事业部的成衣采购板块中去学习、实践，经过一年多的积累，从2013年开始正式实施成衣核价，全面推进集团各大品牌服装的采购成本审核与流程控制。

随着成衣审计水平的逐步成熟，海澜集团审计部被赋予了更多的职权和使命。在海澜之家每年新品上市前，董事长直接委任审计总监为负责人，抽调其他部门人员组成专家小组，开展事前审计。通过审核海澜之家成衣，建立了科学规范的标准化公式，将核价与定价方法系统化、标准化、简单化，建立了成

衣核价、定价新模型，为海澜之家"引领男装时尚、实施平价定位"这一全新的品牌战略，提供了有力的决策参考和依据。

### 15.1.2.5　整合产品质量标准，共筑质量风险防线

在以往的采购价格审计中，采审双方总是因为价格问题而争论不休，而争议的焦点就是缺乏统一的产品标准。于是审计部主导集团各采购部门，联合开展了"建立与整合产品质量标准"的审计整改工作，从原料、面料、辅料、材料等方面入手，逐步建立了1710个产品明细的质量标准，并与各事业部达成一致。

审计每年年初都会把最新优化过的所有产品质量标准装订成册，作为审计建议提供给各事业部作为采购及检测工作的重要依据，同时也作为审计对后续入库质量跟踪的重要参考。可以说，产品质量标准为各事业部建立了防范产品质量风险的长效机制，实现了互动性的双赢！

### 15.1.2.6　推广产品价格拆分，建立料工费成本库

内部审计总是在经济较困难的时候最受关注。2015年的服装行业竞争更加惨烈。在这一年，海澜集团审计部又推出了集团范围内产品价格拆分工作，让成本结构更加清晰，可控。

通过实地考察、行业调研等多种渠道，从料工费入手，将产品按主材、辅材、人工、折旧、包装、运输、税金、利润等要素制成成本测算表，深入挖掘各类产品的成本明细组成及行业定价方法，从而初步搭建了公司年采购金额10万元以上物资的料工费成本库，进一步确保采购工作的合理性，也深层次体现了内部审计服务与监督并重的双重职能。

## 15.1.3　结束语

坚持由企业一把手主导的审计联席会制度，让海澜集团的审计建议不折不

扣地落地、审计成效日益突出，并使得审计正能量在集团范围内广为传递！伴随着海澜集团千亿资产目标的逐渐临近，海澜集团审计部正在用审计人独有的方式，为集团的跨越式转型发展贡献力量。

## 15.2 创新审计技术与方法的"审计共建"

内部审计没有最好的方法，只有更适应企业自身特点的问题解决方案。

人们对陌生的事物总会感到不安。当审计对象不了解内部审计的时候，当我们在审计过程中遇到阻力的时候，怎样才能让我们的审计对象从被迫接受审计到自愿主动地要求审计呢？

一个富有自信和勇气的审计部门，如果花一些时间来建立关系，就有可能通过协商达成长远的同时满足董事会和管理层目标的共识，审计共建就是一种有益的尝试。

让我们走进三一重工，分享案例——"让审计共建为管理搭起宽阔的舞台"。

> **让审计共建为管理搭起宽阔的舞台**
> ——三一重工审计共建方案及成效

审计共建不是内部审计妥协于审计对象的异想天开之举，必须有严谨的规划。在提出共建方案时，首先，要表达积极的态度、正面的意图，使审计对象相信你是真心诚意地为了使其更好发展，如果让他觉得你只想出一篇好的审计报告，他们是不会信任你的；其次，要充分展示内部审计的前瞻性和领导能力，让审计对象觉得你值得信赖；第三，要学会感同身受，了解审计对象的感受，设身处地为对方着想，要站在他们的角度去分析所面临的问题，拿出解决方案。

三一重工开展审计共建的背景，是审计小组在某弱电项目审计及之后的报告交换意见阶段遇到很大的阻力。审计人员多次从长沙辗转K地，但审计报告始终没有得到审计对象的签字。

审计对象是拥有三一拳头产品及一流经营业绩的三一某事业部（简称Z部）。Z部认为审计人员不了解项目实施的背景，不懂专业技术，且整篇审计报告没有任何正面评价，有失客观。

审计小组认为Z部依仗业绩优秀的主体地位，对审计发现的问题一味护短，不重视审计意见。

审计部针对审计小组反映的情况，静下心来换位思考，客观分析对方所提问题，提出另辟蹊径开展审计共建的思路，通过这一举措增进审计双方共同参与审计项目的协同，共同落实审计报告提出的审计建议。这一想法得到集团领导的大力支持及审计对象的由衷认可。

由于审计共建方案的价值主张符合双方实际，具有前瞻性的程序设计体现了求真务实，收到了预期的效应。

审计共建路线图共有10个环节。

### 15.2.1　开辟审计共建访谈，使风险控制的理念深入人心

共建是现代内部审计的一条好路子。它将审计从传统的单一监督者的身份中解脱出来，更多的是以企业热心的"管理顾问"和"经济良医"的角色去服务于企业的共同价值观，以达到长期持续分享审计成果，不断提高组织效率的一种积极的互动活动。

为了让这一思想深入人心，审计部深入现场，对Z部董事长、高管及管理部门开展了真诚访谈。收到较好效果，尤其是在协议签订前，审计负责人致信Z部董事长对审计共建的设想、协议的执行进行了坦诚的沟通，赢得了Z部高管层的信赖，为审计共建的执行力打下基础。

我们从下面这封信可以看出审计部开展审计共建的价值主张。

尊敬的董事长：您好！

自本月向您汇报工作回到长沙后，我和同事们一直沉浸在您正能量的"磁场"中。

"一流的企业需要一流的内部审计"，我们极愿意成为受企业欢迎的"经济良医"，部门的"管理顾问"，为企业实现价值增值。

K地相见，我们有了共同的愿景，但是心动不如行动，在紧锣密鼓地访谈后，我们编制了这份审计共建协议，我们认为这份开创三一历史先河的共建协议具有特别的意义。

首先，它是一份互信的协议。

我们感谢三一Z部在为公司增创效益中的突出贡献，这些年Z部所取得的成就让我们有目共睹，大家都享受到了这些贡献带给我们企业的辉煌以及员工收入不断增长的实惠。Z部有较好的管理基础，管理创效的经验具有示范效应，高管层以身作则口碑好，重视内部控制和内部审计，这是我们选择Z部作为审计共建试点的初衷。我们信任Z部不断抓管理的决心和力度，我们两个部门的目标是一致的。

我将代表审计部签下这份协议，这就意味着我们从此要承担一份与三一Z部"心心相印、荣辱与共，将Z部的困难视为我们的困难，将Z部的苦衷视为我们的苦衷"这样一个责任和义务。我们将共同面对如何去解决未来出现的一些困难和问题，因而，这份协议没有强求和作秀。在这里，一切误解、揣摩和猜忌都是多余的，我们拥有的是理解和信任。

第二，它是一份互动的协议。

Z部目前适应流程再造的基础管理制度正在迅速完善，专业人员如饥似渴学管理的呼声越来越高。正因为有了管理层这种加强自我管理的境界，Z部在很多方面都成为集团的标杆，取得了今天的成就。下一步，审计将以"参与合作式"的工作方式，与Z部相关管理部门开展积极广泛的管理合作，共同寻求防范风险，增加绩效的途径，并协调执行中的外部条件。

第三，它是一份共赢的协议。

共建是将管理成果转化为生产力的最佳途径，我们资源共享，贡献各自的优势，把来自每个人、每个不同角度的智慧的"视角"，凝聚成集体智慧的"广角"。而Z部丰富的业务专家资源，是尽快提高我们审计人员"业审融合"技能，打造学习型团队的智库。而审计人员利用自身的专业知识，也可以给Z部提供内控与风险的培训，对Z部内部审计人员实施导师带徒，为Z部培养现代审计和风控人才，营造"管理得人心"的风控文化。

我们还将在Z部开展审计公示，促进审计成果的转化，这种良好的交流将会极大地激发双方管理人员探索创新的动力，教学互长，共同提升……

同时，我们将及时总结Z部风险控制经验，并在集团内推广，进行管理创新的输出，让我们共建的成果效益最大化。

当我们看到一个管理不断创新、技术不断进步、效益不断增长、员工不断辉煌的三一Z部，一个实实在在令人仰慕的标杆树立起来之日，便是我们三一的内部审计真正光彩之时。

我们希望尽快看到这一天，我们相信，有您的支持，这项工作一定会成为集团当前所需要的管理创新产品——"共建风控防线"。

我还想就方案征求您的意见，以便尽早实施。

## 15.2.2　开展审计公示，营造"管理得人心"风控文化

本次审计部对Z部项目审计中，发现的问题具有共性，在Z部决策层支持下，通过举办培训的形式进行了审计公示。"记住一个错误的教训，比记住一个成功的经验更深刻"，通过案例分析，让更多管理人员从中吸取教训。

审计报告涉及的问题责任人，在审计公示之后受到追责。

## 15.2.3　开展内部控制知识培训

审计部在Z部开展的内部控制知识培训，紧密结合Z部管理实际，量身定

做务实的解决方案。讲座受到 Z 部各管理层的极大关注，除了主会场，Z 部通过视频连接国内五地管理人员接受培训。

### 15.2.4　整合三一 Z 部监管体系

审计部一是对 Z 部的内部审计人员开展导师带徒活动，为三一 Z 部培养现代审计和风控人才；二是在年底绩效审计中，抽调 Z 部审计人员参加总部审计项目，以审带培；三是常年开设咨询热线，为 Z 部监管机构提供解决方案。

### 15.2.5　开展审计创新试点

审计部与三一 Z 部相关管理部门，甚至供应商、代理商开展积极广泛的管理合作，共同寻求防范风险，提升绩效的途径，并协调执行中的外部条件。

审计部通过现场服务及联席会方式融入 Z 部业务。当 Z 部代理商向审计部提出结算环节流程长效率低、集团总部信息中心问题较多迟迟得不到解决的抱怨时，审计部将解决这一难题的任务纳入重要议程，督办落实解决。

### 15.2.6　创造增值价值

审计部一是利用内部审计专业资源，为 Z 部提供税收策划方面的解决方案，对纳税出现的问题进行了审计提示，使得税收优惠给 Z 部带来了真金实银的现金流，成为释放在法定财务报表中的企业利润。

二是利用审计部的对外影响力，为 Z 部开拓产品市场，联系国内知名建设企业购买 Z 部工程机械，使 Z 部真正看到内部审计以管理换市场的魅力。

### 15.2.7　在 Z 部产业链的上下游构筑风险防线

"只有自身管理的规范，才有交易方的规范"，这一理念成为共建双方共识。审计部与三一 Z 部联手，共同梳理外部供应商及代理商的流程管控风险，对外部供应商和代理商进行相关培训，在三一 Z 部的入口和出口构筑风险防线。

### 15.2.8　Z 部对审计人员进行"业审融合"培训

三一 Z 部为集团审计部审计人员进行工艺流程、关键生产技术、系统运作的知识培训，提升了审计人员的顶层视野和底层现场体验。这些宝贵的一线知识资源，对审计人员学习专业知识提供了条件，共同保证了审计目标的落实。

### 15.2.9　提升审计共建执行力

根据审计共建规划的路线图，审计部与 Z 部针对各类特定专题建立课题组制度、联席会制度、审计信息共享制度以及审计决定联合督办制度等进行督办。

### 15.2.10　促进审计成果转化为生产力

审计部及时总结提炼三一 Z 部风险控制经验，在集团内推广，进行管理创新的输出，将审计成果迅速转化为企业效益。

在三一审计共建签字仪式上，集团公司领导亲赴 K 地出席会议，见证了审计共建带来的新型审计合作关系的可喜变化，站在决策层高度，对这一工作进行了高度评价。他说：

今天是一个值得纪念的日子，Z 部和审计部在集团快速发展的进程中，开展了审计共建活动，快速响应了集团最近提出的"要将风险控制放到第一位，要像研发产品一样研究风控手段，像过去培养营销人才那样培养风控人才"的管理战略。

过去我们之所以能够容忍管理得不完善，是因为增量大于浪费，机会更大，大家都在集中精力抓机会。但是，现在随着公司体量的增大，经济领域的欺诈和管理的缺陷也在蚕食企业的利润，内部控制的失效，对于企业的危害是内伤型的，是致命的。

进一步加强对风险的管控，通过理性而务实的经营，把三一的弱项变成强项进而变成绝对优势的竞争力，那么，三一就能创造更大的发展机会。

在共建方案实施中，我们看到了审计人员诚实、担当、积极主动、善解人意、值得信赖、受到尊重的职业精神，也看到了Z部支持审计，将审计作为企业极具价值资源的战略视野。我相信，通过这次共建，我们能够实现共赢，在我们这个共建平台上，共同开展管理创新，打造风控产品，培养风控人才，为实现三一"产业报国"的梦想做出自己的贡献。

## 15.3　挖掘审计资源的借势借力

内部审计常常面对时间紧、任务重、工作量大和缺乏更多人力资源的困惑。我们通常会问，审计部门需要多少人才是合理的呢？要有多大的规模才能有所作为呢？

我们认为，内部审计要达到国内一流的水平，与规模大小并没有正比关系，只要能够为公司增加价值，就可以成为出色的内审部门。

内部审计的有效性在于借势借力，在于挖掘外界无尽的资源为我们所用。让我们走进兖矿，分享案例——"震撼企业上下的职工代表民主评价机制"。

**震撼企业上下的职工代表民主评价机制**

### 15.3.1　职工代表民主评价制度形成的背景

2013年上半年，随着煤炭市场形势的日益严峻，兖矿集团公司遇到了前所未有的困难和挑战，经营业绩出现明显下滑，一些制约企业发展的老大难问题靠传统做法难以破解。审计发现集团公司物资采购对成本影响极大的问题体现在：一是中间商关联交易问题突出，采购成本居高不下，人情采购、关系采购大量存在，物资浪费严重；二是集团公司建设项目失败的教训比比皆是，招投标流于形式，项目决策随意、可研论证不足、勘察不细、设计变更多、"三边"工程普遍、投资和工期严重失控等问题。对此，职工群众反映强烈。要想走出目前的困境必须首先聚集正能量、重塑企业文化，用全新的思维破解企业管理难题。

就在此时，《人民日报》刊登的"创新管理破解发展难题"文章，引起了新任董事长张新文的注意，文章介绍了首钢长治钢铁公司"民主评价制度实施第一年，即在消化上半年亏损 4.5 亿元的前提下，当年实现盈利"。张新文同志指出：阳光是最好的杀虫药，公开是最好的防腐剂，要彻底解决管理上的"破窗效应"，最根本的就是搭建公开、公平、公正的民主评价监督平台，让广大职工群众充分享有对管理的知情权、监督权、处理权，用民主和监督两把利剑，助推企业"强管理、堵漏洞、降成本、增效益"。

### 15.3.2 职工代表民主评价制度运作模式

#### 15.3.2.1 组织架构

（1）构建民主评价制度体系。集团公司出台了《兖矿集团有限公司关于推行职工代表民主评价制度的意见》《兖矿集团有限公司职工代表民主评价工作实施方案》《职工代表民主评价人员管理办法》《兖矿集团有限公司职工代表民主评价工作实施办法》等，并经集团公司五届三次职工代表大会审议通过，将职工代表民主评价工作模式固化，从制度层面保障了民主评价工作的开展和推进。

（2）成立市场调研评价组。由集团公司审计风险部牵头组织机关职能部室及相关专业技术人员组成的调研组，主要任务是对职工群众关注的热点、难点、焦点问题进行前期调研和市场调查。

（3）组建职工代表监督评价团。从全公司职工代表中筛选出 100 名政治觉悟高、专业水平强的职工代表组成监督评价团，并严格按《职工代表民主评价人员管理办法》进行管理。

#### 15.3.2.2 操作流程

（1）选取调研项目并组织开展市场调研，由审计风险部牵头组织。

（2）选定评委，针对确定的评价项目，由工会随机从职工代表监督评价团成员中抽取不少于 25 名职工代表评委。

（3）邀请列席及旁听人员。列席及旁听人员包括集团公司班子成员、机关各部室、各专业公司及基层单位相关人员。旁听人员可以询问，无现场解释权。

（4）召开职工代表民主评价会。民主评价会召开前 3～5 日，由市场评价组和工会群工部告知评委及被评价单位评价内容，下达正式通知，组织开展民主评价。

（5）评价会上，评委通过听取被评价人陈述和自己掌握的情况进行质疑提问，陈述人现场回答或解释说明，对解释不清楚的可以反复提问质疑。

（6）问答结束后由职工代表当场在评价表上做出"满意"或"不满意"评价，"满意"超过三分之二以上，视为"通过"，达不到三分之二视为"未通过"。

（7）启动调查问责。评价会上未通过的项目，由审计风险部移交集团公司纪委监察部，对被评价单位及相关责任人进一步调查落实。存在违纪的，由纪委监察部进行处理，处理结果在下一次开会时向职工代表通报；构成违法的，移交司法机关处理。

### 15.3.3　推行职工代表民主评价制度取得的效果

推行职工代表民主评价制度，调动了职工群众参与管理的积极性和创造性，活动深入民心，发挥了警示震慑作用，是破解发展难题的良方妙剂。

一是为实现集团公司转型发展积蓄了潜能。通过职工代表民主评价"解剖麻雀"，切实体现了猛药重拳治"薄弱点"，杜绝"破窗效应"，企业主动适应市场能力大幅提升。2014 年，在煤炭均价跌至 8 年来最低、铝锭和部分化工产品成本售价严重倒挂的情况下，实现利润总额 20 亿元，同比增盈 74.95 亿元，一举扭转亏损局面。

二是采购行为不断规范，增强了采购人员业务素质和责任心。评价发现的物资采购方面存在的突出问题，引起公司上下高度重视，物资采购行为不断规范，暗箱操作、规避招标和比价行为逐步减少，采购人员责任心逐步增强，采购价格趋于合理，采购单位由"坐商"变为主动调研市场、了解市场信息。

三是最大限度地落实了职工群众民主权利。"公开、公平、公正"的管理之风在全公司蔚然生成；实施阳光工程，把各项工作置于群众监督之下；消除猜疑，打消疑虑，化解了矛盾。截至 2014 年年末，对未通过的项目严肃追究了 42 人相应责任，6 人降职，9 人调离岗位，15 人诫勉谈话，经济处罚 36 万元，警示震慑作用凸显。

四是简化了决策程序，畅通了业务流程，对市场反应更加快捷高效。"说人情、讲情面"等现象大幅减少，减少了外界对企业经营活动的干扰。2014 年清理中间供应商 5600 多家，采购价格同比降低 15%，物资供应中心对 194 个品种全面实施了降价，比 2013 年节支 1.2 亿元；综机管理中心与多数供应商签订降价协议，节支 7000 万元。

## 15.4　企业核心竞争力的守护者：商业秘密防泄漏审计

商业秘密是企业核心力的载体。

托尔斯泰有段名句："幸福的家庭都是相似的，不幸的家庭，各有各的不幸。"而今天的企业恰恰相反：失败的企业都是相似的，都有着共同的失败基因；成功的企业，却各有各的成功。成功的企业都有自己的商业秘密。内部审计进入商业秘密领域的审计成效，对于企业的持续发展是生死攸关的。让我们走进万华化学，分享案例——"商业秘密防泄漏审计"。

### 商业秘密防泄露审计

万华化学集团股份有限公司（简称万华化学）是中国唯一拥有 MDI⊖、ADI⊖、

---

⊖　MDI：二苯基甲浣二异氰酸酯。
⊖　ADI：脂环族二异氰酸酯。

IPDI[一]制造技术知识产权的企业,是全球产能最大、质量最好、成本最低的 MDI 供应商。万华化学的涉密信息主要包括试验记录、工艺软件包、PID 与 PFD 图、施工图、生产准备文件、工艺操作说明等。公司对这些商业秘密,以及相应的涉密区域、涉密人员等进行安全等级划分,实施不同等级的安全保护。

商业秘密既包括技术信息,又包括经营信息,这些信息是公司核心竞争力的载体,一旦泄漏,可能对企业造成重大损失,甚至是致命威胁。目前,多数企业的商业秘密防泄漏管控聚焦于数据加密、虚拟专用网、身份认证、入侵检测、数据防泄漏系统等技术手段,对管理手段重视不够。我们的案例正是从管理与技术两个视角对商业秘密泄漏风险进行管控和审计的过程。

### 15.4.1 商业秘密泄露的方式

商业秘密具有信息所固有的"收集→传输→使用→储存→维护→销毁"生命周期。前四个阶段属于信息的活动阶段,泄漏风险较大。我们根据每个阶段信息泄漏的方式不同,可分为网络、存储、终端三种方式,如图 15-1 所示。

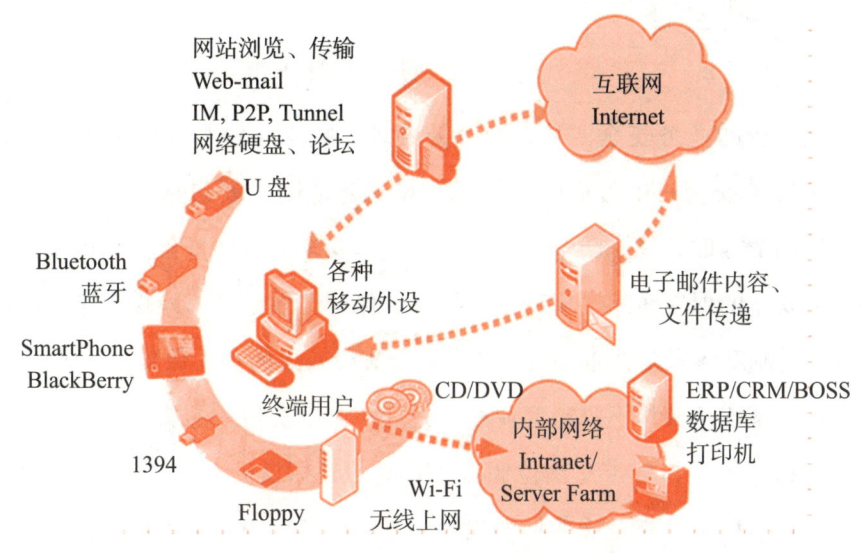

**图 15-1 涉密商业信息泄露风险地图**

---

[一] IPDI:异佛尔酮二异氰酸酯。

除此之外，还有一些信息泄露方式或环节是容易被忽视的，例如：拍照、窃听、第三方（如设计方、施工方、制造方等）合作、员工离职转岗、书面文档复制与传播、外来人员交流、废旧涉密载体处置，等等。

### 15.4.2 商业秘密泄露风险管控体系

商业秘密泄露风险管控"三分技术、七分管理"，我们构建的系统化管控体系包括制度基础、业务安全、技术防护三个维度，如图15-2所示。

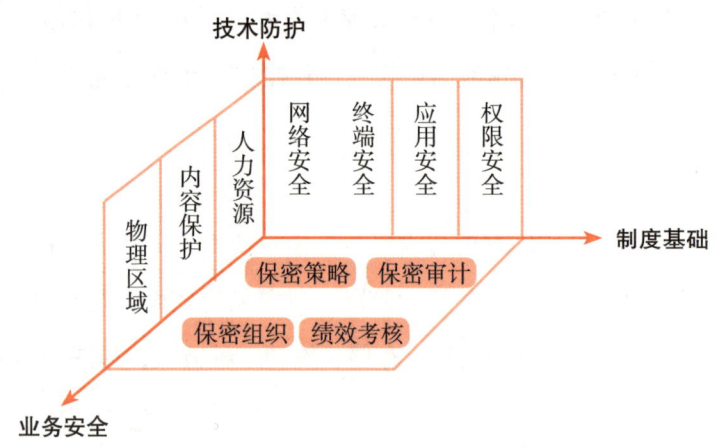

图 15-2 商业秘密泄漏风险管控模型

商业秘密的业务安全要从人力资源管理、技术秘密与经营秘密的内容保护、物理区域安全三个方面实施管理。技术防范则主要包括网络、终端、应用、权限四个方面，技术防范措施是实现业务安全的重要基础。制度基础包括实现业务安全的保密策略、保密组织体系、保密绩效考核以及保密审计四个方面，健全的制度体系是技术手段、业务安全实施效果的重要保障。

在这一系统化架构下进行商业秘密管理，可以实现从源头上清理所有不合规的数据访问权限，分配与岗位职责相对应的数据访问权限；在数据的传递、使用、发布过程中，有全面的标准规范和流程制度保障数据安全，同时培养员工的数据安全意识；建立基于业务需求的、不断完善的管控体系，实现数据安全保护管理的系统化、自动化。

## 15.4.3 商业秘密泄露风险管控重点

### 15.4.3.1 商业秘密管理的组织机构建设

组织架构上,万华化学成立了"保密委员会",下设制度流程梳理分委会、涉密人员管理分委会、信息化安全分维护、保密审计分委会、信息披露分委会、泄密事故调查分委会六个分委会,明确界定了各分委会的成员组成以及工作职责,这些职责涵盖了"商业秘密泄漏风险管控模型"中的三个维度、11 个方面,覆盖了研发体系、工程建设、生产体系、经营信息、市场营销五个领域的信息安全。其中,泄密事故调查分委会为非常设机构,如机密级以上资料出现泄密,或有重要涉密人员违反公司规定,造成商业秘密泄露,或出现核心人员离职,可能会对公司造成重大影响,由保密委员会临时指派分委会主席。

### 15.4.3.2 商业秘密的分级、分类保护

商业秘密内涵丰富,为了保证对之保护的效率和效果,我们遵循"信息识别—信息分级—信息保护"的思路,把主要资源向高密级信息倾斜。我们对涉密技术信息和经营信息进行界定、评级,制定分类保护策略;对商业秘密的密级、期限、脱密等基础性内容进行界定;对于保密信息的全生命周期进行规范,包括采集、登记保管、安全、加密、发布、分发传递、打印、复制、查阅、外借、销毁以及涉密会议,等等。

### 15.4.3.3 商业秘密保护的人力资源管理

2010 年,英国工商部联合普华永道在英国进行的信息安全漏洞调查数据显示:有 80% 的大规模企业(员工 >250 人)和 42% 的小规模企业(员工 ≤ 250 人)认为信息安全事件与内部人员有关。企业的信息资产都是通过人来管理和控制的,对人的管理实际是商业秘密保护中最重要也是难度最大的工作。

我们企业对涉密员工分别从入职前背景检查,入职后签署保密协议,在职中对重点涉密人员进行保密培训、定期轮岗、建立约谈机制。岗位变动或离职

对涉密保护情况进行稽核检查，出具离职后律师函进行全生命周期保密管理，而且倡导建立基于信任与合作的、以人为本的信息安全文化，提高员工信息安全意识，支配和规范员工的信息安全行为。

对外部涉密人员应更加提高警惕，企业商业秘密经常涉及被许可人、供应商、客户、制造商、销售代理商，以及向公司提供产品或服务的建筑师、工程师、顾问、承包人、分保人等第三人，公司对外部单位或人员的聘用之前，对外部组织进行安全评估，签署保密协议，进行保密培训，对外来员工在企业工作期间的权限进行控制。

### 15.4.3.4  技术防护体系

有效的技术防护体系一般包括网络层、数据、终端三个方面。

网络层是整个网络的传输基础，包括内外网络接口、内部网络安全域划分。安全域划分是把一个大规模复杂系统的安全问题，化解为更小区域的安全问题，是实现大规模复杂信息系统安全等级保护的有效方法。防火墙技术、入侵检测系统（intrusion detection system，IDS）则可以主动有效地检测并拦截针对系统漏洞的各种攻击，屏蔽各种木马和病毒；另外，公司统一规划了对路由、交换、防火墙等网络设备的配置管理，并对网络访问进行准入控制。

数据是安全技术的核心，数据可能是文件形式，也可能是邮件形式，数据的存放地可能在本机也可能在远程服务器，我们在数据安全保护方面考虑实施虚拟桌面技术、数据防泄露防护方案（DLP）、文档安全管理等技术方案。

企业要求确保计算机终端都是安全的，而且符合安全策略定义的配置。禁用guest（来宾）账号，对操作系统密码复杂性要求，通过分权管理加强对管理员账号的管控，部署专用服务器并定义策略进行补丁分发，用户桌面上配置DLP终端等措施加固终端安全。

### 15.4.3.5  保密审计

保密审计主要是监控来自网络内部和外部的用户活动发现系统或用户行为

中的入侵或异常现象，检测系统中现有和潜在的威胁，对安全活动的信息进行识别、记录、存储和分析。保密审计的内容可以包括上网审计、邮件审计、操作日志审计、终端审计、USB 审计、权限审计、文印审计、病毒审计、文档审计、应用权限审计等。通过保密审计极大地加强公司的商业秘密防泄漏监控能力和对事件的响应水平，提升公司的保密管理水平，及时发现内部用户的违规操作、用户网络中的异常、外部用户窃取企业数据的企图。

万华化学平衡成本与效率，遵循"适度安全"原则，建立了商业秘密泄露风险管控信息系统体系，包括安全组织、安全流程、安全策略、安全工具、安全运维五个层次，涵盖身份管理、数据安全、桌面安全、基础设施保护、基础设施管理、IT 安全治理与合规六部分。如图 15-3 所示。

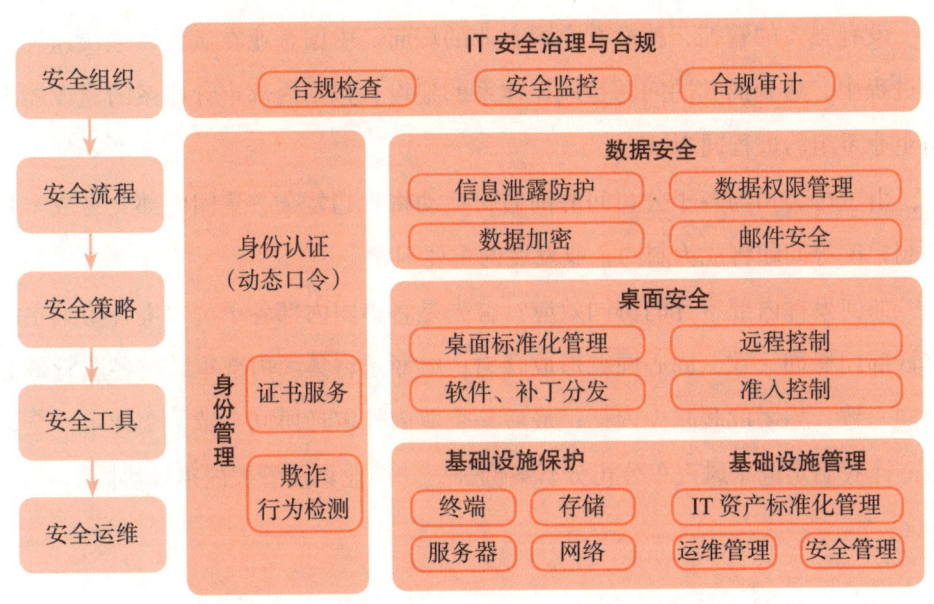

图 15-3　万华化学商业秘密泄露风险管控信息系统体系

"身份管理"负责管理用户身份的生命周期以及身份与业务应用服务之间的关系，如集中化的账号管理、身份集中认证管理、集中授权管理等。"数据安全"包括信息泄漏保护、数据权限管理、数据加密、邮件安全。"桌面安全"实现对终端计算机资产集中管理，远程监控，访问管理和限制，可信软件或补丁分发；对于涉密等级比较高的员工，实施了无盘工作站。"基础设施保护与管理"在 ITIL（IT infrastructure library，信息技术基础构架库）框架指导下，对终端、存储、服务器、网络进行系统架构和管理。"IT 安全治理与合规"基于远程监控、数据防泄漏系统、物理监控系统、门禁系统，以及身份管理、服务器、操作系统、数据库等日志进行保密审计；基于公司各项保密制度进行合规性审计。

近年来，万华化学正是在快速发展的进程中，构筑风控防线，使万华化学成为具有国际竞争优势的一流化工原材料服务商与供应商，并持续为客户提供价值。

## 15.5　企业集团管控的审计协同

没有强大的管控，就没有中国企业的崛起。中国企业在做大做强快速发展的进程中，遇到的共同问题是风控体系的建设，包括内部审计体系的建设能否与企业重组的进程同步？

由于母公司与各子公司间的沟通与互动将日趋复杂，集团内部交易成本和控制幅度等问题将成为制约企业发展的重要因素。

如何发挥内部审计的协同效应？首先是将集团内部各子公司里各为其主的审计部门协同一致，同心同德形成合力；继而是将集团内部审计与各监管部门协同一致，抱团取暖减少内耗；最后是企业内外审计协同一致，实现审计全覆盖。让我们走进东风汽车公司分享案例——"企业集团管控的审计协同"。

### 企业集团管控的审计协同

近年来中国内部审计协会提出了全面转型的内审工作发展思路，要求工作重心逐步转向以风险为导向的审计，融入企业的内部控制和全面风险管理工作，增强内部审计的"雷达预警"和"免疫系统"功能。

东风汽车公司按照中国内部审计协会的转型发展要求，从职能定位、管理机制、业务开展、系统管理、能力匹配等方面，认真与上级要求、先进经验及公司发展要求等进行全方位对标，结合自身发展实际，提出了公司内部审计转型发展的总体思路（见图15-4）：落实一个导向（以风险为导向），发挥三个作用（服务、评价、咨询作用），实现五个转变（从过去的纠错防弊为主向高层次的"耳目、助手"方向转变；从关注企业资金真实性向关注资金安全与风险并重转变；从侧重年度预算收支审计向预算执行活动的内部控制风险审计转变；从以经营指标真实性审计为主向真实性与合理性并重转变；从事后审计向事前、事中审计方向转变），促进公司防范经营风险，加强内部控制，推动公司全面可持续发展。

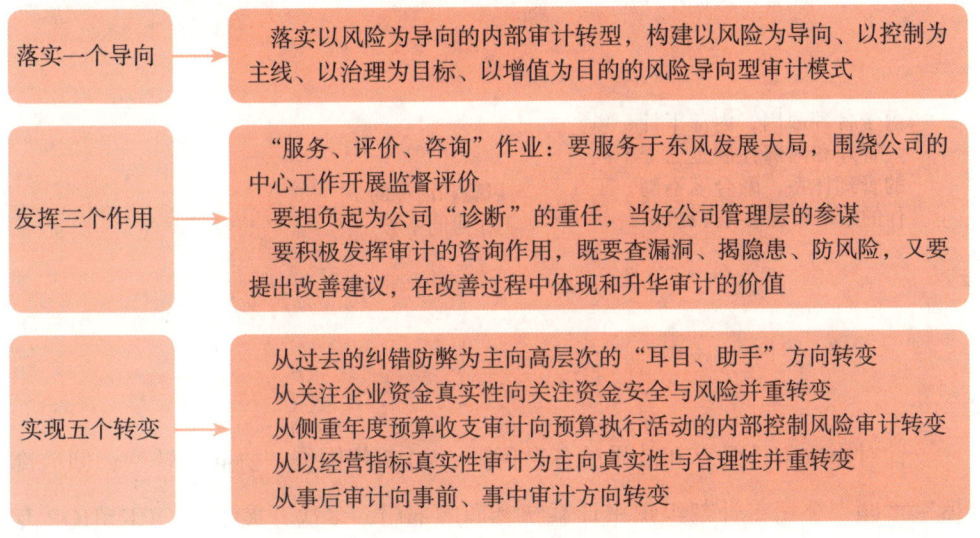

图15-4　公司内部审计转型发展的总体思路

在转型发展中公司初步创建了内部审计、风险管理和内部控制"三位一体"的协同运作模式，并对审计流程进行全面升级，进行审计流程再造，努力将风险导向的理念融入审计立项、审计方案、审计实施、审计报告、审计整改等审计全流程。公司内部审计工作关口前移，重心逐步转向内部控制审计和风险导向审计，"免疫系统"功能日趋增强，对公司各项经营管理的价值增值作用有了很大提升。公司审计部被评为集团管理提升优秀单位，公司下属的东风汽车集团股份有限公司荣获"2011～2013年全国内部审计先进集体"。

虽然内部审计转型发展取得一定的成效，但由于公司管理层级和下属单位较多，公司各级审计机构近 30 个，审计资源分散，合力形成不够，同时由于各种原因，内部审计、风险管理和内部控制是三个不同的管理体系，融合度不高，以上因素对审计作用的有效发挥形成了一定的制约（见图 15-5）。

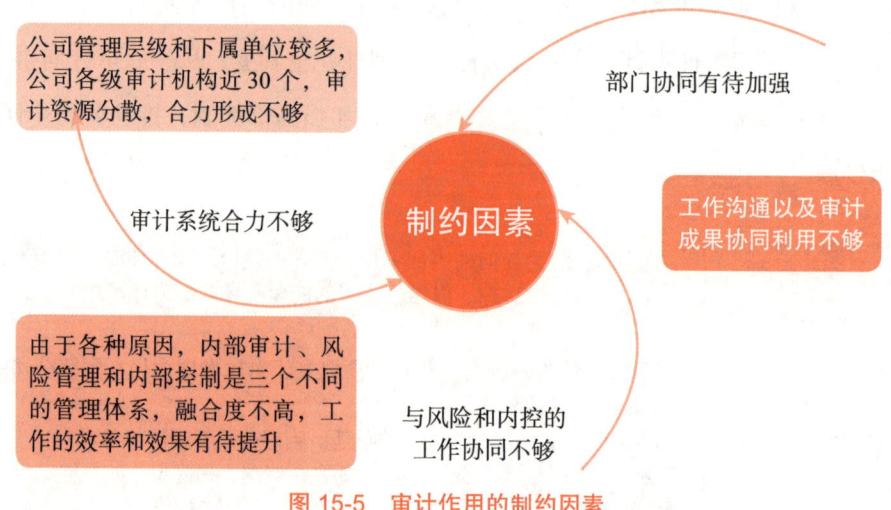

图 15-5　审计作用的制约因素

### 15.5.1　开展 WORKSHOP 专题研讨，明确改进提升方策

针对影响审计效率和效果的各种问题，2013 年围绕"协同、转型、创造价值"主题，公司审计部组织审计系统和职能部门，多次开展了 WORKSHOP 专题研讨。

通过横向对"审计计划、审计方案、审计报告、成果提炼、跟踪整改、审计支持"审计工作六要素，纵向对"总部与业务单元、各级职能部门与审计部门、风控管理部门与审计部门"三个相关方因素，运用头脑风暴法，对存在的不足和需改进完善的环节进行分析及亲和整理，梳理出在审计资源、审计计划、审计结果、审计报告、审计方法、审计制度、审计方式、审计转型等方面的关键问题点 12 个。同时，对关键问题点进行要因分析，析出方策，明确改善时间节点和责任人，并通过逐步改进，推动审计转型工作不断深入。

《加强审计工作协同》研讨框架示例见表 15-1。

表 15-1 《加强审计工作协同》研讨框架示例

| 业务内容 | 审计计划 | | | 审计方案 | | | 审计报告 | | 审计成果提炼 | 跟踪整改 | 审计支持 | | |
|---|---|---|---|---|---|---|---|---|---|---|---|---|---|
| 业务关键词 | 工作计划（输入因素、制定思路） | 项目计划 | 计划制订（上下沟通）信息传递 | 审计团队 | 审计方法 | 重点内容 | 日常项目 | 审计重大事项情况通报 | 审计报告立意、问题分析、建议要点表达形式 | 整改效果、跟踪形式、监控手段、反馈内容 | 审计成果运用、资源共享 | 标杆提炼 | 制度建设、审计机制改进 |
| 提示内容 | ①以风险为导向的审计，制订计划时，是否引入风险因素；②制订计划时，是否充分听取上、下级机构提供的信息，做到充分沟通；③跟踪审计；④股东方关心的审计议题能够被体现（在本版块董事会批准后，才进行沟通？）；⑤信息如何传递 | | | ①审计团队构建时，是否做到与总部之间、板块之间的协同；②职能部门与审计部门协同性；③内部团队之间的协同性，项目负责制；④审计方法协同，借鉴；⑤重点项目立项时，能否做到人员、资源协同 | | | ①审计中发现重大项目，是否及时报告沟通，报告机制、频率、内容、渠道、流程；②日常项目的协同 | | ①审计项目如何提炼，精炼；②审计发现某类问题具有通性，如其他单位举一反三，进行自查整改，防范风险 | 整改跟踪落实上，是否做到上下协同 | ①审计成果在总部与板块、板块之间是否做到资源共享；②通过审计，能够在各板块，针对某一项目提炼标杆，并将其作为参照物；③组织机构，队伍建设的大审计格局，如何设置；④审计机构的独立性，派驻制 | | |
| 相关方 | 总部与板块 | 风控管理部门与审计部门 | | | | | | | | | | | |
| | | 各级职能部门与审计部门 | | | | | | | | | | | |
| | 业务部门业务职责相关人员 | | | | | | | | | | | | |

WORKSHOP 专题研讨方案示例见图 15-6。

| 要因 | 方案 | 排序 |
|---|---|---|
| 1. 报告使用者受限，影响整改落实 | 探索审计公告制度 | 1 |
| | 收到审计报告的领导做批示 | 2 |
| | 审计报告提出的问题要具体 | 3 |
| | 试行审计报告信息公开 | 4 |
| 2. 下属板块与总部审计不对称 | 试行计划沟通会和联席会 | 6 |
| | 总部对各板块下发审计计划 | 6 |
| | 总部发布计划预案，征求板块意见，再发布正式计划 | 7 |
| 3. 报告不公开，无法做到"举一反三" | 总部建立审计报告报送制度 | 8 |
| | 共性问题公开，共享成果 | 9 |
| | 总部审计部建立报告解读分析模型、人员岗位分析模型 | 10 |
| 4. 下属板块与总部审计信息不对称 | 板块参与总部审计项目 | 11 |
| | 总部设计审计队伍建设 | 12 |
| 5. 审计机构缺乏独立性 | 探索审计派驻制度 | 13 |
| 6. 风险管理与审计工作相互影响 | 建立风险管理、内审、内部控制有效融合，转型为"以风险为导向"的审计 | 14 |
| | 保障审计人员编制 | 15 |

图 15-6　WORKSHOP 专题研讨方案示例

## 15.5.2　加强工作协同，持续提升审计价值

根据 WORKSHOP 专题研讨成果，公司审计部着力从以下四个方面，多方位加强审计工作的协同，提升工作效率和效果。

一是加强集团审计系统的协同。由于集团公司的组织架构和管理模式的原因，公司的审计资源主要分布在各个事业单元，要更好发挥审计作用，必须加

强审计系统的协同。具体做法：

（1）审计工作计划的协同。整体谋划、系统安排审计项目，除要求各单位的审计计划报公司备案外，公司审计部在制订年度审计计划时，会广泛征求各单位的意见，既保证了审计的覆盖面外，也保证了审计重点不遗漏和不重复审计。

（2）审计项目的协同。对下属单位开展审计项目时，较多地采用系统联合审计方式进行，如公司审计部2016年审计项目计划中，就有11个项目拟采用系统联合审计的方式进行。

（3）审计信息的协同。公司按季度召开审计情况通报会，对审计发现的主要问题进行通报，并对下阶段的工作进行研讨交流。

（4）制度流程的协同。先后制（修）定内部审计工作规定、内控评价办法、风险管理办法、经济责任审计办法等制度，编印（修订）内控评价手册、风险管理手册、内部审计手册等工作手册，规范制度流程建设，丰富工作方法和标准模板，指导和促进转型工作。

（5）审计方式方法的协同。公司定期组织各种专题培训，以及审计工作交流会，学习现代审计理论和实务，分享审计经验，同时对系统好的经验做法以工作标杆的形式在集团推广，促进知识的升级和工作方法的变革。通过一系列举措，系统协同的意识进一步提升，协同效果日益显现，系统的凝聚力也进一步增强。

> **审计工作计划的协同**。整体谋划、系统安排审计项目，除要求各单位的审计计划报公司备案外，公司审计部在制定年度审计计划时，会广泛征求各单位的意见，既保证了审计的覆盖面，也保证了审计重点不遗漏和不重复审计。
>
> **审计项目的协同**。对下属单位开展审计项目时，较多地采用系统联合审计方式进行，如贵司审计部2016年审计项目计划中，就有11个项目拟采用系统联合审计的方式进行。
>
> **审计信息的协同**。公司按季度召开审计情况通报会，对审计发现的主要问题进行通报，并对下阶段的工作进行研讨交流。

> **制度流程的协同**。先后制（修）订内部工作规定、内控评价办法、风险管理办法、经济责任审计办法等制度，编印（修订）内控评价手册、风险管理手册、内部审计手册等工作手册，规范制度流程建设，丰富工作方法和标准模板，指导和促进转型工作。
>
> **审计方式方法的协同**。公司定期组织各种专题培训，以及审计工作交流会，学习现代审计理论和实务，分享审计经验，同时对系统好的经验做法以工作标杆的形式在集团推广，促进知识的升级和工作方法的变革。

二是加强与职能部门的协同。首先，所有审计单位在制订审计项目计划时，会征求相关职能部门的意见，既提高了审计计划的针对性，也提高了审计工作为公司经营管理服务的力度。其次，越来越多的专项审计项目采取和相关职能部门组成CFT团队的方式进行，既有效利用了专家的力量，也解决了审计资源相对不足的矛盾，同时由于是共同研究解决处理办法，也有助于问题的整改落实。最后，加强审计结果的沟通交流机制。除将审计结果报告抄送相关职能部门外，还经常与审计发现的有关问题进行沟通交流，研讨整改和处理方案。在有关部门的支持配合下，审计的问责机制得到了较好执行。

> 所有单位在制订审计项目计划时，会征求相关职能部门的意见，既提高了审计计划的针对性，也提高了审计工作为公司经营管理服务的力度。
>
> **项目计划**
>
> **工作开展**
>
> 越来越多的专项审计项目采取和相关职能部门组成CFT团队的方式进行，既有效利用了专家的力量，也解决了审计资源相对不足的矛盾，同时由于是共同研究解决处理办法，也有助于问题的整改落实。
>
> **审计结果**
>
> 加强审计结果的沟通交流机制，除将审计结果报告抄送职能部门外，还经常与审计发现的有关问题进行沟通交通，研讨整改和处理方案。在有关部门的支持配合下，审计的问责机制得到了较好执行。

部门协同工作机制

三是加强与外部审计的协同。首先，更加重视对外部审计发现问题的研究应对。对会计师事务所和监事会等外部监管机构指出的各种问题，均认真组织研究，并将其与日常审计有机结合起来。其次，会同相关职能部门，对外部审计发现问题的整改落实情况进行督导，利用问题的整改来促进内部控制的完善和管理的提升。最后，加强同外部审计的交流，不仅包括审计发现问题的交流，还包括工作方式方法的交流。如组织主审会计师的审计专家，与集团的审计人员进行了"内部审计与数据分析"为主题的交流和培训，分享在大数据的时代背景下，如何利用现代数据分析技术，提高审计工作效率和发现问题的能力，使大家的视野和能力得到一定的提升。

四是加强内部审计与风险管理和内部控制的协同（见图 15-7）。内部审计与风险管理和内部控制虽然是不同的管理范畴，但目标都是促进企业经营计划的达成，实现企业价值增值，而且在工作中有很大的关联度。同时三者之间加强协同，也可以减少工作量，提升工作效率。在实践中，我们采用风险管理的手段评估企业风险，运用内部控制的方法查找内部控制和风险管理的薄弱环节，充分运用风险评估和内部控制的成果，抓好对重大风险及内部控制落实的审计，实现内部审计同风险管理和内部控制工作的融合。风险管理和内部控制工作也非常关注审计发现的业务风险和内控缺陷，并将其评价情况作为工作改进的重要内容。

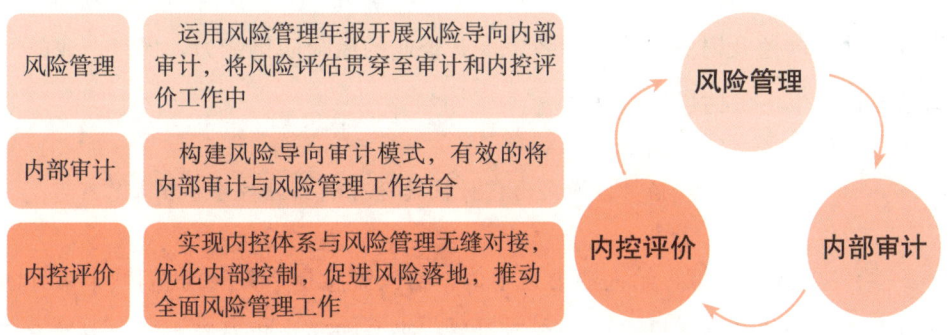

图 15-7　内部审计与风险管理和内部控制的协同

通过上述工作，公司内部审计工作协同的广度和深度得到逐步提高，审计工作的效率和效果得到较大提升，公司对内部审计的关注度也越来越高。

# 赞　　誉

内部审计是中国企事业单位实施内部控制、各级党政机关和社会经济组织日常运行不可或缺的部分，也是我们中国企业反舞弊联盟的重要理论基础和实践内容。《内部审计工作法》所提炼的技术和方法在反舞弊战线上发挥着重要作用。我们希望未来更多的来自一线的审计、内控和监察工作者在本书的启示下，把自己行之有效的实战经验与同行分享，为中国经济和企业的健康发展贡献我们的力量。

刘震环，中集集团纪委书记，
财政部内控标准委员会专家组成员，中国企业反舞弊联盟轮值主席

《内部审计工作法》对指导审计、内控及财务工作具有极强的针对性，对提升审计、内控及财务工作的绩效，提升企业的风险防御能力，提升企业的经营绩效将产生不可估量的积极影响。

杨勇，烽火通信科技股份有限公司财务管理部总经理

"给人金钱是下策，给人能力是中策，给人观念是上策"，我们顺丰审计团队有幸先睹为快分享了此书的理念及成果，受益匪浅。我们举办的"内部审计工作法"快乐沙龙，让我们的审计人员从未像今天这样富有激情和活力，一批有着满满"干货"的审计创意将持续不断地在我们手中变成企业的价值创造，

它印证了"金钱买不来理念,而理念却能带来财富"的真谛,我们感谢本书的作者们!

刘国华,顺丰集团审计部负责人

我有幸接触了本书中的快乐审计团队。受其理念影响,在实践中,思考的维度不断丰富、结果更优。热盼的《内部审计工作法》即将出版,深为感动。感动于这群审计人的不懈坚持,更感动于他们的无私分享!展开这本读物,您的很多问题都能找到解决方案,推开这扇窗,您会看到审计工作的博大和有趣!

刘发雯,泸州恒信财务服务咨询有限公司董事长

《内部审计工作法》一书直指内审难点、痛点,紧跟实务热点,以独特视角提供众多行之有效的解决之道,实为我们内审人的"实战沙盘"。

沈维文,上海宝钢包装股份有限公司审计部长

《内部审计工作法》是审计人的"孙子兵法"!

郑广权,新希望六和股份有限公司北京分部总经理

内审工作指南,防控风险宝典,企业管理秘籍。

钟炳惠,北京东方雨虹防水技术股份有限公司审计监察总监

《内部审计工作法》是实践技能纯干货的总结提炼,是每位审计、财务、内控同仁必备的家书,此书堪称"家书抵万金"。

高虎堂,北京高能时代环境技术股份有限公司审计监察部经理

读《内部审计工作法》,会被字里行间的大爱融化,这是作者们与时俱进专注精一核心技术的布施,太让人震撼了,真可谓"书中自有黄金屋,书中自

有颜如玉",鞠躬敬礼!谢谢不吝赐教!定当终身珍藏无价之宝!

陈自敏,广州南永会计师事务所有限公司

小审计,大作为。望闻问切,不忘营销。审计是我热爱的事业,从此挚爱有加!

况娟,东风小康汽车有限公司 审计法务部部长

本书为内审营造出"一枝独秀不是春,百花齐放春满园"的高效工作作业指南。

王士会,哈尔滨电机厂有限责任公司内部与风险经理

《内部审计工作法》是一部实战专家的联盟精品,是助推审计增值的掘金宝典。

黄盛源,紫金矿业集团股份有限公司监察审计部副主任

《内部审计工作法》是一本实战派审计专家集体智慧的结晶,不同于以往审计教材的理论化,更多融入了专家们实践过的经典案例,是审计和内控人员深入实战的必备宝典手册,感谢编著者们的辛勤付出和无私分享!

宋华莉,万华宁波风控经理

《内部审计工作法》集结了国内内审前沿优秀专家的智慧和心血,是我们内部审计有为才有位的交流互动、心想事成的圆梦体验。

李慧玲,哈尔滨电机厂有限责任公司审计监察部副部长

我作为快乐审计团队的一员,见证了《内部审计工作法》从酝酿到出版的全过程,各位作者凭借几十年的工作经验,本着对审计事业高度负责的态度,

用心写作，用情提炼，打造了一本实用性和操作性极强，值得内部审计人员人手一册的好书！

刘兰雪，山东钢铁集团有限公司审计部副总经理

《内部审计工作法》段落架构、字里行间处处凝聚着快乐审计团队的智慧、经验和汗水，深读此书使广大内控内审人员，犹如各行各业审计专家身临其境，为你指点迷津，完全就是一本不可多得的审计实战手册！

丁智，三一集团审计总监助理

《内部审计工作法》是我从事内审工作多年来读过的最具可操作性、借鉴性及针对性极强的内审实战书籍，堪称内部实践方面的"葵花宝典"！此书给我最大的收获是明白了审计营销的重要性，掌握如何借势借力带团队以及审计的核心武器"望闻问切"工作法的应用等，让我体会到了内部审计工作的价值与乐趣，同时也更加激发了我对内审工作的热情。

薛丽君，天顺风能（苏州）股份有限公司审计部负责人

《内部审计工作法》充满了哲学的智慧，面向新时代，如何迎接未来的内部审计？我们需要的第一技能是沟通，本书从审计环境的打造到审计营销的策略，无不体现着沟通的魅力，它必将助力财务、审计人员拓宽视野、丰富知识、强化技能、走向成功！

褚庆海，兖矿集团有限公司审计法务中心副主任

《内部审计工作法》是一本工具书、故事书，首次系统总结了来自内部审计一线的工作方法，分享了教科书上不具有的经验心得和独门秘籍，深入浅出地为读者解析内部审计的真谛！

于斌，海信集团有限公司审计部

《内部审计工作法》是内部审计部门和人员为企业防范风险和创造价值的金钥匙,我们在这里找到一生追求内审职业生涯的信念和信心,值得拥有!

杨芳、贾艳霞,苏宁云商集团股份有限公司内控中心

《内部审计工作法》的出版必将成为内部审计发展道路上的里程碑!

崔巧燕,中国天楹监察审计部

本书凝聚了一批在内部审计实务方面具有深厚功底且取得丰富审计成效的专家们的心血,最突出的一点就是以内部人的视角、从实操的角度去提炼审计经验,既包括审计价值、环境等宏观因素,也包括审计计划、审计报告等微观操作,读后深受启发!

袁仁科,唐山冀东水泥股份有限公司内控部

《内部审计工作法》可作为内部审计单位及人员实务操作指南,实用、很棒!谢谢各位作者把经验分享给大家。

杨红玉,东风汽车公司审计部主任

强烈建议把《内部审计工作法》作为精品课程全国巡讲,我粉你们!

王文敏、吴志卿,越秀地产审计部

《内部审计工作法》与时俱进提炼了大数据时代企业转型的风险管理和内控设计,梳理企业的命脉之流,探索了如何构建企业"数据一个库、风控一张网、审计一抓手"的IT审计理念,极大地开拓了内部审计人员的视野。

陶丽华,海澜集团审计部

做好内部审计除了要有全局观、责任心、方向感外,还需要《内部审计工

作法》这样一本实操指南，本书介绍的"人的行为比较"及行为审计，用最简单的方法解决了最复杂的问题，让我们得以"看别人看不到的地方，算别人算不清的账目，做别人做不到的事情"，它开辟了内部审计创造价值的新领域。

陈蔚，联投集团审计监察部

《内部审计工作法》是一本非常实用、通俗易懂的好书！其中的"企业生产经营、会计核算、资金循环鸟瞰图"让我们拥有了一张一览无余看管理的"作战地图"，没有这张图之前，我们常常陷于"井底之蛙"的困惑中而不自知，幸庆今天的我们"一图在手，胸有成竹"。

宋红兵，浙江越剑机械制造有限公司财务总监

因为有爱心，才会有教育。《内部审计工作法》让我们充满自信与从容地走出办公室，通过培训与外界进行集体沟通，更有我们寓教于乐的《会计科目扑克牌》，带动我们的周围把会计"玩"起来，和外界交朋友，向外界学习"业审融合"的门道，发挥管理的协同效益。从这本书中，我们深深地体会到编著者浓浓的事业心，深深的专业情！

谢慧，杭州中诚税务师事务所

《内部审计工作法》言之侃侃切切，读之春雨润物。

王纪平，上海国家会计学院副教授 博士

无论审计还是其他管理工作，过程中运用许多方法和管理思想都是相通的，诸如沟通、交流、计划、总结、报告、企业文化、思想等。内部审计与内部控制也是企业管理的基础和重要组成部分。管理无止境，审计和管理永远在路上，欢迎到昆明去分享审计实战和研讨。

许玲，昆明工业职业技术学院

审计质量说到底是审计者质量。《内部审计工作法》不仅审别人，更要审自己，本书汇集了内部审计日常管理的制度精髓，打造了审计质量保证体系，我们为"打铁须得自身硬"的审计作风点赞！

张莉，泸州老窖股份有限公司审计室

这是一本非常好的工作实践指导书，更是内部审计工作理念的指引者，其内容观点新颖，视角广泛、独特，是审计工作不可或缺的好书。

张新玲，湖南凯美特气体股份有限公司审计部经理

《内部审计工作法》让人读起来像听一个个从战场归来的胜利者在讲述打仗的经历一样，从而对读者产生深刻的启发。

郭兴旺，中集集团审计监察部综合分部经理

《内部审计工作法》充满正能量，其内容中做人做事的哲理为我们审计工作指明了方向，是引领审计人员自信走向新高度的法宝！

谭洁芳，中利科技集团股份有限公司投资经营管理中心

《内部审计工作法》是一部集管理思路、审计实务技术和工作方法的书，由一群热爱审计事业的人立足本职岗位，用实战经验和智慧凝结成的诠释审计价值新发现、帮助开拓创新审计新思维的超实用好书！

高雅萍，武汉市天然气有限公司内部审计部经理

《内部审计工作法》穿插丰富的图表、模板等讲述内部审计的那些事，是一本接地气的好书，内容都是干货！

卞陈忠，江南模塑科技股份有限公司纪律监察部部长

《内部审计工作法》是一张张盛情的邀请函,把我们带入快乐审计团队的大家庭,我们分享成功团队的悲欢离合、交流带好队伍的"领兵之术",感谢本书为团队建设提供谋略。

> 张焱,中国电子信息产业集团 审计部副部长

我是一个90后,当我手捧《内部审计工作法》,打开"反舞弊"一章时,不禁欣喜若狂。三年前一个偶然的机会,我参与了快乐审计团队的部分翻译工作,这个过程让我认识了内部审计及反舞弊技能,我深切感受到,对包括我在内的新时代青年创业群体而言,此书更能给予我们一个珍贵的角度去看待管理与化解危机,审计思想无国界,我很想把这本书翻译成英文,让更多的人了解中国的内部审计!

> 王一迪,华盟教育国学校长,伦敦大学经济学硕士

# 致　谢

谨此对参与《内部审计工作法》定稿的朋友们表示衷心感谢！（排名不分先后）

| | | | | | | | |
|---|---|---|---|---|---|---|---|
| 孙佳慧 | 于　斌 | 贺　苗 | 万　俊 | 吕兴东 | 刘发雯 | 邹红艳 | 陈自敏 |
| 徐志刚 | 杨　勇 | 刘国华 | 胡桂林 | 钟炳惠 | 杨　芳 | 吕　晓 | 褚庆海 |
| 戴　立 | 宋晓霞 | 习　超 | 刘兰雪 | 徐京桥 | 乐文斌 | 杨艺玲 | 王雨莉 |
| 翁晋安 | 张亚平 | 张俊杰 | 胡利俊 | 张文宗 | 周丽娟 | 黄晓霖 | 陶志连 |
| 吴义妹 | 秦雪峰 | 茅玲华 | 向文明 | 李绍丽 | 赵雪松 | 孙国栋 | 崔巧燕 |
| 陈　璐 | 王清华 | 丁　智 | 陈望朋 | 李　慧 | 李伟强 | 郭　涛 | 陈　涛 |
| 陈　伟 | 周祁胜 | 张　健 | 张　勇 | 陶丽华 | 倪　玲 | 吴争达 | 钱芝夏 |
| 胡　虹 | 李　苗 | 陆海燕 | 高晓纯 | 蓝立英 | 黄盛源 | 陈　蔚 | 熊海峰 |
| 张　莉 | 谢　慧 | 李慧玲 | 王晓磊 | 王士会 | 兰　莹 | 薛丽君 | 刘煜琦 |
| 何承东 | 李成楠 | 阎大香 | 吴春浩 | 王文俊 | 鲁　敏 | 李　斌 | 李雁丽 |
| 贾艳霞 | 伍正祥 | 王文敏 | 吴志卿 | 林　颖 | 邱银飞 | 王海涛 | 王　聪 |
| 肖洪波 | 王　静 | 马俊杰 | 吴　超 | 刘华博 | 闫存岩 | 辛　冰 | 宋华莉 |
| 童稳志 | 黄灿华 | 伍友和 | 安　阳 | 吴宏图 | 谭洁芳 | 王福辉 | 袁仁科 |
| 许　玲 | 李庆莲 | 郭兴旺 | 王邦华 | 吕家亮 | 涂　希 | 卞陈忠 | 刘丰收 |
| 王肖生 | 张新玲 | 梁素萍 | 于瑞怀 | 孙月云 | 汪　静 | 郭艳丽 | 高　莹 |
| 赵成雄 | 胡锦添 | 汪寿成 | 夏安东 | 贺　笙 | 高虎堂 | 石　城 | 王　清 |
| 瞿桂华 | 张学军 | 李维忠 | 宋红兵 | 刘艳霞 | 向　单 | 池雨琨 | 王晓华 |
| 秦晓华 | 曾雯菲 | 陈　艳 | 张娇龙 | 刘　强 | 郑广权 | 伍　松 | 李张应 |
| 张蒙霞 | 施骏锋 | 李克迪 | 张　鑫 | 赵　静 | 龚桢苗 | 尹　君 | 况　娟 |
| 侯志航 | 何向前 | 杨红玉 | 宋煜琳 | 王　磊 | 汪　昕 | 王云英 | 王　正 |
| 沈维文 | 景　莲 | 张　焱 | 钟　鸣 | 罗培松 | 王一迪 | | |

# 参考文献

[1] 秦荣生. 公司治理与内外部审计[M]. 北京：化学工业出版社，2013.
[2] 劳伦斯·索耶，等. 索耶内部审计[M]. 5版. 邰先宇，周瑞平，等译. 北京：中国财政经济出版社，2005.
[3] 迈克尔·哈默. 企业行动纲领[M]. 赵学凯，译. 北京：中信出版社，2002.
[4] 贝利，等. 内部审计思想[M]. 王光远，等译. 北京：中国时代经济出版社，2006.
[5] 理评. 社会文化视角下的内部审计——访著名会计审计学家王光远教授[J]. 中国审计，2008（14）.
[6] 刘汝焯，等. 审计数据的多维分析技术[M]. 北京：清华大学出版社，2006.
[7] 维克托·迈尔–舍恩伯格，等. 大数据时代[M]. 盛杨燕，周涛，译. 杭州：浙江人民出版社，2013.
[8] 理查德·钱伯斯. 感悟审计职业生涯[J]. 中国内部审计，2015（11）.
[9] 万达集团企业文化中心. 万达工作法[M]. 北京：中信出版社，2015.
[10] 谭丽丽. 固定资产投资控制与内部审计[M]. 北京：中国计划出版社，2002.
[11] 杨有红. 企业内部控制框架——构建与运行[M]. 杭州：浙江人民出版社，2001.
[12] 李葆文. 设备管理新思维新模式[M]. 北京：机械工业出版社，2003.
[13] 约瑟夫·休格曼. 文案训练手册[M]. 杨紫苏，张晓丽，译. 北京：中信出版社，2011.
[14] 邹中棠. 要成功先沟通——职场沟通工具与实战智慧[M]. 北京：机械工业出版社，2010.
[15] 彼得·圣吉. 第五项修炼[M]. 张兴，译. 北京：中信出版社，2011.
[16] 戴愫. 不会写怎敢拼外企[M]. 上海：上海译文出版社，2014.
[17] 姚海峰. 浅谈审计工作中询问的方法与技巧[Z/OL]. 中华人民共和国审计署，[2013-11-26]. www.audit.gov.cn/n6/n41/c21406/content.html.
[18] 蔡祎. 内审中的"望闻问切"[N]. 中国审计报，2016-06-08.
[19] 叶雪芳. 舞弊审计[M]. 北京：经济科学出版社，2008.
[20] 纳瓦罗. FBI教你读心术[M]. 王丽，译. 长春：吉林文史出版社，2011.
[21] 张亮. 职务犯罪侦查实务教程[M]. 上海：上海交通大学出版社，2010.
[22] 菲尔·格里夫茨. 风险导向内部审计[M]. 中国人民银行内审司，译. 北京：中国金融出版社，2014.

# 财务知识轻松学

| 书号 | 定价 | 书名 | 作者 | 特点 |
|---|---|---|---|---|
| 71576 | 79 | IPO 财务透视：注册制下的方法、重点和案例 | 叶金福 | 大华会计师事务所合伙人作品，基于辅导 IPO 公司的实务经验，针对 IPO 中最常问询的财务主题，给出明确可操作的财务解决思路 |
| 58925 | 49 | 从报表看舞弊：财务报表分析与风险识别 | 叶金福 | 从财务舞弊和盈余管理的角度，融合工作实务中的体会、总结和思考，提供全新的报表分析思维和方法，黄世忠、夏草、梁春、苗润生、徐珊推荐阅读 |
| 62368 | 79 | 一本书看透股权架构 | 李利威 | 126 张股权结构图，9 种可套用架构模型；挖出 38 个节税的点，避开 95 个法律的坑；蚂蚁金服、小米、华谊兄弟等 30 个真实案例 |
| 70557 | 89 | 一本书看透股权节税 | 李利威 | 零基础 50 个案例搞定股权税收 |
| 62606 | 79 | 财务诡计（原书第 4 版） | [美] 施利特 等 | 畅销 25 年，告诉你如何通过财务报告发现会计造假和欺诈 |
| 70738 | 79 | 财务智慧：如何理解数字的真正含义（原书第 2 版） | [美] 伯曼 等 | 畅销 15 年，经典名著；4 个维度，带你学会用财务术语交流，对财务数据提问，将财务信息用于工作 |
| 67215 | 89 | 财务报表分析与股票估值（第 2 版） | 郭永清 | 源自上海国家会计学院内部讲义，估值方法经过资本市场验证 |
| 73993 | 79 | 从现金看财报 | 郭永清 | 源自上海国家会计学院内部讲义，带你以现金的视角，重新看财务报告 |
| 67559 | 79 | 500 强企业财务分析实务（第 2 版） | 李燕翔 | 作者将其在外企工作期间积攒下的财务分析方法倾囊相授，被业界称为最实用的管理会计书 |
| 67063 | 89 | 财务报表阅读与信贷分析实务（第 2 版） | 崔宏 | 重点介绍商业银行授信风险管理工作中如何使用和分析财务信息 |
| 58308 | 69 | 一本书看透信贷：信贷业务全流程深度剖析 | 何华平 | 作者长期从事信贷管理与风险模型开发，大量一手从业经验，结合法规、理论和实操融会贯通讲解 |
| 75289 | 89 | 信贷业务全流程实战：报表分析、风险评估与模型搭建 | 周艺博 | 融合了多家国际银行的信贷经验；完整、系统地介绍公司信贷思维框架和方法 |
| 75670 | 89 | 金融操作风险管理真经：来自全球知名银行的实践经验 | [英] 埃琳娜·皮科娃 | 花旗等顶尖银行操作风险实践经验 |
| 60011 | 99 | 一本书看透 IPO：注册制 IPO 全流程深度剖析 | 沈春晖 | 资深投资银行家沈春晖作品；全景式介绍注册制 IPO 全貌；大量方法、步骤和案例 |
| 65858 | 79 | 投行十讲 | 沈春晖 | 20 年的投行老兵，带你透彻了解"投行是什么"和"怎么干投行"；权威讲解注册制、新证券法对投行的影响 |
| 73881 | 89 | 成功 IPO：全面注册制企业上市实战 | 屠博 | 迅速了解注册制 IPO 的全景图，掌握 IPO 推进的过程管理工具和战略模型 |
| 70094 | 129 | 李若山谈独立董事：对外懂事，对内独立 | 李若山 | 作者获评 2010 年度上市公司优秀独立董事；9 个案例深度复盘独董工作要领；既有怎样发挥独董价值的系统思考，还有独董如何自我保护的实践经验 |
| 68080 | 79 | 中小企业融资：案例与实务指引 | 吴瑕 | 畅销 10 年，帮助了众多企业；从实务层面，帮助中小企业解决融资难、融资贵问题 |
| 74247 | 79 | 利润的 12 个定律（珍藏版） | 史永翔 | 15 个行业冠军企业，亲身分享利润创造过程；带你重新理解客户、产品和销售方式 |
| 69051 | 79 | 华为财经密码 | 杨爱国 等 | 揭示华为财经管理的核心思想和商业逻辑 |
| 73113 | 89 | 估值的逻辑：思考与实战 | 陈玮 | 源于 3000 多篇投资复盘笔记，55 个真实案例描述价值判断标准，展示投资机构的估值思维和操作细节 |
| 62193 | 49 | 财务分析：挖掘数字背后的商业价值 | 吴坚 | 著名外企财务总监的工作日志和思考笔记；财务分析视角侧重于为财务决策提供支持；提供财务管理和分析决策工具 |
| 74895 | 79 | 数字驱动：如何做好财务分析和经营分析 | 刘冬 | 带你掌握构建企业财务与经营分析体系的方法 |
| 58302 | 49 | 财务报表解读：教你快速学会分析一家公司 | 续芹 | 26 家国内外上市公司财报分析案例，17 家相关竞争对手、同行业分析，遍及教育、房地产等 20 个行业；通俗易懂，有趣有用 |